이당암유고

二當菴遺稿

지은이 조구로(趙九輅)

1654(효종5)~1727(영조3). 조선 중기의 문신으로, 자는 백여(伯輿)이고, 호는 이당암(二當庵)이며, 본관은 한양(漢陽)이다. 1654년(효종5) 정월 15일에 포천(抱川) 가채리(加采里)에서 태어났다. 조부는 판중추부사(判中樞府事)를 지내고 영의정에 추증된 문간공(文簡公) 조경(趙絅)이고, 부친은 홍문관 응교(弘文館應敎)를 지낸 녹문(鹿門) 조위봉(趙威鳳)이다. 어머니는 초계 정씨(草溪鄭氏)인데, 교관(敎官)을 지낸 정석규(鄭錫圭)의 딸이다. 녹문 조위봉의 세 아들 중 장남이다. 태어날 때에 조부 문간공이 회양 부사(淮陽府使)로 임지에 있으면서 꿈을 꾸었는데, 아이의 이마에 구로(九輅)라는 글자가 있었기 때문에 그대로 이름을 지었다. 전 부인은 사천 목씨(泗川睦氏)로 좌의정을 지낸 목내선(睦來善)의 딸이고, 후 부인은 전주 이씨(全州李氏)로 의금부 도사를 지낸 이민좌(李敏佐)의 딸이다. 1679년(숙종5)에 생원시에 급제하고, 1689년(숙종15)에 태학(太學)에 들어갔고, 얼마 후에 사산감역(四山監役)에 제수되었고, 1690년(숙종16) 봄에 동궁책례도감 낭청(東宮冊禮都監郎廳)을 겸직하였으며, 가을에 빙고 별검(氷庫別檢)에 제수되었다. 1691년(숙종17) 봄에 전설사 별검(典設司別檢)으로 자리를 바꾸었고, 여름에 의금부 도사(義禁府都事)로 승진하였다가 곧이어 공조 좌랑(工曹佐郞)으로 옮겼으며, 가을에 아산 현감(牙山縣監)에 제수되었다. 1705년(숙종31)에 익위사 익찬(翊衛司翊贊)에 제수되었고, 1706년(숙종32) 여름에 고창 현감(高敞縣監)에 제수되었으며, 1707년(숙종33)에 수세차사원(收稅差使員)으로 차출되었고, 1724년(경종4) 7월에 광흥창 주부(廣興倉主簿)에 제수되고, 1725년(영조1)에 사옹원 주부(司饔院主簿)에 제수되었다. 1727년(영조3) 여름에 집에 전염병이 있어서 읍내 마을로 피접(避接)하였는데, 숙환으로 8월 7일에 우거(寓居)하던 집에서 세상을 떠났다. 10월에 영평현(永平縣) 동쪽 토요동(土饒洞)에 임시로 장사지내고, 전배(前配)를 이장해 와서 합부(合祔)하였다.

옮긴이 홍기은(洪起殷)

전남 나주에서 태어났다. 송담(松潭) 이백순(李栢淳) 선생에게 한학을 수학하고, 성균관대학교 대학원에서 한국사학으로 석사 학위를 받았다. 민족문화추진회 국역연수원 상임연구부를 졸업하였고, 현재 한국고전번역원에 재직 중이다. 번역서로 《弘齋全書》, 《日省錄》, 《承政院日記》, 《星湖集》, 《樊巖集》, 《明齋遺稿》, 《大山集》, 《鹿門集》, 《記言》, 《檢身錄》 등이 있다.

이당암유고

二當菴遺稿

조구로 지음

홍기은 옮김

학자원

이당암유고 二當菴遺稿

2019년 6월 25일 초판 1쇄 발행

지은이 : 조구로
옮긴이 : 홍기은
펴낸이 : 김병환
펴낸곳 : 학자원
주　소 : 서울시 강동구 천호대로 1121
전　화 : 02) 6403-1000
팩　스 : 02) 6338-1001
E-mail : hakjaone@daum.net
등　록 : 2011년 3월 24일 제2011-14호

ISBN 979-11-6247-106-7 93810
값 30,000원

간행사

그동안 종인(宗人) 여러분들의 열의와 후원에 힘입어《용주유고(龍洲遺稿)》,《용주연보(龍洲年譜)》,《용주일기(龍洲日記)》,《용주간독(龍洲簡牘)》이 출간되었습니다.

또한 용주공의 저술과 더불어 우리가문의 전적(典籍)들이 발굴 간행되고 있습니다. 용주공의 아드님이신 鹿門 趙威鳳 공의《녹문유고(鹿門遺稿)》, 조카인 송천(松泉) 趙威明 공의《송천유고(松泉遺稿)》를 펴냈고 이번에는 손자인 이당암(二當菴) 구로(九輅)공의《이당암유고(二當菴遺稿)》를 간행하게 되었습니다.

이번에 펴내는 이당암유고는 종인 조남학(趙南鶴)씨가 소장하고 있는 필사본으로 오랜 시간동안 보관 관리해주신 조남학씨와 번역본까지 낼 수 있도록 적극적으로 협조해주신 종인 여러분들께 진심으로 감사를 드립니다.

이당암(二當菴) 조구로(趙九輅) 공은 1654년(효종5)정월 15일에 포천(抱川) 가채리(加采里)에서 태어났습니다.

조선 중기 문신으로서 어려서부터 가학이 있어 학문이 출중하였고, 작자(作者)의 풍토가 있다는 칭찬을 들을 만큼 글 솜씨가 뛰어났습니다.

자는 백여(伯興)이고, 호는 이당암(二當菴)이며, 홍문관응교를 지낸 鹿門 趙威鳳의 세 아들 중 장남입니다.

조부는 판중추부사(判中樞府事)를 지내고 영의정에 추증된 문간공(文簡公) 조경(趙絅)이고, 어머니는 초계정씨(草溪鄭氏)인데, 교관을 지낸 정석규(鄭錫圭)의 따님입니다. 태어날 때에 조부 문간공이 회양부사(淮陽府使)로 임지에 있으면서 꿈을 꾸었는데, 아이의 이마에 구로(九輅)라는 글자가 있었기 때문에 그대로 이름을 지었습니다. 초배는 사천목씨(泗川睦氏)로 좌의정을 지낸 목내선(睦來善)의 따님이고, 계배는 전주 이씨(全州李氏)로 의금부 도사를 지낸 이민좌(李敏佐)의 따님입니다.

1679년(숙5) 生員試에 급제하고, 1689년(숙종15)에 태학(太學)에 들어갔고, 얼마 후에 사산감역(四山監役)에 제수되었고, 동궁책례도감 낭청(東宮冊禮都監郎廳), 빙고별검(氷庫別檢), 전설사별검(典設司別檢), 의금부도사(義禁府都事), 공조좌랑(工曹佐郎), 아산현감(牙山縣監), 익위사 익찬(翊衛司翊贊), 고창현감(高敞縣監), 수세차사원(收稅差使員), 광흥창주부(廣興倉主簿), 사옹원주부(司饔院主簿) 등의 벼슬을 하였다.

1727년(영조3)여름에 집에 전염병이 있어서 읍내 마을로 피접(避接)하였는데, 숙환으로 8월 7일에 우거(寓居)하던 집에서 세상을 떠났습니다. 10월에 영평현(永平縣) 남면(南面) 거사동(居士洞)酉坐에 三合窆으로 장사를 지냈습니다.

《이당암유고(二當菴遺稿)》의 번역과 상세한 해제를 써 주시고 출판을 할 수 있도록 교정까지 봐 주신 한국고전번역원 홍기은 선생님께 깊은 감사를 드리며 용주공의 저술을 비롯한 용주연구회에서 발간하는 모든 책에 대해 자문을 해주시는 안동대학교 안병걸 교수님께도 진심으로 감사를 드립니다.

이 책이 발간되기까지 여러모로 도움을 주신 모든 분들께 감사의 뜻을 전하며 이 책을 통해서 선인들이 남기신 뜻을 깨닫고 후손으로서의 긍지와 책임감을 갖게 되리라 생각합니다. 앞으로도 조상님들이 남기신 귀중한 자료들이 후손들께 소개가 될 수 있도록 노력할 것을 약속드립니다.

2019년 2월

용주공 10대손 용주연구회장 조옥원 삼가 씀

차례

이당암유고 二當菴遺稿 번역문

이당암유고二當菴遺稿 부록

이당암유고 二當菴遺稿 영인본

일러두기

1. 이 책의 번역 대본은 이당암(二當菴) 조구로(趙九輅)의 유고인 《이당암유고(二當菴遺稿)》이며, 부록(附錄)은 종인(宗人) 조남두(趙南斗)씨가 소장하고 있는 필사본 서책에서 이당암 관련 부분을 뽑아서 수록하였다. 원문은 권말에 영인 첨부하였다.
2. 내용이 간단한 역주와 본명의 표기는 간주(間註)로, 긴 역주는 각주(脚註)로 처리하였다.
3. 한자는 필요한 경우 이해를 돕기 위하여 병기하였다.
4. 맞춤법과 띄어쓰기는 한글 맞춤법과 표준어 규정을 따르는 것을 원칙으로 하였다.
5. 이 책에서 사용한 부호는 다음과 같다.

   ( ) : 번역문과 음이 같은 한자를 묶는다.

   〔 〕 : 번역문과 뜻은 같으나 음이 다른 한자를 묶는다.

   " " : 대화 등의 인용문을 묶는다.

   ' ' : " " 안의 재인용 또는 강조 부분을 묶는다.

   《 》 : 책명 및 각주의 전거(典據)를 묶는다.

   〈 〉 : 책의 편명 및 산문·운문의 제목을 묶는다.

이당암유고二當菴遺稿 해제

1. 이당암 조구로의 행력

조구로(趙九輅, 1654~1727)의 자는 백여(伯輿)이고, 호는 이당암(二當庵)이며, 본관은 한양(漢陽)이다.

1654년(효종5) 정월 15일에 포천(抱川) 가채리(加采里)에서 태어났다. 조부는 판중추부사(判中樞府事)를 지내고 영의정에 추증된 문간공(文簡公) 조경(趙絅)이고, 부친은 홍문관 응교(弘文館應教)를 지낸 조위봉(趙威鳳)이다. 어머니는 초계 정씨(草溪鄭氏)인데, 교관(教官)을 지낸 정석규(鄭錫圭)의 딸이다.

녹문 조위봉의 세 아들 중 장남이다. 태어날 때에 조부 문간공이 회양 부사(淮陽府使)로 임지에 있으면서 꿈을 꾸었는데, 아이의 이마에 구로(九輅)라는 글자가 있었기 때문에 그대로 이름을 지었다. 또 손자가 태어났다는 소식을 듣고 기쁨을 표현한 시가 《용주유고(龍洲遺稿)》에 실려 있는데, "용과 범이 현몽한 기이한 꿈에 감응하여, 돌기린 같은 아이가 총명하게 태어났네〔感應夢呈龍虎異 聰明生降石獜奇〕"라는 싯귀가 있다. 어려서부터 문간공이 항상 곁에 두고 총애하였고, 글을 막 배울 때부터 《소학(小學)》 등의 책을 직접 가르쳤다.

1668년(현종9)에 관례(冠禮)를 하였는데 계단을 오르내리고 절하고 읍(揖)하는 것이 이미 성인의 풍도가 있었다. 이때 미수(眉叟) 허(許)선생이 빈(賓)으로 왕림하였는데, 직접 관례절목(冠禮節目)를 지어서 관례를 행하고, 백여(伯輿)라는 호를 지어 주었으며, "용옹(龍翁)에게 손자가 있다."라고 극구 칭찬하였다.

1675년(숙종1)에 부친이 능주(綾州) 임소에서 소명(召命)을 받고 조정에 돌아오다가 도중에 병에 걸렸다. 이에 밤낮으로 마음을 졸이며 곁에서 모셨는데, 모든 약과 미음 달이는 것을 관청의 하례(下隷)나 노복에게 맡기지 않고 반드시 직접 달이는 것을 감독하고 직접 맛을 본 뒤에 올리니 문안하러 온 연로(沿路)의 수령들이 그 효성에 감탄하지 않는 사람이 없었다. 그 해 여름에 마침내 녹문공이 세상을 떠났다. 장사를 지내고 난 뒤에도 수시로 가슴을 치며 통곡하여 거의 몸을 보존하기 어려웠는데 대부인(大夫人)이 눈물을 흘리며 제지하여 겨우 목숨을 잃는 것은 면하였다.

1678년(숙종4)에 우의정 허목(許穆)이 면직을 요청하자 임금이 허락하고 판중추부사(判中樞府事)에 임명하였다. 이에 허목이 급히 하향하려고 하자, 당시 유생의 신분으로 대사간(大司諫) 권해(權瑎), 정언(正言) 엄집(嚴緝) 등과 허목의 면직을 유보시키라는 상소를 올리니 임금이 우악한 비답을 내렸다.

1679년(숙종5)에 생원시에 급제하였다. 이때 고관(考官)이 그를 장원에 올리려고 하였으나 필격(筆格)이 규정에 어긋나서 그만 두었다. 이 해 12월에 이태서(李台瑞)가 그의 아비 이취인(李就仁)의 허물을 씻고자 하여 문간공이 이취인에 대한 만사(挽辭)를 쓰면서 "금 같고 옥 같다."라는 말을 했다고 하였고, 유신(儒臣)이 또 "조경(趙絅)이 남을 인정하는 일이 드문데도 이취인(李就仁)에게는 금 같고 옥 같다고 하였으니, 그가 아무 허물없음을 알 수 있습니다."라고 하였다. 이에 상소를 올려 "신이 일찍이 곁에서 직접 들은 바로는 할아비가 '이취인은 사람된 품이 대면(對面)도 하여서는 아니된다.'라고 한 적이 있으니, 어떻게 '금 같고 옥 같다.'라는 말을 문자로 표현하겠습니까? 이태서가 그 아비의 신원(伸冤)에 급급한 나머지 신의 할아비의 권위를 빌어 거짓말을 지어낸 것입니다." 하니, 그 소(疏)를 형조에 내려 보냈다.

1680년(숙종6)에 현종의 묘정(廟廷)에 배향된 문간공을 출향(黜享)하는 일로 온 조정이 다투었기 때문에 도성에 있기가 편치 않아 마침내 과거를 포기하고 대부인을 모시고 포천 선영 아래에 가서 우거(寓居)하였다. 이 시기에 아우인 구원(九畹)과 함께 병사(丙舍)를 짓고 함께 글을 읽고, 때때로 사냥과 낚시를 하여 대부인을 기쁘게 해드렸다.

1687년(숙종13)에 초취(初娶)인 사천 목씨(泗川睦氏)가 세상을 떠났다. 이로부터 30년 뒤인 1717년경에 사천 목씨의 행장을 직접 지었다.

1689년(숙종15)에 태학(太學)에 들어갔고, 얼마 후에 사산감역(四山監役)에 제수되었다.

1690년(숙종16) 봄에 동궁책례도감 낭청(東宮冊禮都監郎廳)을 겸직하여 옥(玉)을 캐기 위해 남양(南陽)에 갔었다. 가을에 빙고 별검(氷庫別檢)에 제수되었다.

1691년(숙종17) 봄에 전설사 별검(典設司別檢)으로 자리를 바꾸었고, 여름에 의금부 도사(義禁府都事)로 승진하였다가 곧이어 공조 좌랑(工曹佐郎)으로 옮겼다. 이때에 숙묘(肅廟)가 장릉(章陵)에 행행(行幸)하는 일이 있었다. 공조(工曹)가 나루터와 배를 꾸미는 일 등을 담당하였는데 임금이 한강 밖으로 행행하는 일이 오랫동안 있지 않았기 때문에 상하 관리들이 모두 어찌할 바를 몰랐다. 판서 이지익(李之益)이 임금께 아뢰어 아산공을 해색(該色)으로 차출하였다. 이에 강가로 달려가 점검하고는 상황에 알맞게 지휘하고 안배하였는데 조리와 순서가 매우 적절하였다. 어가(御駕)가 무사히 강을 건넌 뒤에 이공(李公)이 여러 재상들에게 말하기를, "조모(趙某)는 과연 일을 잘 주선하였으니, 내가 사람을 얻었다고 할만하다."라고 하였다. 가을에 아산 현감(牙山縣監)에 제수되었다. 고을이 호수와 바다 사이에 끼어 있고 토호(土豪)들이 터를 잡고 세력을 떨치고 있어서 백성들이 그 피해를 많이 보고 있었다. 이들을 강하게 억제하며 조금도 관대하게 하지 않으니 백성들은 모두 편안해 하였으나 토호들은 싫어하는 자가 많았다.

1694년(숙종20)에 벼슬을 버리고 서울 집으로 돌아왔다.

1699년(숙종25)에 대부인의 상을 당하였다. 이때 나이가 이미 많았는데 상례를 허물이 없게 행하고 그대로 선영 아래에 거주하였다. 1701년(숙종27)에 복(服)을 마쳤다. 이때부터 더욱 세상사에 뜻이 없었고, "종전에 과거에 응시했던 것은 모친이 계셨기 때문이다. 이제는 양친이 모두 세상을 떠나시고 나이도 이와 같은데 무슨 마음으로 다시 벼슬에 나아가기를 도모하겠는가."라고 하였다. 어떤 사람이 "공은 어쩌면 그리도 단호하게 하는가? 공의 문장이면 한 번은 급제하지 않겠는가? 다만 시기가 이르고 느린 차이만 있을 뿐이다."라고 하였으나 흔들리지 않고 초야에서 소요(逍遙)하였다.

1705년(숙종31)에 한 재상이 그가 오랫동안 시골집에 있으면서 담박하게 지낸다는 것을 알고서 익위사 익찬(翊衛司翊贊)에 수망(首望)

으로 의망(擬望)하여 낙점을 받았기 때문에 서울에 들어가서 사은숙배하였다.

1706년(숙종32) 여름에 고창 현감(高敞縣監)에 제수되었는데, 그 곳 다스리기를 아산현을 다스릴 때와 같이 하였다.

1707년(숙종33)에 수세차사원(收稅差使員)으로 차출되어 법성창(法聖倉)에 갔는데, 10여 고을의 공세(貢稅)가 모두 이곳으로 모였다. 이전의 차사원들은 대부분 과도하게 징수하여 열읍(列邑)의 아전과 백성들의 원망이 매우 심했었는데, 그는 오직 조령(朝令)에 의거하여 간소하게 거두었고, 말질을 하고 남은 곡식은 모두 돌려주니 여러 고을 사람들이 송축해 마지않았다. 이때 유씨(柳氏) 성을 가진 토호가 전에 법에 어긋난 송사를 했다가 아산공에게 죄를 받았는데, 남의 사나운 종을 다스린 일을 들어서 온갖 거짓말을 꾸며서 영문(營門)에 비방하니, 감사 이광좌(李光佐)가 실상을 살피지 않고서 그의 고과(考課)를 하고(下考)로 매겼다. 그 후에 간사한 백성에게 속았다는 것을 알고서, 남의 말을 잘못 듣고서 포폄(褒貶)을 잘못한 것을 후회했다고 한다.

1709년(숙종35)에 조식(趙湜), 이식(李栻), 정사신(丁思愼)이 책자 하나를 출간하여 스스로 발문을 써서 문간공을 비방하였다. 이는 정사신의 조부 정호관(丁好寬)이 광해군 계축년(1613, 광해군5)에 영창대군(永昌大君)을 안률(按律)하자는 계사(啓辭)를 맨 처음 제기하였기 때문에 문간공이 한음(漢陰) 이덕형(李德馨)의 비문을 지을 때 당시의 일에 이르러 특별히 쓰기를 "사나운 개가 쌀겨를 다 먹고 나면 반드시 쌀을 먹으려고 하는 법이다. 정조(鄭造)·윤인(尹訒)·정호관(丁好寬) 등이 송사를 일으켜 모후(母后)를 유폐(幽閉)시키자는 논의를 함께 제기하였다."라고 하였는데, 조식과 이식 무리가 정가(丁家)의 사주를 받아 여러 사람의 일기(日記)를 날조해 합쳐서 공공연하게 무함하고 능멸하였던 것이다. 이에 아산공이 상소를 올려 그 사실을 모두 아뢰니 숙묘(肅廟)께서 온화한 비답을 내리기를, "정호관의 죄악은 정조(鄭造)나 윤인(尹認)과 차이가 없는데 조식과 이식 무리가 시비를 어지럽힌 것은 참으로 통탄스럽다. 사악한 무리에 편당(偏黨)한 죄를 속히 바로잡고, 판본은 본도(本道)로 하여금 훼판(毁板)하게 하겠다."라고 하였다.

1721년(경종1) 이후로 전조(銓曹)가 검의(撿擬)한 것이 여섯 차례였다. 함창(咸昌), 태창(太倉), 장악원(掌樂院), 종부시(宗簿寺), 그리고 계방(桂坊)에 두 번 의망되었는데, 모두 부방(副望)과 말망(末望)이었다.

1724년(경종4) 7월에 광흥창 주부(廣興倉主簿)에 제수되었는데, "내가 이 나이에 어찌 벼슬하고 싶은 마음이 있겠는가. 다만 성상께서 동궁(東宮)에 계실 때에 궁료(宮僚)로서 여러 해 가까이서 모셨었는데, 지금 부망으로 낙점을 받았으니, 아마도 성상께서 미천한 신하를 기억해서 그렇게 하셨을 것이다. 내가 비록 쇠약하고 병들었으나 감히 한 번 사은하고 오지 않을 수 있겠는가."라고 하고, 8월에 서울에 들어가서 숙배하였는데, 겨우 열흘 만에 경묘(景廟)가 붕어하였기 때문에 인산(因山)에 참여하기 위해 부득이 벼슬을 계속하였다. 이듬해 봄에 사옹원 주부(司饔院主簿)로 옮겨지자 사은한 뒤에 즉시 체직(遞職)되어 고향 집으로 돌아왔다.

1727년(영조3) 여름에 집에 전염병이 있어서 읍내 마을로 피접(避接)하였는데, 숙환으로 설사가 더욱 심해져서 8월 7일에 우거(寓居)

하던 집에서 세상을 떠났다. 10월에 영평현(永平縣) 동쪽 토요동(土饒洞)에 임시로 장사지내고, 전배(前配)를 이장해 와서 합부(合祔)하였다.

아산공의 행력을 증빙할 만한 기록은 많지 않다. 숙종실록에 4차례 기록이 나오는데, 첫 번째 기록은 유생 때인 1678년에 우의정 허목의 면직을 유보하라는 내용이었다. 이때는 허목의 문인 권해(權瑎)의 소하(疏下)로서 올린 것이다. 이듬해 생원시에 급제하고 나서 이태서(李台瑞)가 그의 아비 이취인(李就仁)의 허물을 씻기 위해 문간공의 말을 날조한 일이 일어나자 이를 반박하는 상소를 올렸다. 세 번째 기록은 아산공과 직접적 관계가 없는 내용이고, 네 번째 기록은 정사신(丁思愼)이 자기 조부 정호관(丁好寬)의 죄를 감추기 위해 문간공을 무함하자 이를 변론하기 위해 올린 상소이다.

승정원일기(承政院日記)에는 1725년(영조1) 2월에 사옹원 주부(司饔院主簿)에 제수된 기사와, 같은 해 5월에 신병이 중하여 개차(改差)되는 기사가 실려 있다. 그 외의 공식 기록으로는 사마방목(司馬榜目)에 생원시에 급제한 기록이 실려 있다.

문집으로는 허목(許穆)의 《미수기언(眉叟記言)》, 이익(李瀷)의 《성호전집(星湖全集)》, 이긍익(李肯翊)의 《연려실기술(練藜室記述)》, 유명천(柳命天)의 《퇴당집(退堂集)》, 목만중(睦萬中)의 《여와집(餘窩集)》에 아산공에 대한 내용이 부분적으로 기록되어 있다.

따라서 본 행록은 이상의 기록을 참조하고, 부록에 수록된 언행록, 행장, 묘갈문, 묘지문을 참고하여 기술하였다.

2. 편찬 간행 및 체제

〈이당암유고(二當菴遺稿)〉는 목판이나 활자로 간행되지 않고 필사본으로 되어 있으며, 서문이나 발문이 없기 때문에 언제 누가 정리한 것인지 알 수 없다.

다만 〈한거팔절(閑居八絶)〉의 일곱 번째 시에 한 글자가 빠져 있는데, 빠진 부분을 그대로 공란으로 비워 두고서 두주에 "한 글자는 다시 살펴보아야 한다.〔一字當更考〕"라는 주석을 달아 놓은 것으로 보아 누군가 정리하면서 보충하지 않고 두주로 처리했다는 것을 알 수 있고, 〈조카 수홍의 시에 장난삼아 차운하다〔戱次弘姪韻〕〉에는 5글자가 빠져 있는데, 소주(小注)에 "본고(本藁)에 지운 곳이 많아 몇 군데는 무슨 내용인지 알 수 없다〔本藁多塗抹 數處不可詳〕"이라고 한 것으로 보아 본고(本藁) 즉 아산공이 직접 써 놓은 초고(草稿)가 있었고, 이 유고는 그 초고를 가감하지 않고 그대로 정사(淨寫)했다는 것을 알 수 있다. 또한 중간에 한 획만 씌어 있거나 불완전한 글자를 그대로 썼거나, 몇 글자씩 빠진 부분 역시 공란으로 비워두고 보충하지 않은 곳이 발견된다. 그리고 목록부터 본문까지 한 사람의 필체로 일관되게 정리되어 있고, 문체별로 분류되어 죽 이어서 기록되어 있다. 이것으로 보건대 아산공 직접 써 놓은 초본이 있었는데 후대에 누군가가 현재의 형태로 옮겨 필사하였고, 원래의 초본은 유실된 것으로 보인다. 아산공이 직접 쓴 글이나 셋째 아들 수의(守宜)가 쓴 언행록 및 조카 수홍(守弘)이 쓴 행장에도 아산공이 제자를 가르쳤다는 기록이 없는 것으로 보아 이 유고는 자손들이 필사한 것으로 보인다.

이 책에 실린 작품은 대부분 아산공이 중년 이후에 저술한 시문(詩

文)들이고, 초년 작품은 보이지 않는다. 시의 편집 체제가 시기순으로 배열되어 있기 때문에 대부분 저작 연대를 알 수 있고, 저작 연대가 기록되지 않았더라도 편집 체제에 따라 저작 연대를 추정할 수 있다. 확인된 가장 빠른 시기의 시는 아산공의 나이 39세 때인 1692년(숙종18)에 지은 〈공호의 가을 경치〔貢湖秋景〕〉이다. 이 시는 아산공이 아산 현감으로 재직하고 있을 때에 가을이 찾아온 것을 느끼며 이제는 벼슬을 그만 두고 고향에 돌아가고픈 심정을 읊은 것이다. 〈공호의 가을 경치〉에 임신년이라는 간지가 기록되어 있기 때문에 저작 연대를 확인할 수 있고, 맨 앞의 시인 〈어우의 글을 읽고〔讀於于文〕〉는 저작 연대를 알 수 없다. 다만 이 책의 편제상 최소한 〈공호의 가을 경치〉보다 앞선 시기에 저작되었다는 것은 짐작할 수 있으나 정확한 시기는 알 수 없다. 그러나 이전 시기의 작품이 전혀 없는 것으로 보아 이 시 역시 비슷한 시기에 저작된 것으로 짐작된다. 시 외에 제문까지 합쳐서 본다면 가장 빠른 시기에 지어진 작품은 〈자형 이윤적의 묘에 드리는 제문〔祭李姊兄允迪墓文〕〉이다. 아산공의 부친 녹문공이 능주 목사로 재직하던 때가 1674년 10월부터이고, 이듬해인 1675년 5월 17일에 세상을 떠나 그 해 7월에 장례를 지냈으므로 1675년 7월 이후에 지었음을 짐작할 수 있다. 이윤적의 생년은 알 수 없으나 몰년은 이 제문을 근거로 보면 1674년 10월 이후 1675년 5월 이전임을 알 수 있다. 그리고 본문에 "묵은 풀이 있으면 곡하지 않는다."라는 말이 있는 것으로 보아, 1676년 이후에 지은 글임을 알 수 있고, 저자가 부친의 상기를 마치고 나서 지었다면 1677년 6월 이후에 지었다고 짐작할 수 있다. 따라서 이 글은 빠르면 1676년, 늦어도 1677년에 지어진 것임을 알 수 있다. 가장 늦은 시기의 작품은 아산공의 나이 69세 때인 1722년(경종2)에 지은 〈술잔을 들고 매화를 바라보며 시를 읊어 모인 사람들에게 보이다〔把盃對梅吟示接中諸人〕〉이다. 또한 아산공의 작품이 이 유고 외에도 상당수 더 있으리라고 생각된다. 그 이유는 다음 몇 가지의 사례로 짐작해 볼 수 있다.

〈참봉 이정관(李正觀)에 대한 제문〔祭李參奉正觀文〕〉에 "편지를 주고받은 것이 일천 통이 넘었다."라고 말한 것으로 보아 다수의 편지가 있을 듯한데, 이 유고에는 편지가 한 통도 실려 있지 않다. 유문을 정리하는 과정에서 많은 서간문이 누락된 것으로 보인다. 또한 숙종실록 5년 12월 26일 기사에 이태서(李台瑞)가 자기 아버지 이취인(李就仁)을 신원(伸寃)하려고 아산공의 조부 문간공의 말을 사칭하자 이에 대해 반박하는 상소를 올렸다는 기사와 상소 일부가 실려 있는 것으로 보아 유고에 이 상소가 실려야 하는데 누락되었다. 실록에는 이 상소가 축약되어 몇 줄만 기록되어 있으나 원래의 상소는 이보다 훨씬 길었을 것이다. 그렇지만 〈이당암유고(二當菴遺稿)〉에는 이 상소가 실려 있지 않아 전문을 볼 수 없다. 1709년(숙종35) 9월 18일에 올린 상소의 경우 실록에는 간략한 내용 소개와 왕의 비답만 실려 있는데, 유고에는 상소 전문과 비답이 모두 실려 있다. 또한 셋째 아들 조수의(趙守宜)가 지은 언행록에, 1673년(현종14) 별과(別科)의 시제(詩題)가 "동지날에 관문을 닫다〔至日閉關〕"이고 문체는 부(賦)였는데, 아산공이 응시하였으나 아깝게 급제하지 못하였다고 하였다. 그렇다면 이 부(賦) 역시 유고에 들어 있어야 하는데, 유고에 부는 한 편도 없다. 또한 조카 조수홍(趙守弘)이 지은 행장에 보면 아산공이 특히 병려문(駢儷文)을 잘 지었다고 하였는데, 유고에는 병려문이 한 편도 없다.

이상의 내용으로 볼 때 아산공의 초년 작품도 상당 수 있었을 것이고, 사우간에 왕래한 편지도 상당 수 있었을 것으로 보인다. 그리고 1692년부터 1722년까지 30여 년 동안 꾸준히 시를 지은 것으로 보아 이 시기에 지은 시도 현재 남아 있는 것보다 훨씬 많았을 것으로 보인다. 그러나 이 유고가 문집으로 간행되지 않아 모든 작품을 수집하지 못하였고, 아산공이 모아둔 작품만을 정리하였기 때문에 분량이 많지 않다. 만약 이 책이 목판이나 활자로 간행되었다면 아산공의 모든 작품을 수집하고, 철저한 교정을 거쳐서 보다 풍부하고 정교한 문집이 되었을 것인데, 이 점은 아쉬움으로 남는다.

3. 구성 및 내용

〈이당암유고(二當菴遺稿)〉에는 시 77편, 만사 18편, 상소 1편, 언행록(言行錄) 1편, 제문(祭文) 10편, 기문(記文) 2편, 제사(題辭) 1편, 송서(送序) 1편, 발문(跋文) 1편, 전(傳) 1편의 순으로 도합 113편의 시문이 실려 있다. 부록은 행업(行業) 1편, 행장(行狀) 2편, 묘갈문(墓碣文) 1편, 묘지문(墓誌文) 1편 도합 5편으로 구성되어 있다.

아산공은 어려서부터 가학이 있어 학문이 출중하였고, 작자(作者)의 풍도가 있다는 칭찬을 들을 만큼 글솜씨가 뛰어났는데 남아 있는 글은 많지 않다. 77편의 시는 1692년 이전에 지은 〈어우의 글을 읽고〔讀於于文〕〉, 1692년에 지은 〈공호의 가을 경치〔貢湖秋景〕〉 〈아산현에서 시판의 시에 차운하여 한태수 종로에게 주다〔牙縣次板上韻贈韓太叟宗老〕〉, 1694년에 지은 〈지천의 시에 차운하다〔次芝川韻〕〉 〈비가 내린 기쁨을 기록하다〔識得雨〕〉〈낙동에 있는 왕자의 옛 집에 유람객이 있다는 말을 듣고〔聞有客遊駱洞王子舊宅〕〉〈포천의 전장에서 동악의 시에 차운하다〔抱庄次東岳韻〕〉〈생각나는 대로 읊다〔漫吟〕〉〈포천에 와서 퇴도선생의 시에 차운하다〔來抱次退陶先生韻〕〉, 1695년에 지은 〈독곡에 사는 정생을 방문하다〔訪獨谷鄭生〕〉〈김자심의 금수정을 방문하여 권생 흡의 시에 차운하다〔訪金子心金水亭次權生翕韻〕〉〈공산으로 이사가는 민신중 언심에게 전별하며 주다〔贈別閔信仲彦諶往居公山〕〉, 1697년에 지은 〈호서의 병영으로 가는 아우 난성을 보내며〔送舍仲蘭成赴湖西幕〕〉〈연방의 친구 정주윤이 늦게야 아들을 얻어서 50세에 이르러 관례를 행하면서 여러 벗들을 모두 불러 빈례로써 즐겼다. 숙빈은 풍산 홍 시랑이었는데, 시랑은 유명한 대부이다. 말을 기록하여 권면하고, 시를 읊어서 축하하였다. 오호라. 이 예가 행해지지 않은 지 오래되었으니, 구경하는 사람들이 모두들 감탄해마지않았다. 주윤이 그 일을 기록해두기 위해 참석한 손님들에게 시랑의 시에 차운하기를 권하였다. 나도 그 자리에 있었으나 술이 취해 시를 짓지 못하고 돌아와 생각해 보니 잊어서는 안 되는 점이 있기에 삼가 그 운을 따라서 축하하는 내용으로 말을 만들었는데, 글재주가 없는 것이 부끄럽다.〔蓮契鄭周胤晩來得子 而至知非之年 能成冠禮 通邀諸友 樂之以賓禮 肅賓豊山洪侍郎 侍郎乃名大夫也 記言以勉之 賦詩以嘉之 噫斯禮之不行久矣 觀者莫不感歎焉 周胤識其事 勸來客各次其詩 而不佞亦在座中 酒未果 歸而思之 有不可忘者存焉 謹步其韻 以賀爲言 而拙訥則可愧〕〉〈입춘에 쓰다〔題立春〕〉, 1698년에 지은 〈강진에 있는 목 대감의 배소에 올리다〔呈康津睦台謫所〕〉〈간이의 시에 차운하여 권신지 부에게 주다〔次簡易韻贈權信之孚〕〉〈삼가에 부임하는 심회숙 ○○에게 주다〔贈沈晦叔○○之任三嘉〕〉〈종질 만홍에게 이별하며 주다〔贈別宗姪蔓興〕〉〈정 수재 의신이 술을 보내온 것에 사례하고 이어 난성에게 보이다〔謝丁秀才義愼饋酒仍示蘭成〕〉〈또 난성에게 보이다〔又示蘭成〕〉, 1699년에 지은 〈새해〔新歲〕〉, 1701년에 지은 〈낮잠〔晝寢〕〉〈사범이 술을 보내온 데 대해 사례하다〔謝士範惠酒〕〉〈감흥에 따라 짓다〔漫興〕〉〈상추〔萵苣〕〉, 1702년에 지은 〈이계림의 시에 차운하다〔次李季霖韻〕〉〈또 절구에 차운하다〔又次絶句韻〕〉〈사범이 보여준 시에 차운하다〔次士範示韻〕〉, 1703년에 지은 〈포천의 전장에서 이 빙군과 작별하며〔抱庄奉別李聘君〕〉〈이 빙군과 작별한 뒤에 소회를 쓰다〔別李聘君後書懷〕〉〈비가 온 뒤에 날이 갠 것이 기뻐서〔雨後喜晴〕〉, 1704년에 지은 〈남명의 시에 차운하다〔次南冥韻〕〉〈이 상국이 고열에 대해 읊은 시에 차운하다〔次李相國苦熱韻〕〉〈정월 초오일 밤 꿈에 돌아가신 부모를 평소처럼 모시고 감격하여 울며 소회를 쓰다〔正月初五 夜夢侍考妣如平日 感泣書懷〕〉〈한가히 지내며 읊은 여덟 수의 절구〔閑居八絶〕〉〈우연히 쓰다〔偶題〕〉, 1705년에 지은 〈조카 수홍의 시에 장난삼아 차운하다〔戲次弘姪韻〕〉〈천서를 송별하고 서글픈 마음에 읊다〔送別天叙悵然有吟〕〉, 1706년에 지은 〈고창현 관아에서 동궁을 모시는 꿈을 꾸고 황감하여 짓다〔高敞縣衙夢侍東宮惶感有題〕〉, 1708년에 지은 〈이웃에 사는 벗이 물고기를 잡아서 초대한 것에 사례하다〔謝隣友打魚見邀〕〉〈신춘에 우연히 읊다〔新春偶吟〕〉, 1711년에 지은 〈녹문 현주암에 대해 쓰다〔題鹿門玄珠庵〕〉〈유배지에 있는 참의 민창도에게 보내다〔寄閔參議昌道謫中〕〉〈초가을에 우연히 짓다〔孟秋偶題〕〉〈우연히 읊다〔偶吟〕〉〈우연히 읊다〔偶吟〕〉〈춘첩자〔春帖〕〉〈늦가을〔秋高〕〉, 1712년에 지은 〈금수정에서 사암의 시에 차운하다〔金水亭次思庵韻〕〉〈정회보의 시에 차운하다〔次鄭晦甫韻〕〉〈옥동과 조카들이 백운산에 유람하여 지은 시축의 뒤에 쓰다〔題玉洞及諸姪遊白雲詩後〕〉, 1713년에 지은 〈동짓달에 큰 눈이 내리다〔至月大雪〕〉, 1714년에 지은 〈찰방 이상우에게 주다〔贈李察訪商雨〕〉 〈장차 돌아가야지〔將歸〕〉 〈어딘가에서 온 한 수재가 뜻밖에 나의 초당을 방문하였다. 성을 물으니 밀양 박씨라고 하고, 사는 곳을 물으니 임단의 일곡이라고 하였으며, 나를 찾아온 목적은 시를 구걸하기 위해서였다. 그가 가지고 있는 시를 보니 경향의 노인과 젊은이가 지은 시들이었고, 그 시어는 효를 말하고 시를 말하는 것이었다. 효는 바탕이고 시는 문채이니, 문채와 바탕이 병행되기가 참으로 어렵다. 매우 지성스럽게 시를 요구하기에 오래동안 시를 짓지 않았으나 억지로 무염의 말을 써서 한바탕 웃음거리로 삼는다.〔何來一秀才 忽訪我草堂 其姓則密陽之朴 其居則臨湍之日谷 而其事則乞詩也 覔其所持則京鄕老少諸詩 而其語則言孝言詩 孝則質 詩則文 文質幷行誠難誠難 索詩甚勤 久廢之餘 强書無塩之語 以備一粲〕〉, 1715년에 지은 〈가을밤〔秋夜〕〉 〈새로 지은 누각〔新樓〕〉 〈양세한이 술을 가지고 찾아오니 세교를 잘 계승할 줄을 알겠기에 감호의 시에 차운하여 주다〔楊世漢佩酒來餉可識能繼世好次鑑湖韻以贈〕〉 〈꽃을 심다〔栽花〕〉 〈이른 봄에 시냇물 소리를 듣다〔早春聽流〕〉 〈정월 초하루 아침〔元朝〕〉, 1716년에 지은 〈여관에서 우연히 읊다〔旅舍偶吟〕〉 〈서리 내린 가을〔霜秋〕〉 〈늦가을〔晩秋〕〉 〈기축월의 회혼연에 지은 시〔己丑月重牢宴詩〕〉 〈생각나는대로 짓다〔漫成〕〉 〈동악의 시에 차운하다 〔次東岳韻〕〉 〈아이들이 나를 위해 육미원을 지었기에 읊다〔兒輩爲我製六味元有吟〕〉 〈비가 오려고 하다〔欲雨〕〉, 1717년에 지은 〈산중살이〔山居〕〉 〈한식날 밤에 비가 와서 조카 수홍에게 보이다〔寒食夜雨示弘姪〕〉 〈냇가에서〔川上〕〉 〈봉선사로 독서하러 가는 수의를 보내며〔送誼兒讀書奉先寺〕〉 〈지난해에 내가 모양으로 갈 때에 친구인 전주 이씨 이사범이 절구 한 수를 지어서 선물하였다. 지금 이사범이 남쪽으로 유람가면서 나에게 시를 지어달라고 요구하였다. 이에 이사범이 지었던 시에 차운하여 목과의 보답으로 삼는다〔客歲余之之牟陽也 完山李友士範以絶句贐行 今者士範南遊 亦有所索 玆步前韻 以爲木瓜之報〕〉〈조카 수증의 시에 차운하여 윤중안에게 보이다〔次曾侄韻示尹仲安〕〉〈매화〔梅花〕〉〈꽃을 감상하는 사람들에게 보내다〔寄賞花諸人〕〉, 1722년에 지은 〈술잔을 들과 매화를 바라보며 시를 읊어 모인 사람들에게 보이다〔把盃對梅吟示接中諸人〕〉이다.

〈어우의 글을 읽고〉는 어우당(於于堂) 유몽인(柳夢寅)의 글을 읽은 소감을 읊은 시이다. 아산공이 읽은 책이 어떤 책인지는 알 수 없다. 왜냐하면 유몽인의 문집인 《어우집(於于集)》은 1832년(순조32)에 간행되었고, 《어우야담(於于野談)》은 1621년(광해군13)에 완성되기는 했지만 1964년에야 간행되었기 때문이다. 다만 《어유야담》의 초사본(抄寫本)이 여러 편 있는 것으로 보아 《어우야담》의 초사본을 보았을 가능성이 크다. 이 시에서 아산공의 평가는 유몽인의 글이 화려하기는 하지만 예법이 방정한 선비의 글만은 못하다는 것이다. 여기에서 아산공이 추구하는 것은 화려한 문장이 아니라 예법이 방정한 선비임을 알 수 있다. 이 책의 편제 순서가 저작 시기에 따라 정리되어 있고, 그 해 첫 번째 시에 간지를 기록한 것으로 보아, 이 시는 최소한 1692년(숙종39) 이전에 지어졌다는 것을 알 수 있고, 또한 1692년 이전의 시가 한 편도 없는 것으로 보아 이 시 역시 1692년과 매우 가까운 시기에 지어졌다는 것을 알 수 있다.

〈공호의 가을 경치〉는 아산공의 나이 39세 때인 1692년 가을에 지은 것이다. 이 시기는 아산공이 아산 현감으로 재직하고 있을 때이다. 가을이 찾아온 것을 느끼며 이제는 벼슬을 그만 두고 고향에 돌아가고픈 심정을 읊은 것이다.

〈아산현에서 시판의 시에 차운하여 한태수 종로에게 주다〉는 아산공이 아산 현감으로 재직하던 1693년(숙종40)에 지은 것으로 짐작된다. 이 앞의 시가 1692년 가을에 지은 시이고, 이 뒤의 시가 1694년에 지은 시인데, 이 시에서 늦봄을 말하고 있으므로 이 시의 저작 시점을 짐작할 수 있다. 한종로는 1650년생이므로 아산공보다는 4살 연상인데, 이 시를 비롯해서 한종로가 고성 현감으로 나갈 때에 서문을 지어 주었고, 그가 세상을 떠났을 때에 만사를 지은 것으로 보아 아산공과는 매우 가까운 친구인 듯하다.

〈지천의 시에 차운하다〉는 본 유고의 편제로 볼 때 1694년(숙종41)에 지어진 것으로 짐작된다. 아산공이 차운한 지천의 시는 《지천집(芝川集)》 제2권에 실려 있는 〈취제룡산상산군정자(醉題龍山商山君亭子)〉라는 시로 훈신(勳臣) 박충간(朴忠侃)이 새로 지은 정자에 대해 읊은 시이다.

〈비가 내린 기쁨을 기록하다〉는 본 유고의 편제로 볼 때 1694년에 지어진 것으로 짐작된다. 가뭄 끝에 단비가 저녁부터 아침까지 흠뻑 내려서 온 들이 생기가 돌고 강물이 불어 백사장까지 넘친 것을 기뻐한 내용이다.

〈낙동에 있는 왕자의 옛 집에 유람객이 있다는 말을 듣고〉는 본 유고의 편제로 볼 때 1694년에 지어진 것으로 짐작된다. 낙동(駱洞)은 중구 회현동3가 · 충무로1가 · 명동2가에 걸쳐 있던 마을로서, 타락(駝酪)을 파는 집이 있던 데서 마을 이름이 유래되었다. 타락골 · 타락동 · 낙동이라고도 하였다. 옛날에 왕자가 살던 곳이 이제는 빈

터만 남아 유람객들이 노니는 장소가 된 것을 안타까워하는 마음을 표현한 시이다. 여기에서 말하는 왕자가 누구인지는 알 수 없다.

〈포천의 전장에서 동악의 시에 차운하다〉는 본 유고의 편제로 볼 때 1694년에 지어진 것으로 짐작된다. 이 시기에 아산공이 아산 현감의 임기를 마치고 포천에 있는 전장으로 돌아온 것으로 보인다. 동악이 누구인지는 알 수 없다.

〈생각나는 대로 읊다〉는 본 유고의 편제로 볼 때 1694년에 지어진 것으로 짐작된다. 내용 중에 "종일토록 빈 집에 앉아 염천(炎天)에 병든 몸을 보전하네"라는 말이 있고, 뒤의 시에 서리가 내렸다는 말이 있는 것으로 보아 여름에 지은 것으로 보인다.

〈포천에 와서 퇴도선생의 시에 차운하다〉는 본 유고의 편제로 볼 때 1694년 가을에 지어진 것으로 짐작된다. 내용 중에 "곡식은 들판에서 한창 익어가고 수유(茱萸)는 서리 온 뒤에 가장 예쁘구나"라는 말이 있는 것으로 보아 서리가 내린 늦가을에 지은 것으로 보인다.

〈독곡에 사는 정생을 방문하다〉는 1695년(숙종21)에 지은 것이다. 내용 중에 "붉은 단풍 맑은 냇물 계곡 입구 깊숙한데"라는 말이 있는 것으로 보아 가을에 단풍이 들었을 때 지은 것으로 보인다. 같은 운(韻)을 사용한 2수(首)로 구성되어 있다.

〈김자심의 금수정을 방문하여 권생 흡의 시에 차운하다〉는 본 유고의 편제로 볼 때 1694년 가을에 지어진 것으로 짐작된다. 김자심(金子心)은 홍도(弘道) 이서(李漵)의 문집에 실린 만사에 이름이 김경복(金慶復)으로 되어 있다. 이서가 1622년에 태어나 아산공과 같은 시기에 활동하였고, 거주지가 포천인 것으로 보아 김자심은 김경복의 자인 것으로 생각된다. 금수정(金水亭)은 경기도 포천군(抱川郡)

창수면(蒼水面) 오가리(伍佳里) 영평천(永平川) 기슭에 있는 정자로, 금수정(錦水亭)이라고도 한다. 그 주변 바위에는 봉래(蓬萊) 양사언(楊士彦)이 쓴 '녹기금 백아심(綠綺琴伯牙心)'으로 시작되는 〈증금옹(贈琴翁)〉 시, '취대(翠臺)' 등의 초서와 석봉(石峯) 한호(韓濩)가 쓴 '동천석문(洞天石門)', '금수정(金水亭)' 등의 해서가 새겨져 있다. 권흡은 어떤 사람인지 확인되지 않는다. 금수정은 원래 김명리(金明理)가 건립하고, 양사언의 소유였는데, 후에 안동김씨에게 소유권이 돌아갔다. 따라서 이때는 금수정의 소유권이 안동김씨인 김자심에게 있었던 듯하다. 같은 운(韻)을 사용한 2수로 구성되어 있다.

〈공산으로 이사가는 민신중 언심에게 전별하며 주다〉는 본 유고의 편제로 볼 때 1694년에 가을에 지어진 것으로 짐작된다. 공산(公山)은 공주(公州) 북쪽 2리(里) 지점에 있는 진산(鎭山)으로, 산 모습이 공자(公字)와 비슷해서 붙여진 이름이라고 한다.

〈호서의 병영으로 가는 아우 난성을 보내며〉는 1697년(숙종23)에 지은 것이다. 내용 중에 "외대(外臺)의 행차가 마침 서리 내린 가을이니"라는 말이 있는 것으로 보아 늦가을에 지어진 것으로 짐작된다. 난성(蘭成)은 아산공의 아우 조구원(趙九畹: 1656~1710)의 자이다. 시의 내용으로 보면 이때에 아산공의 아우 조구원이 충청 도사(忠淸都事)에 제수되어 나간 듯하다. 이 지역은 옛날 녹문공(鹿門公)이 1671(현종12)에 암행어사로 나간 지역이고, 1691년부터 1694년까지 아산공이 아산 현감으로 재직했던 곳이므로 감회가 남다른 곳이었다. 그런데 아우가 또 이 지역으로 벼슬하러 가기 때문에 옛 일을 생각하며 전송하는 시를 쓴 것이다.

〈연방의 친구 정주윤〉은 본 유고의 편제로 볼 때 1697년에 지어진 것으로 짐작된다. 정주윤이 늦게야 아들을 얻어서 50세 때에야 아들의 관례(冠禮)를 행하면서 친구들을 불러 함께 즐겼다. 이때 홍 시랑(洪侍郎)이 숙빈(肅賓)으로 관례를 주관하고 권면하는 시를 읊었는데, 그 자리에 모인 친구들이 모두 차운시를 지었다. 아산공도 그 자리에 참석하였으나 술에 취해서 시를 짓지 못하고 추후에 이 시를 지었다. 같은 운(韻)을 사용한 3수로 구성되어 있다.

〈입춘에 쓰다〉는 본 유고의 편제로 볼 때 1697년 봄에 지어진 것으로 짐작된다. 입춘에 모친을 모시고 평화롭게 지내는 정경을 묘사하였다.

〈강진에 있는 목 대감의 배소에 올리다〉는 1698년(숙종24)에 지은 시이다. 목 대감은 아산공의 장인인 목내선(睦來善)이다. 1694년 갑술옥사(甲戌獄事) 때 강진에 위리안치(圍籬安置)되었다가 1699년에 풀려났으므로 이때는 아직 유배중인 시기이다. 목내선을 낙수(洛水)의 용에 비유하고, 조정에 있는 자들을 변수(汴水)의 미꾸라지에 비유하며 장인의 마음을 달래기 위해 지은 시이다.

〈간이의 시에 차운하여 권신지 부에게 주다〉는 본 유고의 편제로 볼 때 1698년에 지어진 것으로 짐작된다. 간이는 최립(崔岦)의 호인데, 최립의 시에 차운하여 권부(權孚)에게 준 시이다. 이때 권부가 아산공의 이웃에 살기 위해 집을 짓고 있었으므로 함께 즐기기를 기대하는 마음을 담았다.

〈삼가에 부임하는 심회숙 ○○에게 주다〉는 본 유고의 편제로 볼 때 1698년 봄에 지어진 것으로 짐작된다. 삼가 현감(三嘉縣監)으로 부임하는 심회숙에게 전별하며 써 준 시이다. 각기 다른 운을 사용하여 3수를 지었다.

〈종질 만홍에게 이별하며 주다〉는 본 유고의 편제로 볼 때 1698년에 지어진 것으로 짐작된다. 이 시기에 아산공이 서울에 올라와 있었던 듯하다.

〈정 수재 의신이 술을 보내온 것에 사례하고 이어 난성에게 보이다〉는 본 유고의 편제로 볼 때 1698년 늦가을에 지어진 것으로 짐작된다. 정의신이 술을 보내온 것에 대해 감사하는 뜻으로 시를 지어 아우 조구원에게 보이자 조구원이 같은 운으로 화답시를 지었다. 또 같은 운을 사용하여 시를 지어서 조구원에게 보이자 조구원이 또 같은 운을 사용하여 화답시를 지어서 두 사람의 시가 각각 2수씩 실려 있다.

〈새해〉는 1699년(숙종25)에 지은 시이다. 시의 내용으로 볼 때 섣달 그믐날 밤에 지은 것으로 보인다. 세월이 빨리 지나감을 한탄하는 시이다. 네 번째 구에 두 글자가 빠져 있는데 이 시의 3, 4, 5, 6구가 택당(澤堂) 이식(李植)의 〈제야우서(除夜偶書)〉와 같아서 빠진 글자를 채워 넣을 수 있었다.

〈낮잠〉은 1701년(숙종27)에 지은 시이다. 시의 내용으로 볼 때 늦가을 낮에 누각에 홀로 누워서 몸이 늙으니 미혹에서는 벗어날 수 있으나 또다시 근심이 밀려오는 것을 읊은 시이다.

〈사범이 술을 보내온 데 대해 사례하다〉는 본 유고의 편제로 볼 때 1701년 가을에 지어진 것으로 짐작된다. 친구인 사범이 술을 보내온 데 대해 진(晉)나라 왕휘지(王徽之)와 대규(戴逵)의 고사를 인용하여 감사의 마음을 표현하였다.

〈감흥에 따라 짓다〉는 본 유고의 편제로 볼 때 1701년 가을에 지어진 것으로 짐작된다. 큰 의미를 담지 않고 즉흥적으로 읊은 시이다.

〈상추〉는 본 유고의 편제로 볼 때 1701년에 지은 시이다. 상추에 대해 의원들은 독이 있다고 하지만 자신은 상추 덕에 밥을 잘 먹을 수 있다고 하며 상추를 예찬한 시이다.

〈이계림의 시에 차운하다〉는 1702년(숙종28)에 지은 시이다. 이계림이 산수간에서 한가롭게 지내는 생활을 읊은 시를 지었는데, 이 시에 차운하여 일상사를 평담하게 읊었다. 이어서 이계림의 절구에 차운하는 시 3수를 연이어 읊었다.

〈사범이 보여준 시에 차운하다〉는 본 유고의 편제로 볼 때 1702년에 지어진 것으로 짐작된다. 젊어서는 벼슬하여 임금을 보필할 꿈을 꾸었는데, 이제 몸이 늙으니 강태공을 생각한다는 내용이다.

〈포천의 전장에서 이 빙군과 작별하며〉와 〈이 빙군과 작별한 뒤에 소회를 쓰다〉는 1703년(숙종29)에 지은 시이다. 이빙군은 아산공의 두 번째 장인인 이민좌(1640~?)이다. 이민좌가 김제에서 포천까지 찾아왔다가 3일을 머물고 돌아가자 이별의 회포를 적은 시이다.

〈비가 온 뒤에 날이 갠 것이 기뻐서〉는 본 유고의 편제로 볼 때 1703년에 지어진 것으로 짐작된다. 장마로 큰물이 져서 온 들이 물에 잠겨 어떻게 해볼 수 없는 상황을 읊은 시이다. 다만 마지막 2구가 빠져 있다. 이 시 뒤로 1704년(숙종30)에 지은 〈남명의 시에 차운하다〉 〈이 상국이 고열에 대해 읊은 시에 차운하다〉 〈정월 초오일 밤 꿈에 돌아가신 부모를 평소처럼 모시고 감격하여 울며 소회를 쓰다〉 〈한가히 지내며 읊은 여덟 수의 절구〉 4수가 더 있는데 목록에 제목만 있고 원문에는 빠져 있다. 다만 〈한가히 지내며 읊은 여덟 수의 절구〉는 원래 8수인데 현재 5수만 남아 있다. 남은 5수의 내용은 벼슬에 뜻이 없고, 초야에 묻혀 한가히 지내겠다는 의지를 나타내고 있는 것으로 보아 앞의 3수도 비슷한 내용일 것으로 짐작된다.

〈우연히 쓰다〉는 본 유고의 편제로 볼 때 1704년에 지어진 것으로 짐작된다. 다리에 힘이 없어 지팡이를 짚고 천천히 걷다가 문득 4, 5년 전에 씩씩하게 걸어다녔던 일을 회상하며 노년의 쓸쓸함을 읊은 시이다. 2수로 구성되어 있는데, 서로 다른 운을 사용하였다.

〈조카 수홍의 시에 장난삼아 차운하다〉는 1705년(숙종31)에 지은 시이다. 제목 그대로 조카의 시에 큰 의미를 담지 않고 붓 가는대로 가볍게 쓴 시이다. 다만 이 시에는 5글자가 빠져 있는데, 유고를 정사하면서 본고(本藁)에 빠진 글자를 보충하지 않고 그대로 두고서 끝에 "본고(本藁)에 지운 곳이 많아 몇 군데는 무슨 내용인지 알 수 없다."라고 주석을 달아 두었다.

〈천서를 송별하고 서글픈 마음에 읊다〉는 본 유고의 편제로 볼 때 1705년에 지어진 것으로 짐작된다. 천서는 아산공의 아우 조구주(趙九疇)의 자이다. 아우를 떠나보내고 나서 서글픈 마음을 강굉(姜肱)의 고사를 인용하여 표현하였다.

〈고창현 관아에서 동궁을 모시는 꿈을 꾸고 황감하여 짓다〉는 1706년(숙종32)에 지은 시이다. 고창 현감으로 재직할 때에 지은 시로, 당시 동궁인 경종(景宗)을 모신 꿈을 꾸고 나서 감회를 읊은 시이다.

〈이웃에 사는 벗이 물고기를 잡아서 초대한 것에 사례하다〉는 1708년(숙종34)에 지은 시이다. 노년에 시냇가에 살면서 친구들과 어울리는 즐거움을 읊은 것이다.

〈신춘에 우연히 읊다〉는 본 유고의 편제로 볼 때 1708년에 지어진 것으로 짐작된다. 봄이 저무는 풍경을 평담하게 읊은 시이다.

〈녹문 현주암에 대해 쓰다〉는 1711년(숙종37)에 지은 시이다. 녹문에 있는 현주암의 풍경을 묘사하듯 표현한 시이다.

〈유배지에 있는 참의 민창도에게 보내다〉는 지어진 시기가 정확치 않다. 그러나 본 유고의 편제로 볼 때 앞의 시가 1711년에 지어진 작품이고, 뒤에 1710년에 지어진 만사와 1713년에 지어진 만사가 있으므로 이 시 역시 비슷한 시기에 지어졌음을 알 수 있다. 이 시기에 민창도가 장수에 유배가 있었다. 시의 끝에 민창도의 화답시가 첨부되어 있다.

〈초가을에 우연히 짓다〉는 지어진 시기가 정확치 않다. 앞의 시와 마찬가지로 1710년에서 1713년 사이에 지어졌다는 것을 짐작할 수 있다. 초가을의 일상적인 정경을 읊은 시이다.

〈우연히 읊다1〉은 지어진 시기가 정확치 않다. 앞의 시와 마찬가지로 1710년에서 1713년 사이에 지어졌다는 것을 짐작할 수 있다. 세상 사람들은 부유한 사람을 따르고 가난한 사람을 따르지 않지만 하늘은 공평하여 적막한 띠집에도 봄이 찾아옴을 읊은 시이다.

〈우연히 읊다2〉는 지어진 시기가 정확치 않다. 앞의 시와 마찬가지로 1710년에서 1713년 사이에 지어졌다는 것을 짐작할 수 있다. 산수간에서 노년에 여유롭게 지내는 모습을 읊은 시이다.

〈춘첩자〉는 지어진 시기가 정확치 않다. 앞의 1711년 시에 봄과 가을에 지은 시가 있고, 뒤에 1713년의 시가 나오므로 이 시는 1712년에 지어진 시일 것으로 짐작되나 확실하지는 않다. 입춘일에 조용히 글을 읽는 일상을 표현한 시이다.

〈늦가을〉은 지어진 시기가 정확치 않다. 앞의 1711년 시에 봄과 가을에 지은 시가 있고, 뒤에 1713년의 시가 나오므로 이 시는 1712년에 지어진 시일 것으로 짐작되나 확실하지는 않다. 가을이 되어 먹거리가 풍부하고, 어린 손자들이 뛰노는 것을 기쁘게 바라보며 지은 시이다.

〈금수정에서 사암의 시에 차운하다〉는 1712년에 지어진 시이다. 금수정은 경기도 포천군(抱川郡) 창수면(蒼水面) 오가리(伍佳里) 영평천(永平川) 기슭에 있는 정자로, 금수정(錦水亭)이라고도 한다. 사암은 박순(朴淳:1523~1589)의 호이다. 금수정에 올라가 사암의 시에 차운하여 중건된 금수정과 주변의 경관을 읊은 시이다.

〈정회보의 시에 차운하다〉는 본 유고의 편제로 볼 때 1712년에 지어진 것으로 짐작되지만 확실하지는 않다. 원문에 3자가 빠져 있어 내용이 정확하게 이어지지 않는다.

〈옥동과 조카들이 백운산에 유람하여 지은 시축의 뒤에 쓰다〉는 1712년에 지어진 시이다. 옥동과 조카들이 백운산을 유람하여 지은 시들을 모은 시축을 보고서 훌륭한 시라고 칭찬하면 그 끝에 붙인 시이다.

〈동짓달에 큰 눈이 내리다〉는 본 유고의 편제로 볼 때 1713년에 지어진 것으로 짐작된다. 눈이 많이 내려 나뭇가지가 하얗게 된 것을 매화꽃에 비유하고, 내년에 풍년이 들기를 기대하는 마음을 읊은 시이다.

〈찰방 이상우에게 주다〉는 1714년에 지어진 시이다. 노년의 일상을 담담하게 읊은 시로, 나이가 들어 머리카락은 빠져도 친구와 사귀는 정은 늙음에 이르러 깊어짐을 읊은 것이다.

〈장차 돌아가야지〉는 본 유고의 편제로 볼 때 1714년에 지어진 것으로 짐작된다. 앞의 시와 마찬가지로 노년의 일상을 읊은 것인데, 벼슬에 나아가지 않고 전원생활을 하겠다고 청산과 한 약속을 지키겠다는 의지를 표현한 것이다.

〈박 수재가 시를 청하기에 써서 주다〉는 본 유고의 편제로 볼 때 1714년에 지어진 것으로 짐작된다. 장단의 일곡에 사는 박 수재가 아산공이 사는 초당으로 찾아와 경향의 많은 사람들에게서 받은 시를 보이면서 시 한 수를 써달라고 요청하여 써 준 시이다.

〈가을 밤〉은 본 유고의 편제로 볼 때 1715년 가을에 지어진 것으로 짐작된다. 노년에 가을밤의 정경을 읊은 시이다.

〈새로 지은 누각〉는 본 유고의 편제로 볼 때 1715년 여름에 지어진 것으로 짐작된다. 삼복 더위에 새로 지은 누각에 올라가 시원한 바람을 즐기는 정경을 읊은 시이다.

〈양세한이 술을 가지고 찾아왔기에 감호의 시에 차운하여 주다〉는 본 유고의 편제로 볼 때 1715년 봄에 지어진 것으로 짐작된다. 시골에서 고적하게 지내고 있는데 마침 양세한이 술을 가지고 찾아왔으므로 답례로 이 시를 지어 준 것이다.

〈꽃을 심다〉는 본 유고의 편제로 볼 때 1715년 봄에 지어진 것으로 짐작된다. 노년에 한가로이 지내며 봄비 속에 꽃을 심고 있는 정경을 읊은 시이다.

〈이른 봄에 시냇물 소리를 듣다〉는 본 유고의 편제로 볼 때 1715년 이른 봄에 지어진 것으로 짐작된다. 아직 눈이 다 녹지 않은 때에 마루에 조용히 앉아 과거를 돌이켜보고 늙음을 담담히 받아들이는 마음을 읊은 것이다.

〈정월 초하루 아침〉은 본 유고의 편제로 볼 때 1715년에 지어진 것으로 짐작된다. 정월 초하루에 성묘하고 암자에서 스님과 한가로이 얘기하는 정경을 읊은 시이다.

〈여관에서 우연히 읊다〉는 1716년에 지은 시이다. 파주의 여관에서 손자와 잠을 자면서 집안 일을 근심하며 읊은 시이다. 2수로 구성되어 있다.

〈서리 내린 가을〉은 본 유고의 편제로 볼 때 1716년 가을에 지어진 것으로 짐작된다. 서리가 내려 단풍이 들고 과일이 익어가는 것을 보고 한가하게 세월을 관조하는 정경을 읊은 시이다.

〈늦가을〉은 본 유고의 편제로 볼 때 1716년 가을에 지어진 것으로 짐작된다. 국화꽃이 피고 나뭇잎이 붉게 물든 것을 보고 임금을 생각하는 마음을 읊은 시이다.

〈기축월의 회혼연에 지은 시〉는 본 유고의 편제로 볼 때 1716년 겨울에 지어진 것으로 짐작된다. 동지중추부사(同知中樞府事) 조순일(趙純一)의 회혼연을 축하하기 위해 지은 시이다. 본 유고를 처음 정사할 때에는 이 시가 없었는데, 추후에 발견하여 여기에 찌 형식으로 붙여 놓은 것이다.

〈생각나는대로 짓다〉는 본 유고의 편제로 볼 때 1716년에 지어진 것으로 짐작된다. 노년의 한적한 생활을 읊은 시이다.

〈동악의 시에 차운하다〉는 본 유고의 편제로 볼 때 1716년에 지어진 것으로 짐작된다. 노년의 한가로운 생활을 읊은 시이다. 제7구는 5자 전체가 빠져 있는데, 원문에서 보충하지 않고 그대로 공란으로 처리하였다. 아산공의 초고에 빠져 있었던 듯하다.

〈아이들이 나를 위해 육미원을 지었기에 읊다〉는 본 유고의 편제로 볼 때 1716년에 지어진 것으로 짐작된다. 자녀들이 육미지황원(六味地黃元)을 지어 드리자 이에 대해 시를 지은 것이다. 본인의 나이가 이미 70세에 가까우므로 억지로 수명을 늘리려고 약을 먹을 필요가 없다는 내용이다.

〈비가 오려고 하다〉는 본 유고의 편제로 볼 때 1716년 봄에 지어진 것으로 짐작된다. 청명일에 날씨가 따뜻해져서 눈이 절로 녹고 시냇가 버들이 노란 빛을 띠어 지팡이 짚고 밖에 나가 산보한다는 내용이다.

〈산중살이〉는 1717년에 지어진 시이다. 10월에 국화가 핀 모습과 밥상에 신선한 채소가 아닌 말린 채소가 올라온 모습을 읊은 시이다.

〈한식날 밤에 비가 와서 조카 수홍에게 보이다〉는 본 유고의 편제로 볼 때 1717년 봄에 지어진 것으로 짐작된다. 한식 전날 밤에 비가 내려서 온 대지에 봄기운이 가득한데 자신은 할 일이 없어 탁주병만 찾는다는 내용이다. 수홍의 화답시가 함께 실려 있다.

〈냇가에서〉는 본 유고의 편제로 볼 때 1717년에 지어진 것으로 짐작된다. 노년에 지팡이 짚고 한가하게 지내는 모습을 읊은 시이다.

〈봉선사로 독서하러 가는 수의를 보내며〉는 1717년에 지어진 시이다. 봉선사로 독서하러 가는 아들에게 시간을 아껴서 부지런히 공부하라는 내용이다.

〈남쪽으로 유람가는 이사범에게 차운시를 지어 주다〉는 본 유고의 편제로 볼 때 1717년에 지어진 것으로 짐작된다. 지난해에 아산공이 모양으로 갈 때에 친구인 이사범이 절구 한 수를 지어 선물하였는데, 이번에 그가 남쪽으로 유람가면서 시를 지어달라고 하였기 때문에 이사범의 시에 차운하여 지어준 것이다. 2수로 구성되어 있다.

〈조카 수증의 시에 차운하여 윤중안에게 보이다〉는 본 유고의 편제로 볼 때 1717년에 지어진 것으로 짐작된다. 윤중안이 이웃에 와서 살고 있었으므로 조카의 시를 차운하여 써서 준 것이다. 노년의 한가로운 일상을 읊은 시이다.

〈매화〉는 본 유고의 편제로 볼 때 1717년에 지어진 것으로 짐작된다. 70년의 세월을 회상하고 매화가 피려고 하는 때의 심사를 읊은 것이다.

〈꽃을 감상하는 사람들에게 보내다〉는 본 유고의 편제로 볼 때 1717년 봄에 지어진 것으로 짐작된다. 온 산에 꽃이 피어 산이 불타는 듯할 때에 꽃을 구경하는 사람들이 자신을 불러주지 않는다고 불만을 표현한 시이다.

〈술잔을 들고 매화를 바라보며 시를 읊어 모인 사람들에게 보이다〉는 1722년에 지은 시이다. 노년에 술마시며 매화를 구경하는 정경을 읊은 시이다. 〈이당암유고(二當菴遺稿)〉의 전체 작품 중에서 가장 만년에 지은 작품이다.

18편의 만사는 1692년에 지은 〈처조부 이홍벽에 대한 만사〔挽李聘祖弘璧〕〉, 1694년에 지은 〈강진 현감을 지낸 김태초 항에 대한 만사〔挽金康津太初沆〕〉 〈조카 이만의에 대한 만사〔挽李姪萬宜〕〉, 1708년에 지은 〈연릉군 이만원 대감에 대한 만사〔挽延陵君李台萬元〕〉 〈하계 판서 권유에 대한 만사〔挽霞溪權判書愈〕〉, 1711년에 지은 〈순흥 부사 신필청에 대한 만사〔挽申順興必淸〕〉 〈문의 목임최에 대한 만사〔挽睦文義林最〕〉 〈허태휴를 곡하다〔哭許太休〕〉, 1713년에 지은 〈참봉 이택에 대한 만사〔挽李參奉澤〕〉 〈장령 이상주에 대한 만사〔挽李掌令相周〕〉, 1714년에 지은 〈고성 한종로에 대한 만사〔挽韓高城宗老〕〉, 1715년에 지은 〈능주 목사 이귀령에 대한 만사〔挽李綾州龜齡〕〉 〈지평 이명세에 대한 만사〔挽李持平命世〕〉 〈지평 이몽엽에 대한 만사〔挽李持平夢曄〕〉, 1716년에 지은 〈조 동지에 대한 만사〔挽趙同知〕〉 〈참판 목임일에 대한 만사〔挽睦參判林一〕〉〈첨지중추부사 신필원에 대한 만사〔挽申僉知必源〕〉, 1717년에 지은 〈첨지 오달주에 대한 만사〔挽吳僉知達周〕〉이다.

〈처조부 이홍벽에 대한 만사〉는 아산공의 나이 39세 때인 1692년이나 이듬해에 지어진 것으로, 아산공의 두 번째 부인 전주 이씨의 조부에 대한 만사이다. 이 만사의 저작 연대는 정확히 알 수 없으나, 초취(初娶) 사천 목씨(泗川睦氏)가 아산공 34세 때인 1687년에 세상을 떠났으므로, 1687년 이후에 지어진 것임을 알 수 있고, 본 유고의 시 편제가 비교적 시기순으로 배열된 것으로 보아 1692년에서 1693년 사이에 지어진 것으로 짐작된다.

〈강진 현감을 지낸 김태초 항에 대한 만사〉는 1694년에 지어진 것이다. 아산공보다 8년 연상인데, 만사에서 오우(吾友)라는 말을 한 것으로 보아 아산공과는 친구로 지낸 듯하다.

〈조카 이만의에 대한 만사〉는 본 유고의 편제로 볼 때 1694년 봄에 지어진 것으로 짐작된다. 이만의가 누구인지 알 수 없으나 조카라고 호칭한 것으로 보아 처조카일 가능성이 높다.

〈연릉군 이만원 대감에 대한 만사〉는 본 유고의 편제로 볼 때 1708년에 지어진 것으로 짐작된다. 아산공보다 3세 위이고 벼슬은 이조 참판까지 지냈으며 정조 때에 청백리로 뽑힌 인물이다. 아산공과는 약관 때부터 친구로 지냈는데, 부음을 듣고도 거리가 멀어서 가지 못하고 이렇게 만사를 쓴다는 내용이다.

〈하계 판서 권유에 대한 만사〉는 1704년에 지어진 것으로 짐작된다. 권유의 호가 하계인데 아산공보다 21세 많다. 갑술옥사로 서인이 정권을 잡을 때에 유배되었기 때문에 두 번째 만사에서 호해를 떠돌았다는 말을 한 것이다. 그런데 권유는 1704년에 세상을 떠났으므로 본 유고의 편제가 시기순으로 정리되어 있기 때문에 앞쪽에 편제되어 있어야 하는데 여기에 편제된 것은 정리하는 과정에서 섞인 것으로 보인다. 2수로 구성되어 있다.

〈순흥 부사 신필청에 대한 만사〉는 본 유고의 편제로 볼 때 1710년 말이나 1711년 초에 지어진 것으로 짐작된다. 신필청은 고령 신씨(高靈申氏)로 아산공보다 7세가 많다. 1710년에 순흥부 임소에서 죽었는데 젊은 시절 회현동(會賢洞)에서 함께 어울려 글을 읽고 술을 마신 교분이 있었다. 본 유고의 편제로 보면 1711년에 지은 글로 볼 수 있으나 신필청이 1710년에 죽었으므로 단언하기는 어렵다. 율시 1수와 절구 3수로 구성되어 있다.

〈문의 목임최에 대한 만사〉는 본 유고의 편제로 볼 때 1711년이나 1712년에 지어진 것으로 짐작된다. 목최임은 사천 목씨(泗川睦氏)로 아산공보다 2세가 많다. 젊어서부터 과거공부를 함께 하였고, 벼슬에 나아간 시기도 비슷하여 아산공과는 남다른 정분이 있던 사람이다.

〈허태휴를 곡하다〉는 본 유고의 편제로 볼 때 1711년이나 1712년에 지어진 것으로 짐작된다. 아산공과의 관계는 알 수 없으나 만사의 내용으로 볼 때 벼슬은 하지 않고 향리에서 학문을 했던 사람인 듯하다.

〈참봉 이택에 대한 만사〉는 1713년에 지어진 것이다. 이택이 어떤 인물인지 알 수 없으나 만사의 내용으로 보면 성균관에서 함께 공부한 친분이 있는 사람이다. 제2구에 2자가 빠져 있고, 제5구에 3자가 빠져 있는데 유고를 정리할 때에 보충하지 않고 그대로 둔 것으로 보아 아산공의 초고에도 빠져 있었던 듯하다. 율시 2수로 구성되어 있다.

〈장령 이상주에 대한 만사〉는 본 유고의 편제로 볼 때 1713년에 지어진 것으로 짐작되나 만사 끝에 자식을 잃은 슬픔 때문에 장례에 가지 못한다고 하였는데, 아산공의 장남과 차남이 1718년에 죽었으므로 이 만사는 1718년에 지었다고 봐야 한다. 이상주는 아산공보다 11세 연상인데 대대로 세의(世誼)가 있어서 친척과 같은 사이였던 것으로 보인다. 율시 2수로 구성되어 있다.

〈고성 한종로에 대한 만사〉는 본 유고의 편제로 볼 때 1714년에 지어진 것으로 짐작된다. 아산공보다 4세 연상인데, 아산공이 아산 현감으로 재직하고 있을 때에 함께 술을 마시며 즐겼던 추억이 있던 사람이다. 이 만사에서 "국화꽃과 백주(白酒)를 이제 누구와 함께하랴, 서글피 가을 하늘 바라보니 눈물이 옷에 가득하네."라고 하며 노년에 친구를 잃은 슬픔을 묘사하였다.

〈능주 목사 이귀령에 대한 만사〉는 1715년에 지어진 것이다. 이귀령은 아산공과는 이종사촌간이므로 가까운 인척이고, 나이는 아산공보다 9세 연상이다. 인척관계로 정의가 깊었고, 아산공이 아산 현감으로 있을 때에 이귀령은 충청 도사로 있으면서 서로 만나 술을 마시며 즐겼었고, 벼슬을 그만 두고 낙향해서도 계속 만나 친분이 깊었다. 사는 곳이 100여리나 떨어져 있는데다 병 때문에 장례에 가지 못하고 만사만 써서 보내는 슬픔을 묘사하였다.

〈지평 이명세에 대한 만사〉는 1715년에 지어진 것이다. 이명세는 본관이 전주이고, 아산공보다 7세 연하이다. 장희빈을 처분할 때에 세자를 염려하는 말을 했다가 숙종의 노여움을 사서 극변(極邊)에 귀양갔다가 7년 만에 해배(解配)되어 돌아왔다. 그의 명성과 지조를 찬양하는 내용의 만사이다.

〈지평 이몽엽에 대한 만사〉는 본 유고의 편제로 볼 때 1715년에 지어진 것으로 짐작된다. 이몽엽이 어떤 사람인지는 알 수 없으나 그의 국량이 재상감이 된다고 찬양하고 있다. 만사의 내용으로 볼 때 아직은 젊은 나이에 세상을 떠난 것으로 보인다. 글자 수에 구애받지 않고 초사체(楚辭體)로 된 4수로 구성되어 있다.

〈조 동지에 대한 만사〉는 본 유고의 편제로 볼 때 1716년에 지어진 것으로 짐작된다. 이름은 조순일(趙純一)이고, 부부가 회혼연(回婚宴)을 할 만큼 장수하였다. 아산공과 같은 집안 사람이다. 선한 마음이 가득하기 때문에 장수하였다고 칭송하는 만사이다. 7언 절구 2수로 구성되어 있다.

〈참판 목임일에 대한 만사〉는 본 유고의 편제로 볼 때 1716년에 지어진 것으로 짐작된다. 아산공보다 8세 위 처남이다. 첫 번째 만사에서는 젊은 나이에 당상관까지 올랐다가 서인의 득세로 남쪽으로 귀양간 사실을 기록하였고, 두 번째 만사에서는 본인이 목임일 집안의 사위라는 사실과 본인도 나이가 많으니 저승에서 만날 날이 멀지 않았음을 말하고 있다. 7언율시 1수와 5언율시 1수로 구성되어 있다.

〈첨지중추부사 신필원에 대한 만사〉는 본 유고의 편제로 볼 때 1716년에 지어진 것으로 짐작된다. 아산공이 신필원 형제들과 교분이 두터웠던 듯하다. 이제는 친구들 절반이 세상을 떠나서 쓸쓸한 심정을 묘사하고, 지하에서 형제들 모임을 만들거든 자신에게도 알려달라고 부탁하고 있다.

〈첨지 오달주에 대한 만사〉는 본 유고의 편제로 볼 때 1717년에 지어진 것으로 짐작된다. 아산공과 관계는 알 수 없으나 지위가 당상관에 오르고 80세까지 장수한 사람으로 언변이 좋고 해학을 잘 한 사람이었던 듯하다.

상소 1편은 1709년(숙종35)에 올린 〈무고에 대해 변론한 상소〔卞誣

疏]〉이다. 아산공의 조부인 문간공이 1664년(현종5)에 문익공(文翼公) 이덕형(李德馨)의 신도비명(神道碑銘)을 지었는데, 서문(序文) 안에 혼조(昏朝) 때에 흉론(凶論)의 시작을 말하는 대목에서 "사나운 개가 쌀겨를 다 먹고 나면 반드시 쌀을 먹으려고 하는 법이다. 대관 정조(鄭造)·윤인(尹訒)·정호관(丁好寬) 등이 송사를 일으켜 모후(母后)를 유폐(幽閉)시키자는 논의를 함께 제기하였다."라는 25자를 특별히 썼었다. 당시에 이덕형의 손자인 이상정(李象鼎)이 정호관의 이름을 빼달라고 요청하였는데, 문간공이 허락하지 않았다. 그런데 이때 와서 정호관의 손자 정시한(丁時翰)의 사주를 받은 진주 목사(晉州牧使) 조식(趙湜)이 《변무록(辨誣錄)》이라는 책을 출간하였는데, 그 내용이 사실을 왜곡시키고 변조하여 "고 상신 이덕형(李德馨)과 이항복(李恒福) 또한 영창대군에게 정률(正律)을 시행하자는 논의에 참여했다."라고 하면서 은연중에 정호관을 두 현상(賢相)과 어깨를 나란히 하게 만들고, 문간공에 대해서 "여탈(與奪)이 균일하지 않고, 억측이 너무 지나치다."라고 하였다. 이에 아산공이 숙종에게 《변무록》을 훼판(毁板)할 것을 요청하였다. 상소 끝에 숙종의 비답(批答) 전문이 실려 있는데, "정호관의 죄악은 정조(鄭造)나 윤인(尹訒)과 차이가 없는데 조식과 이식 무리가 시비를 어지럽힌 것은 참으로 통탄스럽다. 사악한 무리에 편당(偏黨)한 죄를 속히 바로잡고, 판본은 본도(本道)로 하여금 훼판(毁板)하게 하겠다."라고 하였다. 실록에는 상소문은 실려 있지 않고 숙종의 비답만 실려 있다.

〈언행록(言行錄)〉 1편은 아산공 형제들이 부친인 녹문공의 언행을 기록한 언행록이다. 《녹문유고》의 부록에도 같은 제목의 글이 실려 있는데, 내용에서는 상당한 차이를 보이고 있다. 특히 앞부분의 한양 조씨 세계는 《녹문유고》의 부록에는 없는 내용이고, 중간에 빠진 글자와 오자가 다수 발견되는 것으로 보아 완성된 글은 아닌 것으로 판단된다. 앞부분에는 한양 조씨 세계를 간략하게 기술하고, 본론에서는 녹문공의 행적을 비교적 자세히 기술하였으며, 끝부분에는 녹문공의 두 부인에 대해 기술하였다. 전체적인 형식을 보면 행장 형식을 띠고 있어서, 녹문공의 묘도문을 의뢰하기 위한 자료 성격을 띠고 있다. 《녹문유고》의 부록에 실린 언행록의 말미에 좌랑공 3형제가 지었다는 내용이 있는데, 둘째인 조구원이 1710년에 세상을 떠났으므로 이 글은 1710년 이전에 지어진 것임을 알 수 있다.

10편의 제문은 〈자형 이윤적의 묘에 드리는 제문〔祭李姊兄允迪墓文〕〉, 〈참판 강세귀에 대한 제문〔祭姜參判世龜文〕〉, 〈참봉 이정관에 대한 제문〔祭李參奉正觀文〕〉, 〈중제 정언에 대한 제문〔祭仲弟正言文〕〉, 〈중제의 대상일 제문〔仲弟祥日祭文〕〉, 〈장인 목상국에 대한 제문〔祭聘君睦相國文〕〉, 〈참봉 이택에 대한 제문〔祭李參奉澤文〕〉, 〈큰 누이에 대한 제문〔祭伯姊文〕〉, 〈생질 이복인에 대한 제문〔祭李甥復仁文〕〉, 〈진사 홍중원에 대한 제문〔祭洪進士重遠文〕〉이다.

〈자형 이윤적의 묘에 드리는 제문〉은 아산공의 부친 녹문공이 능주 목사로 재직하던 때가 1674년 10월부터이고, 1675년 5월 17일에 세상을 떠나 그 해 7월에 장례를 지냈으므로 1675년 7월 이후에 지었음을 짐작할 수 있다. 이윤적의 생년은 알 수 없으나 몰년은 이 제문을 근거로 보면 1674년 10월 이후 1675년 5월 이전임을 알 수 있다. 그리고 본문에 "묵은 풀이 있으면 곡하지 않는다."라는 말이 있는 것으로 보아, 1676년 이후에 지은 글임을 알 수 있고, 저자가 부친의 상기를 마치고 나서 지었다면 1677년 6월 이후에 지었다고 짐작할 수 있다. 따라서 이 글은 빠르면 1676년, 늦어도 1677년에 지어진 것임을 알 수 있다.

〈참판 강세귀에 대한 제문〉은 1703년에 지어진 것이다. 강세귀는 복천(復泉) 강학년(姜鶴年)의 손자로, 1693년에 대사간으로서 왕의 유행(遊幸)을 간하다가 파직되었고, 1701년에 장희빈(張禧嬪)을 사사(賜死)하려 하자 이를 극력 반대하다가 홍원(洪原)에 유배되어 그곳에서 죽었다. 객사한 강세귀의 관을 실은 수레가 아산공이 사는 지역을 지나게 되자 이 제문을 지어 영령을 위로한 것이다.

〈참봉 이정관에 대한 제문〉은 1694년에 지은 것이다. 아산공보다 12세 적은데 매우 돈독한 사이였던 것 같다. 아산 현감을 마치고 돌아온 뒤에 수많은 편지를 주고받았고, 병들었다는 소식을 듣고 달려가 병문안하였다. 40세의 젊은 나이로 세상을 떠나자 장례 때에 이 제문을 가지고 가서 영령을 위로하면서 자신을 백아(伯牙)에 비유하고 이정관을 종자기(鍾子期)에 비유하여 이제는 자기를 알아줄 사람이 없으니 백아의 거문고 줄을 끊고서 다시는 연주하지 않겠다고 다짐하기까지 하였다.

〈중제 정언에 대한 제문〉은 1710년에 지은 것이다. 중제는 녹문공의 둘째 아들 조구원(趙九畹)이다. 녹문공이 일찍이 "이 아이는 자질이 지나치게 깨끗하고 마음이 지나치게 어지니, 장수하지 못할까 염려된다."라고 하는데, 과연 장수하지 못하고 54세에 세상을 떠난 것이다. 이 제문의 내용으로 보면 조구원은 순천 부사를 두 번 지낸 것으로 보인다. 처음 순천 부사가 되었을 때는 부친 녹문공이 돌아가셨고, 두 번째 순천 부사를 역임한 뒤로 그곳에서 장기(瘴氣)에 몸을 상해 8년 동안 병을 앓다가 결국 세상을 떠난 것이다. 그러나 그가 군이 이 지역을 두 번씩이나 맡은 이유가 조부 문간공의 문집을 간행하기 위해서였음을 피력하였고, 가난 때문에 병을 제대로 치료하지 못한 것에 대해 더욱 슬퍼하였다.

〈중제의 대상일 제문〉은 1711년 조구원의 대상 때에 지은 것이다. 초상 때의 제문에 비해 비교적 짧다. 옛날에 자신이 병들었을 때에는 아우가 간호하여 살려내었는데, 자신은 아우가 병들었을 때에 살려내지 못한 것을 한탄하고 있다. 다행히 세 아들이 아직 어리지만 학문을 좋아하므로 자기가 그들을 성가시키겠다고 다짐하고 있다.

〈장인 목상국에 대한 제문〉은 1704년에 지은 것이다. 목상국은 아산공의 장인인 목내선(睦來善)이다. 아산공의 부친인 녹문공과 친구지간이다. 목내선이 유생(儒生) 신분으로 병자호란 때 왕을 호종(扈從)하였고, 관직을 두루 거쳐 우의정까지 올랐으며, 경신대출척(庚申大黜陟) 때 삭직당했고, 갑술옥사(甲戌獄事) 때 절도(絶島)에 위리안치(圍籬安置)된 일련의 일들을 두루 열거하고 있다. 또한 아들 목임일(睦林一)이 갑술옥사 때 남해(南海)로 유배되었다가 풀려난 일과 1701년에 장흥(長興)에 유배되었다가 1704년에 풀려난 사실을 열거하였다. 끝으로 중년에 목내선의 딸인 배우자를 잃은 사실과 부친의 친구이자 장인을 제대로 섬기지 못하였음을 한탄하였다.

〈참봉 이택에 대한 제문〉은 1713년에 지은 것이다. 이택에 대한 기록이 없어 어떤 인물인지는 알 수 없다. 그러나 〈참봉 이택에 대한 만사〉에서 성균관에서 함께 공부했다고 하였고, 만사를 두 수나 지었으며, 제문 안에 "일찍이 봉마(蓬麻)의 의리를 맺었고"라고 한 것으로 보아 가까운 친구였음을 알 수 있다. 또한 제문 안에 "만년에 주진(朱陳)의 우호에 의탁하였는데"라고 한 것으로 보아 혼인 관계에 있음을 알 수 있다.

〈큰 누이에 대한 제문〉은 언제 지은 것인지 알 수 없다. 큰 누이는 아산공의 첫 번째 누이인 경주 이씨 이윤적(李允迪)에게 시집간 누이를 가리킨다. 녹문공의 첫 번째 부인인 전주 이씨 소생이다. 제문의 내용으로 보건대 큰 누이가 70세쯤에 세상을 떠난 것으로 보이며, 자식들이 성장하여 이미 낭관이나 수령이 되었고, 장남 이복인이 아산공보다 5세 연하이다. 아산공이 큰 누이를 어머니 섬기듯 하여 의문이 있으면 반드시 의논하였고, 잘못이 있으면 지적을 받았다고 한다. 제문에 나오는 세 아들은 이복인(李復仁), 이택인(李宅仁), 이석인(李錫仁)이다.

〈생질 이복인에 대한 제문〉은 언제 지은 것인지 알 수 없다. 다만 아산공보다 5세 연하이고, 어려서부터 아산공 형제들과 함께 자고 함께 공부하여 친동기간과 다름이 없이 자랐으므로 그의 죽음에 아산공이 특별히 슬퍼한듯하다. 내용 중에 "늙은 나는 덩그러니 홀로 남아 있는데 골육(骨肉)들이 모두 세상을 떠나니 남아 있는 나의 마음이 어떠하겠는가."라고 한 것으로 보아 아산공이 노년에 생질의 상을 당한 것으로 보인다.

〈진사 홍중원에 대한 제문〉은 언제 지은 것인지 알 수 없다. 홍중원은 녹문공의 넷째 사위로 아산공보다 11세 연하이다. 반평생을 같은 집에서 살아서 친형제와 같았으므로 그가 큰 뜻을 품고도 출세하지 못하고 죽은 것에 대해 슬픔이 컸던 것 같다. 제문의 내용으로 보건대 아산공 노년의 일로 보인다.

기문 2편은 〈녹문산기〔鹿門山記〕〉와 〈천서가 가지고 있는 한석봉이 쓴 등왕각서에 대한 기문〔天叙韓石峯滕王閣序記〕〉이다.

〈녹문산기〉는 아산공 48세 때인 1701년에 지은 것이다. 이곳은 처음에 녹문공이 조비(祖妣)의 묘를 이장하려고 터를 잡았는데 나중에는 선영이 되고 후손이 사는 터전이 되었다. 전체적이 내용은 이 터를 잡게 된 배경과 이 터의 위치와 이 터의 경치와 심어진 나무들을 일일이 열거하고, 마지막으로 이곳의 원래 이름은 다암(多岩)이었는데, 양사언(楊士彦)이 녹문이라고 부른 것으로 인하여 녹문으로 이름한다는 내용을 기술하였다.

〈천서가 가지고 있는 한석봉이 쓴 등왕각서에 대한 기문〉은 아산공의 막내 아우 구주(九疇)가 자기 장인 김준상(金儁相)에게 선물받아 가지고 있던 한석봉의 글씨로 된 등왕각서(滕王閣序)에 대한 기문이다. 이 서문을 잘 간수하여 본인의 글씨를 완성시키고, 또 아들에게 전해서 글씨를 익히게 하여 집안의 필법이 계승될 수 있게 하라는 당부를 하고 있다.

제사(題辭) 1편은 〈유자나무 목판으로 만든 책상 뒤에 쓰다〔題柚板冊床後〕〉인데, 아산공이 아산 현감으로 재직중이던 1692년에 지은 글이다. 막내 매제인 홍중원의 집에 갔다가 유자나무 목판을 하나 훔쳐와서 책상을 만들고 그 책상에 대해 기문을 쓴 것이다. 그런데 아쉽게도 뒷부분이 망실되어 내용을 알 수 없다.

송서(送序) 1편은 〈고성에 부임하는 한태수를 전송하는 서문〔送韓太叟赴高城序〕〉인데, 친구인 한태수가 고성 현감으로 부임할 때 써 준 글이다. 같은 제목의 글이 이형상(李衡祥)의 《병와집(瓶窩集)》에 〈송한태수지임고성(送韓太叟之任高城)〉이라는 시로 실려 있는데, 병와집의 시가 연대순으로 배열되어 있는 것으로 볼 때 한태수가 고성 현감으로 나간 시기는 1711년에서 1713년 사이인 것으로 보인다. 따라서

이 글 역시 같은 시기에 지어졌다는 것을 알 수 있다. 다만 아쉽게도 본 유고의 보관 상태가 좋지 않아 앞부분에 결락된 부분이 많다.

발문(跋文) 1편은 〈미옹의 수필첩 뒤에 쓰다〔書眉翁手筆帖後〕〉인데, 미수 허목의 글씨를 서첩으로 만들고 그 뒤에 쓴 글이다. 1691년에 아산공이 아산 현감으로 있을 때에 둘째 아들 수인(守仁)이 이 글씨를 좋아해서 필첩으로 만들어 보관했었다. 그 후 수인이 1718년에 세상을 떠나고 나서 이 필첩이 다른 책들 사이에 섞여 있었는데, 우연히 발견하고는 둘째 아들 생각이 나서 이 글을 써서 손자에게 남긴 것이다. 이 글이 지어진 정확한 시기는 알 수 없지만 1718년 이후에 쓰여진 것은 확인할 수 있다. 다만 아쉽게도 본 유고의 보관 상태가 좋지 않아 뒷부분에 결락된 부분이 많다.

전(傳) 1편은 〈정철선 전〔鄭哲先傳〕〉인데, 아산공과 같은 마을에 사는 정철선이라는 사람에 대한 이야기이다. 정철선이 어려서 고아로 자랐는데 늙어서도 매우 건강하고 정력이 왕성한 것이 남달랐기 때문에 아산공이 특별히 전(傳)을 지은 것이다. 이 글이 지어진 시기는 정철선의 나이로 추정해 보면 아산공의 나이 64세 때인 1717년이다. 다만 아쉽게도 본 유고의 보관 상태가 좋지 않아 앞부분과 뒷부분에 결락된 부분이 많다.

부록은 5편은 행업(行業) 1편, 행장(行狀) 2편, 묘갈문(墓碣文) 1편, 묘지문(墓誌文) 1편으로 구성되어 있다. 〈행업〉은 언행록(言行錄)이라는 부제(副題)가 붙어 있는데, 아산공의 셋째 아들 수의(守誼)가 1734년(영조10)에 지은 것이다. 전반부는 아산공의 일대기를 연대기 순으로 정리하였고, 후반부는 아산공의 품성과 학문과 행실을 기술하였으며, 끝에 전부인 사천 목씨(泗川睦氏)와 후부인 전주 이씨(全州

李氏) 및 자손록을 기록하였다. 전체적인 형식이 언행록이라기 보다는 비문(碑文)을 요청하기 위해 지은 가장(家狀)의 성격을 띠고 있다. 행장(行狀) 2편은 〈백부 통훈대부 행 공조 좌랑부군 행장〔伯父通訓大夫行工曹佐郎府君行狀〕〉과 〈망실 숙인 목씨 행장〔亡室淑人睦氏行狀〕〉이다. 〈백부 통훈대부 행 공조 좌랑부군 행장〉은 아산공의 아우 구원(九畹)의 셋째 아들 수홍(守弘)이 지은 것이다. 맨 앞에 한양 조씨의 선계(先系)를 서술하고, 다음으로 아산공의 출생부터 연대기 순으로 정리하였고, 다음으로 아산공의 품성과 학문과 행실을 기술하고, 끝에 자손록을 기록하였다. 전형적인 행장의 성격을 갖추고 있는데, "종제(從弟)가 수집해 놓은 관력과 행실과 치적을 정리한다."라고 한 것으로 보아, 아산공의 셋째아들 조수의가 1차 정리한 것을 가지고 이 글을 꾸민 것으로 보인다. 〈망실 숙인 목씨 행장〉은 아산공이 노년에 자신의 첫 번째 부인인 사천 목씨(泗川睦氏)의 내력과 행실에 대해서 기록한 행장이다. 전체적으로 완결성을 갖춘 글은 아니고, 아산공이 자신의 생각들을 일단 정리해 놓고 것이다. 옮겨 쓴 사람이 붙인 주석에 중간에 지워진 글자를 채워 넣지 않았다는 말이 있는 것으로 보아 아산공이 추후에 수정하려고 했다가 수정하지 못한 것으로 보인다. 후반부는 미완성으로 끝났으나 아산공이 자기 부인의 행장을 직접 지은 것으로서 의미가 큰 글이고, 아산공의 다른 자료에서 충분히 보충할 수 있을 것이므로 행장으로서 가치가 충분히 있다. 묘갈문(墓碣文) 1편은 1761년(영조37)에 셋째 아들 수의가 지은 것으로, 선계(先系)와 모계(母系) 그리고 아산공의 간략한 관력, 배위(配位)에 대한 간략한 설명, 끝으로 자손록을 간략하게 기술한 것이다. 묘지문(墓誌文) 1편은 성호 이익이 지은 글로 원래 제목은 〈익위사 익찬 조공과 숙인 이씨를 합장한 묘지명〔翊衛司翊贊趙公淑人李氏合窆墓誌銘〕〉이다. 《성호전집》에 실린 글과 비교하면 크게 다른 부분은 아산공의 관직 부분이다. 여기에는 아산공의 관직을 좌랑으로 표기한 반면 성호전집에서는 세자익위사 익찬(世子翊衛司翊贊)으로 표기하고 있다. 또한 중간에 상당히 많은 글자가 차이가 있다. 그 이유는 《성호전집》의 경우 성호가 지은 원문을 그대로 실은 반면, 이 글은 원문에 약간의 변형을 가한 데다 필사하는 과정에서 오탈자가 생겼기 때문이다. 내용을 보면, 맨 앞에 용주공으로부터 시작하여 아산공의 출생과 성장을 기술하고, 이어 관력을 간략하게 소개하고 있다. 그리고 아산공의 인품과 행실 특히 효행을 비교적 상세하게 기술하고, 두 부인의 행실을 기술하였다. 끝에서 한양 조씨의 세계에 대해 기술하고, 짧은 명(銘)으로 마무리하였다. 따라서 이 글은 묘지문이 아니라 묘지명이 되어야 한다.

본 유고를 전체적으로 보면 39세에서 64세까지 약 25년간 저작한 작품이 실려 있는데, 이 시기의 작품 중에서도 서간문은 한 편도 없다. 또한 39세 이전과 64세 이후의 작품이 거의 없는 것 역시 의문으로 남는다. 가장 활발한 저작 활동을 한 시기가 62세에서 64세 사이인데, 65세부터 갑자기 한 작품도 남아 있지 않고, 74세에 별세할 때까지 10년 동안에 69세에 조카들의 시축 뒤에 마지못해 쓴 시 한 수만 있을 뿐이다. 아마도 65세에 장남과 차남과 손자를 동시에 잃고 나서 글을 쓸 의욕을 상실한 것이 아닌가 생각된다. 그렇지 않다면 72세까지도 벼슬을 하였기 때문에 정력으로 보면 충분히 저작 활동을 했을 것이므로 이 시기의 저작을 분실하여 수습하지 못했을 가능성도 배제할 수 없다.

이당암유고 번역문

二當菴遺稿

어우(於于)[1]의 글을 읽고[2]

讀於于文

준수한 사내가 웃으며 말하는 가운데	瑰傑男兒笑語中
화려한 자태가 절로 영롱하지만	繁華態色自玲瓏
만약 예법이 방정하고 엄한 사람을 만난다면	如逢禮法方嚴客
부끄럽고 위축되어 도리어 그 아래에 있으리라	恧縮還應在下風

1 어우(於于) : 유몽인(柳夢寅 : 1559~1623)의 호이다. 본관은 고흥(高興)이고, 자는 응문(應文)이며, 호는 어우당(於于堂)·간재(艮齋)·묵호자(默好子)이다. 성혼(成渾)의 제자로 문학에 뛰어났으나 스승과 절교하였다. 임진왜란 중 대명 외교를 맡아 큰 활약을 하여 영양군(瀛陽君)에 봉하여졌다. 광해군(光海君) 때 예조 참판(禮曹參判)으로 폐모론(廢母論) 에 가담하지 않아 인조반정(仁祖反正) 때 화를 면했으나, 뒤에 그가 지은 상부사(孀婦詞)로 인해서 광해군의 복위 음모를 꾸민다는 무고를 받아 아들과 함께 국문을 받고 사형되었다가 정조(正祖) 때 신원되고 이조판서에 추증되었다. 저서에 《어우야담(於于野談)》, 《어우집(於于集)》 등이 있다.

2 작품 해설 : 어우당 유몽인의 글을 읽은 소감은 읊은 시이다. 유몽인의 글이 화려하기는 하지만 예법이 방정한 선비의 글만은 못하다는 평이다. 여기에서 아산공이 추구하는 것은 화려한 문장이 아니라 예법이 방정한 선비임을 알 수 있다. 이 책의 편제 순서가 저작 시기에 따라 정리되어 있고, 그 해 첫 번째 시에 간지를 기록한 것으로 보아, 이 시는 최소한 1692년 이전에 지어졌다는 것을 알 수 있고, 또한 1692년 이전의 시가 한 편도 없는 것으로 보아 이 시 역시 1692년과 매우 가까운 시기에 지어졌다는 것을 알 수 있다.

공호(貢湖)[3]의 가을 경치[4] 임신년(1692, 숙종18)

貢湖秋景

남쪽 지방에 나그네 되어 돌아간다 말하지 못하는데	南州爲客未言歸
가을 기운 쓸쓸하여 술이 얼른 취하지 않네	商律寥寥酒力微
포구 안의 은어는 가을이 된 뒤에야 있고	浦裏白魚秋後在
비온 뒤에 붉은 나뭇잎은 드문드문 보이네	雨餘紅葉眼中稀
조수(潮水)가 풍백(風伯)을 따르니 파도가 일어나고	潮隨風伯波濤立
갈매기는 고깃배를 좇아 오르내리며 나네	鷗逐漁舡上下飛
강호에 낭자한 자취 남긴 것 삼년이면 족하니	浪迹江湖三載足
벼슬 버리고 산속 집에 가서 누워도 괜찮으리라	不妨投紱臥山扉

3 공호(貢湖) : 충청남도 아산에 있는 호수 이름이다. 이 시기는 아산공이 아산 현감으로 재직하고 있던 때이다.

4 작품 해설 : 이 시는 아산공 39세 때인 1692년 가을에 지은 것이다. 이 시기는 아산공이 아산 현감으로 재직하고 있을 때이다. 가을이 찾아온 것을 느끼며 이제는 벼슬을 그만 두고 고향에 돌아가고픈 심정을 읊은 것이다.

처조부 이홍벽(李弘璧)[5]에 대한 만사[6]

挽李聘祖弘璧

전년 봄 혼인하고 공을 뵙고서	前春贄鴈拜公門
모시고 앉아 온화하게 담소 나누었네	座上叨陪笑語溫
병자호란과 정묘호란 때부터 은거하셨고	盖自丙丁甘晦迹
다시 친척을 이끌고 별도로 마을을 이루셨네	更携親戚別爲村
장공(張公)[7]과 함께 동거하는 즐거움을 얘기하고	張公共說同居樂
사가(謝家)의 보수(寶樹)[8]가 이제 막 벼슬에 나아갔네	

5 이홍벽(李弘璧) : 아산공의 두 번째 장인 이민좌(李敏佐)의 부친이다. 본관은 전주(全州)이다.

6 작품 해설 : 아산공의 두 번째 부인 전주 이씨의 조부에 대한 만사이다. 이 만사의 저작 연대는 정확히 알 수 없으나, 초취(初娶) 사천 목씨(泗川睦氏)가 아산공 34세 때인 1687년에 세상을 떠났으므로, 1687년 이후에 지어진 것임을 알 수 있고, 본 유고의 시 편제가 비교적 시기순으로 배열된 것으로 보아 1692년에서 1693년 사이에 지어진 것으로 짐작된다.

7 장공(張公) : 당(唐)나라 수장(壽張) 사람인 장공예(張公藝)를 가리킨다. 그의 집안은 9세대가 함께 살았고 화목한 가문의 으뜸으로 일컬어졌고, 북제(北齊), 수(隋), 당(唐) 세 왕조에서 정표(旌表)를 내렸다. 당나라 인덕(麟德) 연간에 고종(高宗)이 태산(泰山)에 봉선(封禪)을 하고 나서 그 집에 행차하여 친족 간에 화목하게 지낼 수 있는 방법을 묻자 장공예는 종이에 참을 인(忍) 자 100여 자를 써서 올렸다고 한다. 《小學 善行》

8 사가(謝家)의 보수(寶樹) : '명망 있는 집안의 훌륭한 자손'라는 뜻이다. 진(晉)나라 사안(謝安)이 여러 자제들에게 "왜 사람들은 모두 자기의 자제가 출중하기를 바라는가?" 하고 묻자, 조카 사현(謝玄)이 "이것은 마치 지란(芝蘭)과 옥수(玉樹)가 자기 집 정원에서 자라나기를 바라는 것과 같습니다."라고 한 것에서 유래하였다. 《晉書

謝樹纔沾一命恩

서글프게 남쪽 하늘을 바라보며 장례에 참여하지 못하고

悵望南天違執紼

만사를 쓰자니 슬픈 마음 배나 더하네 可堪題挽倍消魂

卷79 謝玄列傳)》

아산현에서 시판(詩板)의 시에 차운하여 한태수(韓太叟) 종로(宗老)[9]에게 주다[10]

牙縣次板上韻贈韓太叟宗老

나그네 강남에서 필마로 돌아오니　客子江南匹馬廻
꽃들이 늦봄을 따라 나무 끝에서 재촉하네　花隨春暮樹杪催
근래에 쌓인 회포 함께 풀 사람 없더니　邇來積襞無人討
오늘에야 맑은 술동이 그대와 함께 개봉하네　今日淸樽與子開
호해(湖海)의 운무(雲霧)가 작별의 눈빛을 보내오니　湖海雲烟輸別眼
그대와 나의 간담이 깊은 술잔에 비치네　爾吾肝膽照深杯
허리에 찬 인끈을 풀 날이 분명 있으니　腰間解紱知期在
혼자서 원망대(遠望臺)에 오르는 것 원망하지 말게나　莫恨孤登遠望臺

9 한태수(韓太叟) 종로(宗老) : 이름은 한종로(韓宗老 : 1650~?)이고, 본관은 청주(淸州)이며, 태수는 그의 자이다. 부친은 한두상(韓斗相)이다.

10 작품 해설 : 아산공이 아산 현감으로 재직하던 1693년에 지은 것으로 짐작된다. 이 앞의 시가 1692년 가을에 지은 시이고, 이 뒤의 시가 1694년에 지은 시인데, 이 시에서 늦봄을 말하고 있으므로 이 시의 저작 시점을 짐작할 수 있다. 한종로는 1650년생이므로 아산공보다는 4살 연상인데, 이 시를 비롯해서 한종로가 고성 현감으로 나갈 때에 서문을 지어 주었고, 그가 세상을 떠났을 때에 만사를 지은 것으로 보아 아산공과는 매우 가까운 친구인 듯하다.

강진 현감을 지낸 김태초(金太初) 항(沆)[11]에 대한 만사[12]

갑술년(1694, 숙종20)

挽金康津太初沆

내 벗이 이 지경에 이르렀다 말하지 않아도　　不言吾友至於斯
만사를 쓰려 하니 눈물이 절로 떨어지네　　挽語將題淚自垂
천 리의 맑은 바람은 지난날의 정의(情誼)를 전하는데　　千里淸風傳故意
백 년의 교분이 오늘에 이르러 끊어졌네　　百年交契斷今時
강가에서 이별하던 날을 아직도 기억하는데　　江頭尙記分歧日
고갯마루에서 어찌 타루비(墮淚碑)[13]를 보리오　　峴首那看墮淚碑
동자(董子)[14]의 춘추(春秋)를 누가 다시 이을까　　董子春秋誰復繼

11 김태초(金太初) 항(沆) : 1646~1694. 이름은 김항이고, 본관은 안산(安山)이며, 태초는 그의 자이다. 부친은 생원 김광적(金光績)이다.

12 작품 해설 : 아산공 41세 때인 1694년에 지어진 만사이다. 아산공보다 8년 연상인데, 만사에서 오우(吾友)라는 말을 한 것으로 보아 아산공과는 친구로 지낸 듯하다.

13 타루비(墮淚碑) : 진(晉)나라의 명장(名將) 양호(羊祜)가 일찍이 양양 태수(襄陽太守)로 있으면서 선정을 베풀고 현산(峴山)에 자주 올라갔었다. 그가 죽은 뒤에 그 지방 백성들이 현산(峴山)에 비를 세우고 사당을 건립하여 그의 덕을 기렸는데, 이 비를 바라보고 눈물을 흘리지 않은 이가 없었다. 이에 두예(杜預)가 이 비를 타루비(墮淚碑)라고 이름하였다. 여기에서는 김항이 강진 현감으로 있으면서 선정을 베풀었다는 의미로 사용하였다. 《晉書 卷34 羊祜列傳》

14 동자(董子) : 한(漢)나라 무제(武帝) 때 강도상(江都相)을 지낸 동중서(董仲舒)를 가리킨다. 무제가 즉위하여서 현량(賢良)과 문학(文學)의 선비를 많이 등용하였는데, 동중서는 현량으로 뽑혔다. 동중서는 하늘과 사람은 서로 감응한다는 요지로

그가 쌓은 선행으로 자손이 복을 받을 줄을 알겠네

也知餘慶屬佳兒

대책(對策)을 올리면서 육예(六藝)의 과(科)와 공자(孔子)의 학술을 배우지 않은 자는 등용하지 말라고 건의하였다. 그러자 무제가 이 대책을 채택함으로써 유교가 중국의 정통 학문으로 되었다. 동중서는 정승을 지낸 뒤 벼슬을 그만두고 저술을 하다가 생을 마쳤는데, 특히 《춘추(春秋)》에 밝아서 《춘추번로(春秋繁露)》를 지었다. 여기에서는 강항이 동중서처럼 《춘추》에 밝았음을 드러내기 위해 인용한 것이다. 《漢書 卷56 董仲舒傳》

조카 이만의(李萬宜)에 대한 만사[15]

挽李姪萬宜

너의 천성이 순진하고 효성스러워	爾性醇眞且孝親
가을 물처럼 맑은 정신을 지녔는데	瑩然秋水是精神
형제들 탄식하니 이 무슨 이치인가	荊花嗟何○何理
백발만 남아 있어 독신이 되었구나	霜髮今存便獨身
학식은 젊은 나이에도 절로 풍부하였고	儒術早年能自富
격언(格言)은 당시에도 완전히 가난하지는 않았었지	格言當日未全貧
원빈(元賓)[16] 같은 자취를 아는 사람이 없으니	元賓事迹無人識
서하(西河)의 눈물[17]만 수건에 가득하게 하는구나	徒使西河涕滿巾

-망인(亡人)이 선현의 격언을 뽑아서 나에게 보여주었기 때문에 언급한 것이다.-

15 작품 해설 : 이 만사는 본 유고의 편제로 볼 때 1694년에 지어진 것으로 짐작된다. 이만의가 누구인지 알 수 없으나 조카라고 호칭한 것으로 보아 처조카일 가능성이 높다.

16 원빈(元賓) : 당(唐)나라 이관(李觀)의 자(字)로, 한유(韓愈)가 아끼는 친구 중 한 사람이다. 문장을 지을 때 전인(前人)의 글을 답습하지 않으면서 한유와 막상막하의 실력을 겨루었는데, 29세에 타향에서 요절하자 한유가 묘지(墓誌)를 지어 슬퍼하였다.《新唐書 卷203 列傳128 文藝下》

17 서하(西河)의 눈물 : 공자(孔子)가 돌아가신 뒤 공자의 제자 자하(子夏)가 서하에 살면서 제자들을 가르쳤는데, 하나뿐인 아들이 먼저 죽자 너무 슬피 울어 시력을 잃었다. 여기에서 유래하여 자식 잃은 슬픔을 뜻한다. 고인이 부친보다 먼저 죽었기 때문에 이렇게 말한 것이다.《史記 卷67 仲尼弟子列傳》《昌黎文集 卷3 答李秀才書》

지천(芝川)[18]의 시에 차운하다[19]

次芝川韻

술동이의 술을 멀리하고 좋은 때를 저버리고	遠抛樽酒負芳辰
늙은 눈으로 부질없이 푸른 물가를 바라보네	老眼空望綠水濱
대문에 푸른 이끼 끼었으니 참으로 절로 편안하고	門掩蒼苔眞自逸
서안(書案)에 책이 쌓여 있으니 완전히 가난하지는 않다네	案堆黃卷未全貧
재능이 없는데 감히 좋은 시절에 벼슬을 바라겠는가	非才敢願明時錄
병이 많아 봄날 고향에 머물러 있네	多病淹留故里春
아득히 고양(高陽) 땅의 옛 술친구 생각하니	遙憶高陽舊酒伴
그도 응당 한가로이 노는 사람을 생각하리라	也應回首倦遊人

18 지천(芝川) : 황정욱(黃廷彧 1532~1607)의 호이다. 본관은 장수(長水)이고, 자는 경문(景文)이며, 시호는 문정(文貞)이다. 1584년 종계변무 주청사(宗系辨誣奏請使)로 명나라에 가서 사명을 완수하고 돌아왔다. 그 공으로 동지중추부사가 되고 이어 호조 판서로 승진하였다. 대제학, 예조 판서, 병조 판서를 역임하였다. 문장과 시와 서예에 모두 능하였다. 저서에 《지천집(芝川集)》이 있다.

19 작품 해설 : 이 시는 본 유고의 편제로 볼 때 1694년에 지어진 것으로 짐작된다. 아산공이 차운한 지천의 시는 《지천집(芝川集)》 제2권에 실려 있는 〈취제룡산상산군정자(醉題龍山商山君亭子)〉라는 시로 훈신(勳臣) 박충간(朴忠侃)이 새로 지은 정자에 대해 읊은 시이다. 본시의 원문은 다음과 같다. "拔地驚看百尺新, 流丹亭影挿江濱. 功高麟閣非心賞, 夢占鷗波斷俗塵. 勝事招邀拚盛宴, 芳尊爛熳惜餘春. 不堪十步九回顧, 還似依然別美人." 이 시의 운자인 濱, 塵, 春, 人에서 塵 자를 貧 자로 바꾸어 사용하였다.

비가 내린 기쁨을 기록하다

識得雨

단비가 밤중부터 아침까지 내리니	甘霖自夜到崇朝
환하게 기뻐하는 기운 온 들에 가득하네	喜氣欣欣遍四郊
구름 빛은 아래로 드리워 온 숲을 적시고	雲色下垂籠樹濕
빗방울 소리는 후두둑 온 산을 두드리네	滴聲嘈雜滿山敲
물이 불어 강가의 백사장까지 침범하고	流侵岸上明沙磧
물방울은 뜰 가운데 푸른 나뭇잎에 맺혔네	珠結庭中綠葉梢
늙은이 평생토록 물을 몹시 좋아했는데	老子平生偏樂水
새로 만든 배가 흔들거리며 떠갈 수 있겠네	新舟理得可搖搖

낙동(駱洞)에 있는 왕자(王子)의 옛 집에 유람객이 있다는 말을 듣고[20]

聞有客遊駱洞王子舊宅

해마다 풀빛은 곱게 푸르지만	孏綠年年草
왕손이 떠난 뒤에 더욱 새롭네	王孫去後新
비는 당시의 한을 씻어내고	雨洗當時恨
연기는 이 날의 봄을 뒤덮었네	烟籠此日春
특별했던 곳이 빈 땅이 되었으니	特地成虛地
그 누가 이곳의 주인인가	何人是主人
경치는 예전 그대로 남아 있건만	依然留物色
유람객의 왕래만 잦네	遊客往來頻

20 작품 해설 : 이 시는 본 유고의 편제로 볼 때 1694년에 지어진 것으로 짐작된다. 낙동(駱洞)은 중구 회현동3가·충무로1가·명동2가에 걸쳐 있던 마을로서, 타락(駝酪)을 파는 집이 있던 데서 마을 이름이 유래되었다. 타락골·타락동·낙동이라고도 하였다. 옛날에 왕자가 살던 곳이 이제는 빈 터만 남아 유람객들이 노니는 장소가 된 것을 안타까워하는 마음을 표현한 시이다.

포천(抱川)의 전장(田庄)에서 동악(東岳)의 시에 차운하다
抱庄次東岳韻

그윽한 사립만 홀로 닫혀서 참으로 적막한데	幽扉獨掩正寥寥
밤비가 지나자마자 초목이 깨끗하네	夜雨纔過草木蕭
고택(故宅)은 오랫동안 산 아래에 있고	故宅經年山下在
된서리는 귀밑머리 침범하여 거울 속에서 흔들리네	繁霜侵鬢鏡中搖
마을 이름 우연히 신야(莘野)[21]와 같고	村名偶爾同莘野
경치는 변함없이 오교(午橋)[22]와 흡사하네	物色依然似午橋
산속 집 창 아래서 짧은 꿈을 막 깨니	山窓小夢初醒處
낙엽이 바람따라 눈 아래 흩날리네	落葉隨風眼底飄

21 신야(莘野) : 신야는 유신국(有莘國)의 들이다. 이윤(伊尹)이 이곳에서 농사지으며 살다가 탕왕(湯王)이 세 차례 정중하게 초빙하자 세상에 나와 상(商)나라를 일으켰다. 《孟子 萬章上》

22 오교(午橋) : 별장 이름이다. 당(唐)나라 배도(裴度)가 벼슬에서 물러나 낙양(洛陽) 남쪽의 오교(午橋)에 꽃나무 만 그루를 심고 중앙에 여름에 더위를 식힐 누대와 겨울에 따뜻하게 지낼 집을 짓고 녹야당(綠野堂)이라 이름을 붙였다. 백거이(白居易), 유우석(劉禹錫) 등 문인들과 모여 시주(詩酒)로 소일하였다. 《新唐書 卷173 裴度列傳》

생각나는 대로 읊다

漫吟

종일토록 빈 집에 앉아	盡日坐空齋
염천(炎天)에 병든 몸을 보전하네	炎天保病骸
일찍이 산수(山水) 간에 은거하기로 약속했으니	溪山曾有約
낚시질 하며 여생을 마칠 수 있으리라	漁釣可生涯

포천에 와서 퇴도(退陶)선생의 시에 차운하다

來抱次退陶先生韻

하늘이 나에게 몹시 좋은 경치를 주어　天餉吾儂景物偏
한산한 곳에 돌아오니 병이 절로 낫겠네　歸來散地病能痊
항아리에서 술 향기 나니 보기만 해도 흥이 나고　醪香瓦甕看挑興
달빛이 빈 창에 들어오니 절로 잠을 이루지 못하네　月入虛窓自不眠
곡식은 들판에서 한창 익어 가고　黍稷田中方爛熳
수유(茱萸)는 서리 온 뒤에 가장 예쁘구나　茱萸霜後正嬋娟
인간의 지극한 즐거움 이보다 더한 것 없으니　人間至樂無過此
서울에서 세월을 낭비하지 말지어다　莫向京華浪費傳

독곡(獨谷)에 사는 정생(鄭生)을 방문하다 을해년(1695, 숙종21)

訪獨谷鄭生

붉은 단풍 맑은 냇물 계곡 입구 깊숙한데 紅葉淸流谷口深
틈을 내어 하루 저녁 산음(山陰)을 방문했네[23] 偸閑一夕訪山陰
천 년 뒤의 나그네[24] 유적을 찾아보고 千年遺客尋遺迹
서쪽 봉우리 차례로 오르니 해가 지려 하는구나 取次西岑日欲沉

23 산음(山陰)을 방문했네 : 친구인 정생을 찾아갔다는 의미이다. 산음은 원래 진(晉)나라 때 왕휘지(王徽之)가 살던 곳인데, 한밤중에 섬계(剡溪)에 사는 친구를 찾아갔다가 만나보지 않고 그냥 돌아온 적이 있었다. 여기에서는 산음과 섬계를 반대로 사용하여 왕휘지는 친구를 만나지 않고 돌아왔으나 자기는 친구를 만났기 때문에 지면을 반대로 사용한 것이다. 따라서 산음은 독곡을 가리킨다. 《世說新語 任誕》

24 나그네 : 원문에는 '遺'으로 되어 있는데, 문맥에 따라 '遊'로 고쳐서 번역하였다. 옮겨 쓰는 과정에서 오류가 발생한 것으로 보인다.

또 짓다
又

땅이 신선이 사는 곳과 흡사하고 골짜기도 깊은데 地似仙居谷亦深
산옹(山翁)이 떠난 뒤에 맑은 그늘만 남았구나 山翁去後只淸陰
천 년 뒤의 나그네 유적을 찾아보고 千年遊客尋遺迹
생각나는 대로 부질없이 시를 읊으니 해가 서산에 기우네 取次空吟日夕沉

김자심(金子心)의 금수정(金水亭)을 방문하여 권생(權生) 흡(翕)의 시에 차운하다[25]

訪金子心金水亭次權生翕韻

모래는 희고 물은 맑고 나뭇잎은 붉어　沙白水明木葉丹
풍광이 날마다 끝이 없구나　風光日日漫中漫
시인이 시 쓰기 좋은 곳을 얻은 것이 가장 기쁘니　最喜詩人能得地
이처럼 아름다운 곳을 이 늙은이가 보지 못하게 하겠는가　肯慳琛纑此翁看

25 작품 해설 : 시는 본 유고의 편제로 볼 때 1695년에 지어진 것으로 짐작된다. 김자심(金子心)은 홍도(弘道) 이서(李漵)의 문집에 실린 만사에 이름이 김경복(金慶復)으로 되어 있다. 이서가 1622년에 태어나 아산공과 같은 시기에 활동하였고, 거주지가 포천인 것으로 보아 김자심은 김경복의 자인 것으로 생각된다. 금수정(金水亭)은 경기도 포천군(抱川郡) 창수면(蒼水面) 오가리(伍佳里) 영평천(永平川) 기슭에 있는 정자로, 금수정(錦水亭)이라고도 한다. 그 주변 바위에는 봉래(蓬萊) 양사언(楊士彦)이 쓴 '녹기금 백아심(綠綺琴伯牙心)'으로 시작되는 〈증금옹(贈琴翁)〉 시, '취대(翠臺)' 등의 초서와 석봉(石峯) 한호(韓濩)가 쓴 '동천석문(洞天石門)', '금수정(金水亭)' 등의 해서가 새겨져 있다. 권흡은 어떤 사람인지 확인되지 않는다. 금수정은 원래 김명리(金明理)가 건립하고, 양사언의 소유였는데, 후에 안동김씨에게 소유권이 돌아갔다. 따라서 이때는 금수정의 소유권이 안동김씨인 김자심에게 있었던 듯하다. 그 후 6.25 때 소실되었다가 1989년에 복원되었다.

또 짓다
又

산에 나뭇잎 붉고 게〔蟹〕도 붉어지는데　山能葉赤蟹能丹
석양에 길이 먼 것이 도리어 두렵구나　還惕斜陽道路漫
이런 때에 광객(狂客)[26]의 일을 얘기해야 하니　須說此時狂客事
동이 속의 종이를 웃으면서 보리라　甕中紙上笑應看

26 광객(狂客) : 당 현종(唐玄宗) 때의 시인인 하지장(賀知章)의 호인 사명광객(四明狂客)이다. 하지장은 시문(詩文)과 글씨에 모두 뛰어났고, 술을 매우 좋아하였는데, 이백(李白)의 〈대주억하감(對酒憶賀監)〉 시에 의하면 "사명에 미친 나그네 있었으니, 풍류 넘치는 하계진이로다. 장안에서 한 번 서로 만나서는, 나를 적선인이라 불렀었지. 그 옛날 술을 그리도 좋아하더니, 어느새 솔 밑의 티끌이 되었구려. 금거북으로 술 바꿔 마시던 일, 생각만 하면 눈물이 수건을 적시네.〔四明有狂客 風流賀季眞 長安一相見 呼我謫仙人 昔好杯中物 翻爲松下塵 金龜換酒處 却憶淚沾巾〕"라고 하였다. 저자가 차운한 시를 지은 권흡이 세상을 떠났기 때문에 이백이 하지장을 그리워하듯 권흡을 그리워한다는 의미로 인용한 것이다. 《李太白集 卷22》

공산(公山)[27]으로 이사가는 민신중(閔信仲) 언심(彦諶)[28]에게 전별하며 주다

贈別閔信仲彦諶往居公山

근래에 벙어리가 되어 절로 말이 없었는데	年來病啞自無言
이 이별에 어찌하여 눈물 자국만 있는가	此別如何但淚痕
내가 공자산(公字山)에 대해 아노니	吾知公字山中事
도처가 비옥한 땅이고 도처에 마을이 있다네	處處腴田處處村

27 공산(公山) : 공주(公州) 북쪽 2리(里) 지점에 있는 진산(鎭山)으로, 산 모습이 공자(公字)와 비슷해서 붙여진 이름이라고 한다.

28 민신중(閔信仲) 언심(彦諶) : 1662~?. 이름은 민언심이고, 신중은 그의 자이다. 부친은 춘추관 기사관(春秋館記事官)을 지낸 민홍도(閔弘道)이다. 1691년에 진사시에 합격하였다.

호서의 병영으로 가는 아우 난성(蘭成)[29]을 보내며[30] 정축년(1697, 숙종23)

送舍仲蘭成赴湖西幕

외대(外臺)[31]의 행차 때가 마침 서리 내린 가을이니	外臺行色趁霜秋
호해(湖海)의 풍광이 눈앞에 펼쳐지리라	湖海風光眼底收
선친께서 일찍이 암행(暗行)하셨던 지역이고	先子繡衣曾領略
어리석은 나 또한 수령을 지냈던 곳이네	慵愚竹符亦遨遊
그곳에 사는 사람들 아직도 그 때의 일을 얘기하니	居人尙說當年事
과객은 응당 옛 생각에 수심 많으리라	過客應多感舊愁

29 난성(蘭成) : 아산공의 아우 조구원(趙九畹: 1656~1710)의 자이다. 녹문공의 둘째 아들이다. 24세인 1679년(숙종5)에 진사(進士)에 합격하였고, 36세 때인 1691년(숙종17) 증광시(增廣試) 문과(文科)에 급제하였다. 벼슬은 순천 부사(順天府使), 세자시강원 설서(世子侍講院設書), 사헌부 지평(司憲府持平), 사간원 정언(司諫院正言) 등을 역임하였다. 순천 부사 재임 중에 조부 용주공의 《용주유고(龍洲遺稿)》를 간행하였다.

30 작품 해설 : 이 시는 아산공 44세 때인 1697년에 지어진 작품이다. 시의 내용으로 보면 이때에 아산공의 아우 조구원이 충청 도사(忠淸都事)에 제수되어 나간 듯하다. 이 지역은 옛날 녹문공(鹿門公)이 1671(현종12)에 암행어사로 나간 지역이고, 1691년부터 1694년까지 아산공이 아산 현감으로 재직했던 곳이므로 감회가 남다른 곳이었다. 그런데 아우가 또 이 지역으로 벼슬하러 가기 때문에 옛 일을 생각하며 전송하는 시를 쓴 것이다.

31 외대(外臺) : 각 도의 감사 밑에 있는 도사(都事)의 별칭. 도사는 외관직(外官職)으로서 경관직(京官職)인 대관(臺官), 즉 사헌부의 직임을 수행한다는 뜻으로 붙여진 이름이다.

쓸쓸한 역마가 강가를 나는 듯이 달려가니	怊悵江干飛怒馹
형제는 언덕 위에서 이별 근심이 배나 더하네	鶺鴒原上倍離憂

연방(蓮榜)[32]의 친구 정주윤(鄭周胤)이 늦게야 아들을 얻어서 50세에 이르러 관례(冠禮)를 행하면서 여러 벗들을 모두 불러 빈례(賓禮)로써 즐겼다. 숙빈(肅賓)[33]은 풍산(豐山) 홍 시랑(洪侍郎)이었는데, 시랑은 유명한 대부(大夫)이다. 말을 기록하여 권면하고, 시를 읊어서 축하하였다. 오호라. 이 예가 행해지지 않은 지 오래되었으니, 구경하는 사람들이 모두들 감탄해마지않았다. 주윤이 그 일을 기록해 두기 위해 참석한 손님들에게 시랑의 시에 차운하기를 권하였다. 나도 그 자리에 있었으나 술이 취해 시를 짓지 못하고 돌아와 생각해 보니 잊어서는 안 되는 점이 있기에 삼가 그 운(韻)을 따라서 축하하는 내용으로 말을 만들었는데, 글재주가 없는 것이 부끄럽다

蓮契鄭周胤晚來得子 而至知非之年 能成冠禮 通邀諸友 樂之以賓禮 肅豊山洪侍郎 侍郎乃名大夫也 記言以勉之 賦詩以嘉之 噫斯禮之不行久矣 觀者莫不感歎焉 周胤識其事 勸來客各次其詩 而不佞亦在座中 酒未果 歸而思之 有不可忘者存焉 謹步其韻 以賀爲言 而拙訥則可愧

그대 집에서 무엇이 가장 귀중한가	君家何物最爲珍
재덕(才德)을 갖춘 아들이 있는 것이리라	認是趨庭有可人

32 연방(蓮榜) : 소과(小科), 즉 생원(生員)과 진사(進士)를 뽑던 과거 시험의 합격자 명단을 말한다. 대과(大科)는 계방(桂榜)이라고 한다.

33 숙빈(肅賓) : 관례(冠禮)를 행할 때에 주인이 빈(賓)을 인도하여 예를 행하는 장소에 가는 행위 중 중문(中門)에 이르러 주인이 빈에게 읍을 하는 행위를 말한다. 여기에서는 관례의 주빈(主賓)의 의미로 사용하였다. 《圖書編 卷109 冠禮》

관례를 할 때 한 말의 뜻이 중함을 명심한다면　　佩服三加辭意重
훗날 반드시 순후(醇厚)한 덕을 이루리라　　定應他日所成醇

또 짓다

又

형양(滎陽)[34]의 고택에 진귀한 보배 있으니	滎陽舊宅有奇珍
두각(頭角)이 우뚝 솟아 옥성(玉成)한 사람이네	頭角嶄然玉汝人
어찌 술잔만으로 다투어 축하하랴	豈但盃觴爭送賀
성품과 행실이 약관(弱冠)에 순후함을 보리라	也看性行弱冠醇

34 형양(滎陽) : 정윤주를 가리킨다. 형양이 중국 하남성(河南省) 정현(鄭縣)인 까닭에 정씨(鄭氏)를 보통 형양으로 일컫고 있다.

또 짓다

又

충효(忠孝)의 명문가로 좌중(座中)의 으뜸이라　　忠孝高門出席珍
대대로 그런 사람 있음을 다투어 말하네　　爭言世世有其人
현옹(玄翁)의 유업(遺業)이 지금까지 전해오니　　玄翁堂搆于今在
그대 집안의 복이 절로 순후해질 줄을 알겠네　　可識君家福自醇

입춘(立春)에 쓰다

題立春

어머니 앞에서 색동옷 새로 입으니　　萊衣新着北堂前
뜰가의 보수(寶樹)는 모두가 계방(桂榜)과 연방(蓮榜)이네　　寶樹庭邊總桂蓮
천일주(千日酒)[35]와 반도(蟠桃)[36]가 익으니　　千日酒與蟠桃熟
한 집안이 태평스러운 봄을 독차지했도다　　一家專得太平春

35 천일주(千日酒) : 한번 마시고 나면 천 일 동안 취한다는 술을 말한다. 옛날 유현석(劉玄石)이란 사람이 중산(中山)의 한 주가(酒家)에 가서 천일주를 마시고 집에 돌아와서는 취해서 일어나지 않자, 가인(家人)들이 그가 죽은 줄 알고 매장을 하였다. 그 후 천 일이 지났을 때, 그 주가에서 현석이 술을 마신 지 천 일이 차서 깰 때가 된 것을 알고 그 집을 찾아가 보니, 이미 장사를 지냈다고 하여 그의 관(棺)을 열어 보니, 현석이 그제야 술이 막 깨었더라는 전설에서 온 말이다. 《博物志 雜說下》

36 반도(蟠桃) : 서왕모(西王母)가 심은 복숭아로, 3천 년에 한 번 꽃이 피고 3천 년에 한 번 열매를 맺으며 이 복숭아를 먹으면 불로장생한다고 한다. 《太平廣記 卷3》

강진(康津)에 있는 목(睦) 대감의 배소(配所)에 올리다[37]

무인년(1698, 숙종24)

呈康津睦台謫所

인간사 번복되는 일들	人間飜覆事
자세히 보면 광란하는 파도와 같네	諦視若狂瀾
경사가 왔다가 곧바로 슬픔이 있고	慶來旋有吊
근심 뒤에 곧바로 기쁨이 되네	憂後卽成歡
낙수(洛水)에 용이 한가로운 지[38] 오래고	洛水龍閑久
변수(汴水)의 물결에 미꾸라지의 춤[39]이 편안하네	汴波鰌舞安

37 작품 해설 : 목 대감은 아산공의 장인인 목내선(睦來善)이다. 1694년 갑술옥사(甲戌獄事) 때 강진에 위리안치(圍籬安置)되었다가 1699년에 풀려났으므로 이때는 아직 유배중인 시기이다.

38 낙수(洛水)에……지 : 사마광(司馬光)과 여공저(呂公著)가 왕안석(王安石)의 변법(變法)에 반대하여 벼슬을 버리고 물러나 낙양에 은거하였다. 얼마 뒤 여공저가 다시 벼슬길에 오르자 사마광과 정호(程顥)가 복선사(福先寺)에서 그를 전송하였다. 이때 정호가, "두 용이 낙수 맑은 물가에 한가로이 누워 있었는데, 오늘 도성문에서 홀로 전별하네.〔二龍閑臥洛波淸 今日都門獨餞行〕"라는 시를 지었다. 여기에서는 목내선을 낙수의 용에 비유한 것이다.《二程文集 卷1 明道文集1 贈司馬君實》

39 미꾸라지의 춤 : 군자가 떠나자 소인들이 거리낌 없이 행동한다는 말이다. 소식(蘇軾)의 제구양공문(祭歐陽公文)에 "깊은 산과 큰 못에 용이 사라지고 범이 떠나가면, 온갖 변괴가 발생하여 미꾸라지와 뱀장어가 춤을 추고 여우와 살쾡이가 포효하기 마련이다.〔深山大澤 龍亡而虎逝 則變怪百出 舞鰌鱔而號狐狸〕"라고 한 말을 인용하였다. 여기에서는 목내선이 강진으로 귀양가자 조정에 간신들이 날뛰고 있다는 의미로 사용하였다.《東坡全集 卷91》

슬프다 동쪽 산골의 나그네여	吁嗟東峽客
언제나 이별의 회포를 푸리오	何日別懷寬

간이(簡易)[40]의 시에 차운하여 권신지(權信之) 부(孚)[41]에게 주다

次簡易韻贈權信之孚

서상(西庠)[42]에서 어울렸던 기억 아직도 생생하니 西庠徵逐尙依依

술동이 앞에서 술잔을 들고 몇 번이나 주미(麈尾)[43]를 휘둘렀던가 把酒樽前幾麈揮

가장 다행인 것은 나의 이웃에 지금 집을 짓고 있으니 最幸吾隣今卜築

꽃 핀 아침이나 달 뜬 저녁에 술에 취하여 돌아가리라 花朝月夕醉相歸

40 간이(簡易) : 조선 중기의 문신이자 문학가인 최립(崔岦: 1539~1612)으로, 간이는 그의 호이다. 본관은 통천(通川)이고, 자는 입지(立之)이며, 또 다른 호는 동고(東皐)이다. 강릉 부사(江陵府使)와 형조 참판 등을 역임했으며, 광해군 즉위 후 대북정권이 등장하자 정계에서 은퇴하고 평양에 은거했다. 시에 탁월하였고 문장에도 뛰어나 한호(韓濩)의 글씨, 차천로(車天輅)의 시와 함께 송도삼절(松都三絕)로 불렸다. 문집으로 《간이집(簡易集)》, 시학서로 《십가근체시(十家近體詩)》·《한사열전초(漢史列傳抄)》, 역학서로 《주역본의구결부설(周易本義口訣附說)》 등이 있다.

41 권신지(權信之) 부(孚) : 1662~?. 이름은 권부이고, 신지는 그의 자이다. 1713년에 문과에 급제하였다.

42 서상(西庠) : 조선시대 나라에서 인재를 육성하기 위하여 서울의 중앙과 동·남·서에 사학(四學)을 세웠는데 그중의 하나이다. 이 학교에는 기숙사가 있는데 여기에서 숙식(宿食)하며 학업을 닦는 사람을 거재 유생(居齋儒生)이라고 한다.

43 주미(麈尾) : 옛사람들이 한담을 나눌 때 벌레를 쫓거나 먼지를 터는 데 썼던 털개의 일종으로, 처음에 고라니〔麈〕 꼬리로 만들었다 하여 주미라 불렀다. 진(晉)나라 때 청담(淸談)을 하는 사람들이 이것을 들고 담론하는 것이 유행하면서 청담가의 상징물이 되었고, 담론을 하지 않을 때도 항상 손에 들고 다녔다 한다. 후세에는 불도(佛徒)들도 많이 가지고 설법할 때에 사용했다고 한다. 《世說新語 容止》

삼가(三嘉)에 부임하는 심회숙(沈晦叔) ○○에게 주다

贈沈晦叔○○之任三嘉

기산(岐山)의 태수[44]가 사립문을 두드리기에	岐山太守叩荊關
세상 얘기 다하고 나니 만사가 어렵구나	說盡風塵萬事艱
이십사교(二十四橋)[45]를 그대가 또 지나리니	二十四橋君又過
지금쯤 어느 곳에서 얼굴에 수심 가득하지 않으리	卽今何處不愁顔

44 기산(岐山)의 태수 : 삼가현(三嘉縣)의 고호가 삼기현(三岐縣)이기 때문에 고호를 사용하였다. 여기에서는 삼가 현감인 심회숙을 가리킨다.

45 이십사교(二十四橋) : 중국 강소성(江蘇省) 양주시(揚州市) 강도현(江都縣) 서교(西郊)에 있던 24개의 교량을 가리킨다. 이곳이 당대(唐代)에 번화한 명승지로 유명했는데 수(隋)나라 때부터 있었다고도 한다. 일설에는 옛날 24인의 미인이 이곳에서 통소를 불었기 때문에 이십사교라는 명칭이 있게 되었다고도 한다. 당(唐)나라 두목(杜牧)의 〈기양주한작판관(寄揚州韓綽判官)〉 시에 "이십사교의 밝은 달밤에, 어디에서 미인에게 통소를 불게 하는고〔二十四橋明月夜 玉人何處教吹簫〕"라고 하였다. 《御定全唐詩 卷523 杜牧》

또 짓다

又

그대와는 삼세(三世) 동안 정의가 돈독하여	與君三世篤交情
지금이나 옛날에나 서로 어울리며 형제 같았지	今古追遊似弟兄
남쪽 고을 수령으로 날아가듯 홀연 멀어지니	鳧舃南州飛忽遠
아득한 봄 나무[46]에 이별의 정이 얽혀 있네	茫茫春樹別懷縈

46 봄 나무 : "봄 나무와 저녁 구름〔春樹暮雲〕"에서 온 말로, 멀리 떨어져 있는 사람을 그리워할 때 쓰는 표현이다. 두보(杜甫)의 시의 "내가 있는 위수(渭水) 북쪽엔 봄날의 나무, 그대 있는 장강(長江) 동쪽엔 저녁의 구름, 어느 때나 한 동이 술로 서로 만나서, 다시 한 번 글을 함께 자세히 논해 볼꼬.〔渭北春天樹 江東日暮雲 何時一樽酒 重與細論文〕"라는 시구에서 유래한 것이다. 《杜少陵詩集 卷1 春日憶李白》

또 짓다

又

집에 계신 노친께 숙수(菽水)의 봉양[47] 걱정되니　有老在堂憂菽水
그대가 지방관이 되어 봉양 잘 하는 것 부럽구나　羨君能得養專城
산 위의 구름은 천 리를 덮고 그대 행차의 먼지 자욱하니
嶺雲千里行塵暗
몇 구의 시로 오랜 친구의 정을 보낸다　數句聊酬故舊情

47 숙수(菽水)의 봉양 : 가난하게 살면서 어버이를 극진하게 봉양하는 것을 말한다. 공자의 제자 자로(子路)가 집안이 가난해서 효도를 제대로 하지 못한다고 탄식하자, 공자가 "콩 죽을 끓여 먹고 물을 마시더라도 기쁘게 해 드리는 일을 극진히 행한다면, 그것이 바로 효이다.〔啜菽飮水盡其歡 斯之謂孝〕"라고 위로했던 고사가 있다.《禮記 檀弓下》

종질(宗姪) 만흥(蔓興)에게 이별하며 주다

贈別宗姪蔓興

만사(萬事)는 인간이 스스로 도모하는 것이 아니지만	萬事人間不自謀
우연히 서울에 왔더니 근심이 배나 생기네	偶來京洛倍生愁
서호(西湖)의 일 없는 나그네에게 전하노니	寄語西湖無事客
한 병 술에 이곳 생각 떠오르는가	一壺能憶此中不

정 수재(丁秀才) 의신(義愼)이 술을 보내온 것에 사례하고 이어 난성(蘭成)에게 보이다

謝丁秀才義愼饋酒仍示蘭成

가을비가 오래도록 그치지 않는 것이 괴로워 秋雨經時苦莫停
도롱이 벗고 멀리 있는 섬의 물가만 바라보네 披簑唯望遠洲汀
이웃집에서 술을 빚어 지금 보내오니 鄰家○酒今來餉
늙은이가 두세 잔 기울이는 것 꺼릴 것 없지 不嫌垂白兩三傾

술잔 돌아 손에 이르면 일찍이 그치지 않았으니 盃行到手不曾停
두약(杜若)의 물가[48]에 비추는 가을빛을 사랑해서이네 爲愛秋光杜若汀
술병 든 친구는 나를 보고 웃으리니 携酒故人應笑我
귀밑머리 허연 늙은이 술잔 기울일 줄만 아네 鬢毛霜雪只知傾
난성(蘭成)이 짓다

48 두약(杜若)의 물가 : 두약(杜若)은 향초(香草)의 이름인데, 《초사(楚辭)》 〈구가(九歌) 상군(湘君)〉에, "향기로운 물가에서 두약을 캐어, 장차 저 하녀에게 끼쳐주련다.〔采芳洲兮杜若 將以遺兮下女〕"라고 한 데서 온 말로, 이는 곧 동지(同志)를 몹시 그리워하는 뜻으로 쓴 말이다.

또 난성에게 보이다

又示蘭成

북[49] 같은 세월이 멈추지 않아	如梭日月不曾停
어느새 가을빛이 물가에서 멀어졌네	倏見秋光已遠汀
수재(秀才)의 풍도(風度)가 가장 고마우니	多謝秀才最風度
또 닭과 술을 가지고 늙은이를 위로하네	也將鷄酒慰衰傾

비가 내리치고 바람이 울어 둘 다 그치지 않는데	雨打風鳴兩不停
가을빛은 작은 시내 물가에서 시드려 하네	秋光欲老小溪汀
화로 연기 흠뻑 젖고 매미 소리 시끄러워	爐烟濕盡蟬聲亂
산 속 집에서 잠을 깨니 날이 이미 기울었네	睡罷山齋日已傾

난성(蘭成)이 짓다

49 북 : 베틀에서, 날실의 틈으로 왔다 갔다 하면서 씨실을 푸는 기구. 베를 짜는 데 중요한 역할을 하며, 배 모양으로 생겼다.

새해 기묘년(1699, 숙종25)

新歲

장가(杖家)[50]의 나이 다다른 것 이미 몹시 부끄러우니

杖家年迫已堪羞

하룻밤 사이에 어찌하여 세월이 훌쩍 가버렸나　一夜如何歲忽遒

저포(樗蒲)놀이[51] 하는 아이들 그래도 예쁘다만　蒲局尙憐兒子戲

초백주(椒柏酒)[52]를 마신들 어찌 장부의 근심 풀어지랴[53]

椒○○解丈夫憂

50 장가(杖家) : 나이 50세를 가리키는 말이다. "50세가 되면 집안에서 지팡이를 짚을 수 있고, 60세가 되면 고을에서 지팡이를 짚을 수 있고, 70세가 되면 나라 안에서 지팡이를 짚을 수 있고, 80세가 되면 조정에서 지팡이를 짚을 수 있다. 90세가 된 사람은 천자가 물을 것이 있으면 그 집에 찾아가는데 좋은 음식을 가지고 간다.〔五十杖於家, 六十杖於鄕, 七十杖於國, 八十杖於朝, 九十者, 天子欲有問焉, 則就其室, 以珍從.〕"라는 말에서 유래하여 나이의 대명사로 사용된다.《禮記 王制》

51 저포(樗蒲)놀이 : 백제 때에 있었던 놀이의 하나. 주사위 같은 것을 나무로 만들어 던져서 그 끗수로 승부를 겨루는 것으로, 윷놀이와 비슷하다.

52 초백주(椒柏酒) : 설날에 선조에게 제사를 드리고 가장(家長)에게 올려 축수(祝壽)하는 술이다.

53 초백주(椒柏酒)를……풀어지랴 : 원문은 '椒○○解丈夫憂'로 椒 자 뒤에 두 글자가 빠져 있다. 그런데 택당(澤堂) 이식(李植)의 〈제야우서(除夜偶書)〉라는 시에 이 구와 동일한 내용이 있어서 빠진 두 글자가 '觴詎'임을 알 수 있다. 택당의 시는 다음과 같다. "三年竊祿已堪羞, 問夜如何歲忽遒. 蒲局尙憐兒子戲, 椒觴詎解丈夫憂. 紛紛世態看燈燼, 袞袞天機閱漏籌. 韉馬又催朝北闕, 曉風寒劈薄綿裘."《澤堂先生集 卷3》

어지러운 세태는 등화(燈花)[54]에서 보고	紛紛世態看燈燼
쉼 없는 천기(天機)는 물시계에서 보네	衮衮天機閱漏籌
내일 아침 색동옷 입을 생각하니	計較明朝趨彩服
봄 추위가 얇은 솜옷을 파고드네	春寒能折薄綿裘

54 등화(燈花) : 등잔불이나 촛불의 심지 끝이 타서 맺힌 불똥을 비유적으로 이르는 말이다.

낮잠 신사년(1701, 숙종27)

晝寢

가소롭구나 화봉자(華峰子)여	可笑華峰子
무심히 홀로 누각에 누워 있네	無心獨臥樓
날씨가 추우니 비가 지나간 줄을 알겠고	天寒知過雨
달이 밝으니 가을이 깊은 줄을 알겠네	月白認深秋
몸이 늙으니 세 가지 미혹[55]에서는 편안한데	老去寧三惑
몸이 한가해지니 네 가지 근심[56]이 있도다	閑來有四愁
부질없이 선정(禪定)에 든 승려처럼	徒如僧入定
말하지 않고 두 눈을 감네	不語閉雙眸

55 세 가지 미혹 : 사람을 미혹시키는 술, 여색, 재물 세 가지를 말한다. 후한 양병(楊秉)이 일찍이 말하기를, "나는 세 가지 미혹되지 않는 것이 있으니, 술과 여색과 재물이다.[我有三不惑, 酒色財也.]"라고 한 데서 유래한 말이다. 《後漢書 卷 54 楊震列傳》

56 네 가지 근심 : 후한(後漢) 때 장형(張衡)이 하간왕(河間王)의 상(相)이 되어 나갔을 때, 세상이 점차 쇠폐해짐을 걱정하여, 네 가지 생각을 일사(一思)・이사(二思)・삼사(三思)・사사(四思)로 나누어 사수시(四愁詩)를 지어서 스스로 우수 번민(憂愁煩悶)의 정을 토로했던 데서 온 말이다. 《文選 卷29 雜詩》

사범(士範)이 술을 보내온 데 대해 사례하다

謝士範惠酒

배가 불룩한 술병을 이 늙은이에게 보내오니	腹大鴟夷及此翁
노쇠한 얼굴이 술기운 빌려 배나 더 붉어지네	衰顏借得倍酡紅
산음(山陰)의 설도(雪棹)[57]는 띄울 채비를 하고	山陰雪棹行當駕
더구나 냇가 전장(田庄)에 달이 동산에 올랐음에랴[58]	況値溪庄月上東

57 산음(山陰)의 설도(雪棹) : 설도(雪棹)는 진(晉)나라 때 왕휘지(王徽之)가 타고 친구를 찾아갔던 배를 가리킨다. 왕휘지가 산음(山陰)에 살았는데, 한밤중에 눈이 내리다가 개자 친구인 대규(戴逵)가 갑자기 생각났다. 이에 즉시 밤을 새워 배를 타고 가 섬계(剡溪)에 있는 대규가 사는 집 문 앞까지 갔는데, 문 안으로 들어가지 않고 되돌아왔다. 어떤 사람이 그 까닭을 물으니, "나는 본래 흥이 나서 갔으나 흥이 다해 돌아오는 것이니, 어찌 굳이 대규를 볼 필요가 있겠는가"라고 한 데서 유래된 말이다. 《世說新語 任誕》

58 달이 동산에 올랐음에랴 : 앞 구의 고사와 연결된 내용이다. 왕휘지가 산음에 살았는데, 밤에 눈이 내리다가 그치고 달빛이 청명하여 사방이 환하자 혼자 술을 마시며 좌사(左思)의 초은시(招隱詩)를 읊다가 갑자기 친구인 대규가 보고 싶어서 밤중에 배를 타고 대규의 집으로 찾아갔다. 이 시에서도 친구가 술을 보내와서 혼자 마시다가 동산에 달이 떠오른 것을 보고 친구를 찾아가고 싶은 마음이 일어났음을 왕휘지의 고사를 빌려 표현한 것이다. 《晉書 卷80 王羲之列傳》

감흥에 따라 짓다

漫興

푸른 잎에 누런 빛이 생기고	青葉生黃色
차가운 바람이 백발을 잡아당기네	霜風掣白頭
차조로 빚은 막걸리 귀를 달아오르게 하니	秫醪能熱耳
지금이 바로 추수할 때일세	秋政此時脩

상추

萵苣

새 밭에서 뜯어 오니	掇取新畦裡
푸른빛이 이슬 맞아 짙도다	靑靑露下濃
채반(菜盤)이 이 때문에 도리어 생색이 나고	菜盤還有色
밥그릇은 자연히 깨끗이 비워졌네	食器自然空
의원들은 무슨 독이 있다고 하는가	醫者云何毒
산에 사는 늙은이 끝없이 좋아하네	山翁嗜不窮
모쪼록 닭과 개가 밟지 못하게 해서	須防鷄犬踏
또 내 배를 채울 수 있게 하라	也使此腸充

이계림(李季霖)의 시에 차운하다 임오년(1702, 숙종28)

次李季霖韻

누가 고관대작(高官大爵)에게 비 뿌리는 용을 빌려왔을까 誰借朱門滴雨龍
사방 들이 푸른 물결 속이 된 듯하네 四郊幻作碧波中
한 달 내내 밤마다 달을 보기 어렵고 三旬夜夜難看月
길고 긴 날 -원문 빠짐- 바람을 받네 永日○○謾受風
술이 없어 침을 흘리다 누룩 실은 수레를 만나서 無酒流涎逢麯轍
시를 읊어 종이에 써서 시통(詩筒)에 꽂았네 有吟寫紙揷詩筒
서쪽 이웃의 병든 나그네 무슨 일을 즐기는가 西隣病客耽何事
단전(丹田)에 구멍 하나 뚫리는 것을 스스로 아낀다네 自愛丹田一孔通

푸르고 푸른 죽순 두 개를 베어다가 斫取青青兩籜龍
침상의 짧은 다리에 묶으니 수평이 맞네 繩床矮足互容中
한가히 숲속에서 숲 위에 뜬 달을 보고 閑從樹裡看林月
홀로 시냇가에 기대어 물 위에 불어오는 바람을 쐬네 獨倚溪邊洒水風
수척할 때는[59] 경치 빼어난 곳에 쇠 지팡이 짚고 가고

59 수척할 때는 : 시를 지을 때에 좋은 시어가 생각나지 않음을 뜻한다. 이백(李白)의 〈희증두보(戲贈杜甫)〉 시에 "반과산 꼭대기에서 두보를 만났는데, 머리엔 대삿갓

瘦處絶勝扶鐵杖

목마를 때에는 술통의 술 냄새 맡기가 매우 좋구나 渴時偏合嗅郫筒

솔가지 드리운 창 아래에서 이제부터 다리 펼 수 있으니

松窓自此堪舒膝

잠든 뒤에 시속 무리들 닿지 않게 하라 睡後休教俗輩通

이계림의 원시(元詩)이다.

썼고 해는 마침 정오로다. 묻노니 작별한 뒤로 어찌 그리 수척해졌나, 모두가 전부터 괴로이 시 읊조린 탓이로세.〔飯顆山頭逢杜甫 頭戴笠子日卓午 借問別來太瘦生 總爲從前作詩苦〕"라고 한 데서 온 말이다.《李太白集 卷25》

또 절구에 차운하다

又次絶句韻

게으른 늙은이 한가함이 고질병 되어	懶老閑爲癖
가시 넝쿨 뻗어와도 캐내지 않네	荊蔓也不鋤
초가을이 이미 지나간 것을 보고	新秋看已過
칼을 어루만지며 돌아가려 하는가	撫劍欲歸歟

또 차운하다

又

학문이 황무하여 빈 상자만 산 것 같고[60]	學荒如買櫝
도(道)가 펴지지 않으니 술잔이나 띄우려 하노라[61]	道否欲浮杯
그대의 맑은 시가 나의 단점을 공격하니	淸詩攻吾短
야명주(夜明珠)가 온 것을 깨닫겠네	便覺夜珠來

60 빈 상자만 산 것 같고 : 매독환주(買櫝還珠)에서 온 말이다. 초(楚)나라 사람이 진주를 팔려고 화려한 목함을 만들어서 그 안에 진주를 담아 두었다. 그런데 어리석은 정(鄭)나라 사람이 그것을 사서는 겉이 화려한 목함만 가져가고 정작 중요한 진주는 돌려주었다는 고사를 인용한 것이다. 이 고사는 어리석은 정나라 사람을 풍자한 말인데, 근본은 버리고 말단만 추구하는 것을 비유하는 말로 쓰인다.《韓非子 卷11 外儲說 左上》

61 술잔이나 띄우려 하노라 : 유상곡수(流觴曲水) 놀이를 말한다. 둥그렇게 돌아 흐르는 도랑을 만들어 놓고 사람들이 빙 둘러 앉아 위쪽에서 술잔의 띄우면 아래쪽으로 떠서 흐르게 하여 술잔이 자기 앞에 오면 시를 짓고 술을 마시며 노는 놀이이다. 진(晉)나라 왕희지(王羲之)가 목제(穆帝) 영화(永和) 9년(347) 3월 3일에 사안(謝安)·손작(孫綽) 등 당대의 명사(名士) 40여 인과 함께 회계(會稽) 산음(山陰)의 난정(蘭亭)에 모여서 재앙을 쫓는 계사(禊事)를 행하고 곡수(曲水)에 술잔을 띄워 돌려 마시며 시를 지은 고사에서 유래한 것인데, 왕희지가 지은 〈난정기(蘭亭記)〉에 그 내용이 상세히 나와 있다.《古文眞寶 後集 卷1》

또 차운하다

又

홍우(紅友)[62]와 한 달 동안 이별하니	紅友三旬別
가벼운 먼지가 절로 술잔에 가득하더니	輕塵自滿盃
옛 동릉후(東陵侯)의 채소[63]가	東陵古侯菜
자하(紫霞)[64]를 오게 하는구나	能使紫霞來

62 홍우(紅友) : 강소성(江蘇省) 의흥(宜興)에서 나는 술의 이름인데, 일반적으로는 술의 별칭으로 쓰인다. 여기에서는 일반적인 술의 의미로 사용되었다.

63 동릉후(東陵侯)의 채소 : 오이를 가리킨다. 진(秦) 나라 때 동릉후(東陵侯)를 지낸 소평(召平)이 진 나라가 망하자 가난한 평민이 되어 장안성(長安城) 동쪽에서 오이를 심었는데, 지난날의 부귀를 잊고 오이 가꾸기에 전념하여, 그 오이 맛이 좋아 동릉과(東陵瓜)라고 불렀다. 《史記 卷53 蕭相國世家》

64 자하(紫霞) : 신선이 타고 다닌다는 자주색 구름 또는 신선이 마신다는 술을 뜻하는데, 여기에서는 신선이 마시는 자하주(紫霞酒)라는 의미로 사용되었다. 옛날 항만도(項曼都)라는 사람이 선인(仙人)에게 한 번 얻어 마시고는 몇 개월 동안 배가 고프지 않았다고 하는데, 유하주(流霞酒)라고도 한다. 《抱朴子 內篇 卷4 祛惑 第20》

사범(士範)이 보여준 시에 차운하다

次士範示韻

왜소하고 병든 한 사람이　短小病殘一介人
임금을 요순(堯舜)처럼 만들겠다고 다짐했었지　致君堯舜自期身
만년에 수염과 머리카락 하얗게 세니　晩來霜雪侵鬢髮
위수(渭水)에서 낚시하던 강옹(姜翁)[65]을 부질없이 생각하네　空憶姜翁釣渭濱

65 위수(渭水)에서 낚시하던 강옹(姜翁) : 위수는 중국 감숙성(甘肅省) 위원현(渭原縣) 서북 조서산(鳥鼠山)에서 발원하여 섬서성(陝西省)을 거쳐, 낙수(洛水)와 합쳐 황하로 흐르는 강이다. 강옹은 강태공(姜太公)을 가리킨다. 강태공은 성은 강(姜)이고 씨는 여(呂)이며 이름은 상(尙)인데, 위수 가에서 낚시질하다가 주(周)나라 문왕(文王)을 만나 사부(師傅)로 기용되고, 문왕이 별세한 뒤에는 무왕(武王)을 도와 은(殷)나라 주왕(紂王)을 토벌하고 주나라를 천자국으로 만들었다.

포천의 전장(田庄)에서 이 빙군(李聘君)[66]과 작별하며 계미년(1703, 숙종29)

抱庄奉別李聘君

벽골(碧骨)[67]에서 견성(堅城)[68]까지 거의 천 리 거리인데 碧骨堅城幾千里

노년에 반가운 얼굴로 뜻밖에 만났네 暮年青眼忽相逢

남아가 다니는 곳 일정한 장소가 없으니 男兒行止無南北

노년에 산골에서 늙어간다 말하지 마오 莫謂衰殘老峽中

66 이 빙군(李聘君) : 이름은 이민좌(1640~?)이고, 자는 달경(達卿)이며, 본관은 전주(全州)이다. 1666년에 진사시에 급제하였다. 아산공의 두 번째 장인이다.

67 벽골(碧骨) : 김제(金堤)의 백제 때 이름이다.

68 견성(堅城) : 포천(抱川)의 신라 때 이름이다.

이 빙군과 작별한 뒤에 소회를 쓰다

別李聘君後書懷

호남에 사는 칠십 된 장인을 뜻밖에 만나	忽見湖南七十人
삼일을 단란하게 지내니 더욱 친근해졌네	團圓三日益親○
근래에 세상이 어지러우니 몸이 늙는 것 감수하고	年來世亂身甘老
일이 마음과 어긋나니 얼굴이 밝지 못하네	事與心違面不春
맑은 밤 등불 돋워 보검(寶劍)을 보고	淸夜挑燈看寶劍
이 마음 거울과 같음을 밝은 달에 맹세하네	此心如鏡矢氷輪
한 잔 술로 전별하고 나니 눈발이 날리고	一盃餞罷飄殘雪
맑은 시를 써내려가니 신이 일러주는 듯하네	筆下淸詩若有神

비가 온 뒤에 날이 갠 것이 기뻐서

雨後喜晴

한 달 내내 장마가 져서 언덕까지 잠기니　　三旬霖雨沒丘陵
도처의 밭 가운데에 돌이 만 층(層)이나 쌓였네　　處處田中石萬層
요(堯)임금 때 홍수[69]가 이 정도였던가　　堯水當年曾有是
반경(盤庚)의 옛날 일[70]로 증거를 삼을 수 있네　　盤庚昔日可爲憑
농부는 일을 할 수 없어 공연히 탄식만 하고　　農人乏事空嘆息
산새는 날기 어려워 부질없이 뛰어오르네　　山鳥難翔謾躍騰
오늘 저녁 -이하 원문 빠짐-　　今夕

-원문 1장 빠짐-

次南冥韻 甲申

次李相國苦熱韻

正月初五 夜夢侍考妣如平日 感泣書懷

閑居八絶

○世千愁未敢生

69 요(堯)임금 때 홍수 : 요(堯) 임금 때 홍수가 나서 강물이 역류하여 온 나라가 물바다가 되고 뱀과 용이 들끓었다. 이에 백성들이 정착할 곳이 없어 낮은 지역에 사는 사람은 나무에 둥지를 만들고 높은 지역에 있는 사람은 땅속에 굴을 파서 살았다. 《孟子 滕文公下》

70 반경(盤庚)의 옛날 일 : 반경은 은(殷)나라의 제19대 임금이다. 반경 이전에는 오랫동안 경(耿)에 도읍하고 있었는데, 하수(河水)의 범람으로 도읍이 침수되자 은(殷)으로 천도하였다. 《書經 盤庚》

또 짓다

又

세간(世間)을 좇아서 무슨 일을 하려 하는가	欲逐世間做許事
풍진이 닿는 곳에 몸과 이름만 더럽힐 뿐	風塵着處汚身名
자손을 가르치면서	不如教養兒孫輩
전야에서 여유로이 이 생(生)을 보내는 것만 못하네	田野優遊送此生

또 짓다

又

주머니가 비어서 전답을 구하려는 계획 이루지 못하고 囊空未遂求田計
재주가 부족하여 세상이 이름나는 것도 이제 그만두어야지 才乏今休世上名
다만 경학(經學)에 몸을 의탁하여 只願依身經學地
한가한 세월 속에 남은 생을 보전하기 바란다네 閑中日月保殘生

또 짓다
又

방초(芳草)의 남은 꽃이 나의 흥을 재촉하고　　芳草殘花催我興
깊은 숲속 새의 부드러운 소리 누구의 이름을 부르는가
幽禽軟語喚誰名
청련(青蓮)[71]을 시봉(侍奉)하는 선비에게 이르노니 寄言供奉青蓮士
시(詩) 때문에 과도하게 수척해졌다 말하지 마소 無謂緣詩太瘦生

71 청련(青蓮) : 청련거사(青蓮居士)의 준말로, 이태백(李太白)의 별호이다.

또 짓다
又

연래(年來)에 모옥(茅屋)에 홀로 누워서	年來獨臥茅齋下
요부(堯夫)의 태극명(太極名)[72] 배우기를 원하노라	願學堯夫太極名
산 위의 봄나물이 비를 맞아 자라니	山上春蔬緣雨長
새로 빚은 술이 -원문 빠짐- 해롭지 않네	不妨新酒也○生

-한 글자는 다시 살펴보아야 한다.-

72 요부(堯夫)의 태극명(太極名) : 요부는 송나라의 학자 소옹(邵雍: 1011~1077)의 자이다. 호는 안락와(安樂窩)・백원(百源)이고, 시호는 강절(康節)이다. 태극명은 그가 지은 《황극경세서(皇極經世書)》의 내용을 가리키는 듯하다. 이 책은 모두 12권으로 되어 있다. 1~6권까지는 《역(易)》 64괘(卦)를 원회운세(元會運世)에 배정(配定)하여 제요(帝堯)에서 후주(後周) 현덕(顯德:954~959년)까지의 치란(治亂)의 행적을 추술(推述)하였고, 7~10권은 율려성음(律呂聲音)에 대하여 논했는데 이것이 내편(內篇)이고, 11~12권까지는 관물편(觀物篇)인데 외편(外篇)이다. 그 설(說)은 《역》을 빌어 말했으나 실은 《역》이 아니므로 주희(朱熹)는 《역》 밖의 별전(別傳)이라고 칭하였다.

또 짓다

又

동산(東山)에 높이 누운 사안석(謝安石)[73]이여　　東山高臥謝安石

대대로 부질없이 코를 움켜쥐었다는 명성[74]만 전하네　　歷世空傳捉鼻名

만사가 이제 와서 말할 필요가 없게 되었으니　　萬事如今不須說

강호에 그 누가 진(晉)나라의 창생(蒼生)을 염려할까　　江湖誰念晉蒼生

73 사안석(謝安石) : 안석(安石)은 진(晉)나라 사안(謝安)의 자(字)이다. 동산(東山)에 20여 년 동안 한가히 은거할 때 "안석이 나오려 하지 않으니 장차 창생을 어찌할꼬.〔安石不肯出 將如蒼生何〕"라는 말을 듣기도 하였는데, 마침내 나이 40에 출사(出仕)하여 삼공(三公)의 지위에까지 이르렀다. 전진(前秦)의 왕 부견(苻堅)이 백만 대군을 이끌고 회비(淮肥)까지 진군하여 동진(東晉)의 서울이 진동하며 모두 두려움에 떨고 있을 때에, 정토대도독(征討大都督)에 임명된 사안이 조카인 사현(謝玄)을 보내 격파하게 하고는 자신은 손님을 상대로 담소하며 태연히 바둑을 두어 흉흉한 인심을 진정시키면서 승첩의 보고를 기다렸던 고사가 전한다.《晉書 卷79 謝安傳》

74 코를 움켜쥐었다는 명성 : 사안(謝安)이 벼슬하지 않고 동산(東山)에 있을 때에 형제 중에 이미 부귀해진 사람이 가문에 모여서 매우 요란하였다. 이에 부인 유씨(劉氏)가 장난삼아 말하기를, "대장부가 이러해야 하지 않겠습니까?"하자 사안이 코를 움켜쥐고서 "이것에서 벗어나지 못할까 두렵다."라고 한 고사를 말한다.《世說新語·排調》

우연히 쓰다

偶題

박달나무 지팡이가 건장한 종을 대신하고	檀杖扶持代健僕
녹음방초(綠陰芳草)가 가인(佳人)보다 낫네	綠陰芳草勝佳人
느릿느릿 걷다가 잠시 쉬고 옛 일을 생각하니	行慵蹔憩思前事
사오 년 전에는 씩씩하게 걷던 몸이었네	四五年前快步身

또 짓다
又

큰 소나무 한그루 가지 길게 뻗어 있고 온갖 꽃 피었는데	長松落落百花發
모옥(茅屋) 안에는 백발(白髮) 늙은이 쓸쓸하네	茅屋中間白髮蕭
줄 없는 금(琴)[75]이 용천(龍泉)에서 울리니	無絃琴在龍泉吼
솜씨 좋은 화공(畫工)도 필시 묘사하기 어려우리	畫工雖好必難描

75 줄 없는 금(琴) : 줄 없는 거문고를 말한다. 동진(東晋)의 처사 도잠(陶潛)은 본디 음률을 잘 알지 못했지만 줄도 없는 거문고 하나를 가지고 있으면서 술이 거나할 때마다 어루만지며 자기의 뜻을 부쳤다는 데서 온 말로, 전하여 한가로이 은거하는 정취를 의미한다. 이백(李白)의 〈증임명현령호제(贈臨洺縣令皓弟)〉 시에 "도잠은 팽택 영을 그만두고 떠나, 아득히 태고인의 마음을 지녀서, 오묘한 소리가 절로 곡조를 이뤘기에, 단지 줄 없는 거문고만 탔었다네.〔陶令去彭澤 茫然太古心 大音自成曲 但奏無絃琴〕"라고 하였다. 《李太白集 卷8》

조카 수홍(守弘)[76]의 시에 장난삼아 차운하다 을유년(1705, 숙종31)

戱次弘姪韻

빗줄기 굵고 나뭇잎 빽빽하여 꾀꼬리 소리 작고	雨敦密葉栗留微
돌아가는 구름 쳐다보니 나는 듯이 빠르게 가네	仰視歸雲疾如飛
먼 산봉우리 희미하여 하늘 밖은 저물고	遠峀蒼茫天外暮
깊은 숲속 새는-원문 빠짐- 잘 보이지 않네	幽禽○○眼中稀
논에 물이 있으니 어찌 먹거리 근심하랴	稻田水在何憂食
나그네 근심 깊어 옷을 잡히고 술 사 마시려 하네	行客愁深欲典衣
모르겠다 어디서 온-원문 빠짐-	不識何來○○○
단지 몇몇 사람을 지체하여 돌아가기 어렵게 하네	秖令數子滯難歸

-본고(本藁)에 지운 곳이 많아 몇 군데는 무슨 내용인지 알 수 없다.-

76 수홍(守弘) : 1684~1748. 아산공의 아우 구원(九畹)의 둘째 아들이다. 자는 중유(仲裕)이고, 호는 돈재(遯齋)이다. 1721년(경종1)에 진사에 급제하였고, 벼슬은 주부(主簿)를 지냈다.

천서(天叙)[77]를 송별하고 서글픈 마음에 읊다

送別天叙悵然有吟

세 마리 기러기[78] 각각 다른 방향으로 나누어 날아가니 三鴈分飛各一方

늦봄 도성 남쪽에서 강굉(姜肱)의 이불[79] 함께 덮었지 暮春南郭共姜被

오늘 아침 갑자기 돌아가는 것을 보고 今朝遽爾看歸鞭

몇 구의 시를 지어 내 뜻을 말하노라 數句聊成也言志

77 천서(天叙) : 이름은 조구주(趙九疇: 1672~1752)이고, 천서는 그의 자이며, 호는 노주(潞州)이다. 녹문공의 셋째아들이다. 두 명의 부인을 두었는데, 첫째 부인은 참의(參議) 김준상(金儁相)의 딸 선산김씨(善山金氏)이고, 둘째 부인은 이지함(李之菡)의 후손이자 통덕랑(通德郎) 이정봉(李禎鳳)의 딸 한산이씨(韓山李氏)이다. 서예와 역사를 좋아하였으며, 필법이 경건(勁健)하였다. 1751년(영조27)에 첨지중추부사(僉知中樞府事)를 제수받았다. 슬하에 7남 2녀를 두었다.

78 세 마리 기러기 : 아산공의 3형제인 조구로(趙九輅), 조구원(趙九畹), 조구주(趙九疇)를 가리키는 말이다.

79 강굉(姜肱)의 이불 : 형제간의 우애를 뜻한다. 강굉은 후한(後漢) 사람으로 자가 백회(伯淮)인데, 두 아우인 중해(仲海)・계강(季江)과 우애가 지극하여 항상 한 이불을 덮고 함께 잤으므로 강굉공피(姜肱共被)라는 고사가 생기게 되었다.《後漢書 卷五十三 姜肱傳》

고창현(高敞縣) 관아에서 동궁(東宮)을 모시는 꿈을 꾸고 황감(惶感)하여 짓다[80] 병술년(1706, 숙종32)

高敞縣衙夢侍東宮惶感有題

꿈에 동궁(東宮)을 모셨는데	夢侍儲君聖
오색의 상서로운 구름 가득하였네	祥雲五色瀰
구가(謳歌)한 것은 하(夏)나라의 계(啓)와 같고[81]	謳歌夏啓類
선실(宣室)은 한(漢)나라의 문제(文帝)와 같았네[82]	宣室漢文同
온화한 기운은 신민(臣民)들을 감싸고	和氣薰臣庶
화로의 향기는 늙은 몸에 젖었네	爐香襲殘躬
깨고 나자 몸은 여전히 여기에 있으니	覺來猶在此

80 작품 해설 : 이 시는 53세 때 고창 현감으로 재직할 때에 지은 시이다. 여기에서 말한 동궁은 경종(景宗)을 가리킨다.

81 구가(謳歌)한……같고 : 계(啓)는 하(夏)나라 우(禹)임금 아들 이름이다. 우임금이 왕위를 익(益)에게 선양하려고 하였는데 백성들이 익(益)을 구가하지 않고 계를 구가하면서 "우리 임금의 아들이다."라고 하였으므로 왕위가 계에게 전해졌다. 여기에서는 동궁이 숙종을 이을만한 훌륭한 덕을 갖추었다는 의미로 사용되었다. 《孟子 萬章上》

82 선실(宣室)은……같았네 : 선실은 한(漢)나라 미앙궁(未央宮)의 정전(正殿)이다. 가의(賈誼)가 좌천되어 장사왕(長沙王)의 태부(太傅)로 있다가 1년 남짓 만에 소명(召命)을 받고 조정으로 돌아오니, 문제(文帝)가 선실에 있다가 그에게 귀신의 본원(本源)에 대해 물었다. 이에 가의가 귀신의 유래와 변화 등을 자세히 이야기하다가 한밤에 이르자 문제가 그 이야기에 빠져서 자기도 모르게 자리를 앞으로 당겨 가의 가까이로 다가왔다고 한다. 여기에서는 꿈에 세자가 아산공을 접견해주었다는 의미로 사용되었다. 《史記 卷84 屈原賈生列傳》

어느 날에나 청궁(靑宮)[83]에서 모실까　　何日陪靑宮

83 청궁(靑宮) : 태자궁을 이른다. 동궁(東宮)·춘궁(春宮)이라 하기도 하는데, 청궁(靑宮)에서 청(靑) 자는 사방의 동(東)과 사시의 봄〔春〕이 5색의 청(靑)에 해당하기 때문에 춘궁·동궁·청궁이 동일한 뜻으로 불려진다.

이웃에 사는 벗이 물고기를 잡아서 초대한 것에 사례하다

무자년(1708, 숙종34)

謝隣友打魚見邀

시냇가에 사는 늙은이 중에 내 나이가 가장 많지만	默數溪翁我爲首
호수 가에서 물고기 구경하니 어찌 외롭겠는가	觀魚濠上豈容孤
친구의 편지 한 통 천금(千金)같이 중하니	故人一札千金重
약속 시간에 맞추어 가서 좋은 술에 취한다네	勇赴幽期醉玉壺

신춘(新春)에 우연히 읊다

新春偶吟

봄이 장차 저물려고 하여 산속 집의 창문을 닫으니	東君欲老閉山窓
비바람이 때때로 몰아쳐 저 혼자 두려워하네	風雨時時也自慢
아이가 황매화(黃梅花) 가지를 꺾어 오니	少年折得黃梅榦
봄 지난 뒤 꽃 중에는 견줄 것이 없어라	春後芳華莫與雙

연릉군(延陵君) 이만원(李萬元)[84] 대감에 대한 만사
挽延陵君李台萬元

공은 농서(隴西) 사람[85]으로	夫公出隴西
조악(鵰鶚)[86]이 굳센 깃털 다듬었고[87]	鵰鶚刷勁翮

84 연릉군(延陵君) 이만원(李萬元) : 1651～1708. 본관은 연안(延安). 자는 백춘(伯春), 호는 이우당(二憂堂)이다. 1678년(숙종4) 증광문과에 병과로 급제, 검열·정언(正言) 등을 역임하고, 1689년에 지평(持平)이 되어 송시열(宋時烈)·윤증(尹拯)의 시비를 분별할 것을 상소하자 왕이 가납하였으며, 홍문록(弘文錄)에도 올랐다. 이어서 정언·지평·부교리·헌납·이조 좌랑 등을 역임하고서 함경도 암행어사가 되었다. 곧 승지에 발탁되었다가 광주 부윤(廣州府尹)을 거쳐, 1690년에 이조 참의가 되어 진휼(賑恤)을 위한 공명첩(空名帖)의 남발에 따른 폐단을 상소하였다. 그 뒤 대사간·이조 참의 등을 거쳐, 1693년 평안도 관찰사가 되었고, 2년 후에 함경도 관찰사를 거쳐 1697년 성주 목사가 되었다. 1700년 충청도 관찰사가 되었고, 이어서 공조 참판·이조 참판 등을 역임하였으며, 연릉군(延陵君)에 봉하여졌다. 1796년(정조20) 청백리(淸白吏)에 뽑혔다.

85 농서(隴西) 사람 : 이만원의 본관이 농서라는 뜻이다. 이만원의 본관은 연안이지만, 농서(隴西) 성기(成紀) 사람인 이연(李淵)이 당(唐) 나라를 세우고 천하의 이씨(李氏)는 모두 농서(隴西)에서 나왔다고 하면서 노담(老聃)을 시조(始祖)로 삼았기 때문에 우리나라의 이씨들도 근본을 농서에 두고 있다. 《舊唐書 卷1 高祖本紀》

86 조악(鵰鶚) : 맹금류인 수리와 물수리를 합칭한 말로, 전하여 재망(才望)이 출중한 사람에 비유한다. 두보(杜甫)의 〈봉증엄팔각로(奉贈嚴八閣老)〉 시에 "교룡은 운우를 얻은 듯하고, 조악은 가을 하늘에 있는 듯하네.〔蛟龍得雲雨 鵰鶚在秋天〕"라고 하였다. 《九家集注杜詩 卷19》

87 굳센 깃털 다듬었고 : 이만원의 재능이 뛰어났다는 말이다. 두보(杜甫)의 〈증사공왕공사례(贈司空王公思禮)〉 시에 "사공은 동방의 고려 출신으로, 어릴 때부터 굳센 깃털 다듬었다오.〔司空出東夷 童稚刷勁翮〕"라는 말이 나온다. 굳센 깃털을 다듬는

높고 넓은 큰 도량이 있어	軒豁有大度
가을물처럼 만 섬을 싣는 배를 띄울 수 있었네	秋水舟萬斛
푸른 하늘에 날아 올라	飛騰上青冥
명광궁(明光宮)[88]에서 가까이 모시었는데	昵侍明光宮
당시에 우리의 도(道)가 펴지지 못하여	時當吾道屈
파산(坡山)의 동쪽에서 은거하고 있었네	栖息坡山東
뜻밖에 하늘의 색이 바뀌어	忽看天色改
상담(湘潭)에서 와룡(臥龍)을 일으켜서[89]	湘潭起臥龍
임금의 은혜를 받아 국사를 주선하니	周旋雨露邊
사악한 자들이 절로 달아나 숨었네	魑魅自走藏
성조(聖朝)에서 어진 인재 급하여	聖朝急才賢
이조 참의와 공조 참판에 임명하였고	佐衡考功郎
은명(恩命)으로 육선(六仙)[90]의 반열에 발탁되었다가	恩擢六仙班

다는 것은 독수리 같은 맹금(猛禽)이 부리로 털을 쪼아 윤기 나게 만드는 것을 말한다. 《九家集注杜詩 卷14》

88 명광궁(明光宮) : 한 무제(漢武帝)가 건립한 궁전 이름으로, 미앙궁(未央宮) 서편에 있었는데, 금과 옥, 진주 등으로 만든 발을 쳐서 밤낮없이 빛나고 밝았기에 붙여진 이름이다. 후대에는 대궐을 뜻하는 말로 쓰였다. 《三輔黃圖·漢宮》

89 상담(湘潭)에서 와룡(臥龍)을 일으켜서 : 상담은 초나라 굴원이 쫓겨났던 곳이므로, 후대에는 귀양지의 다른 표현으로 쓰인다. 와룡은 제갈량(諸葛亮)을 가리킨다. 이 말은 귀양 가 있는 제갈량 같은 이만원을 다시 등용했다는 뜻이다.

90 육선(六仙) : 도승지, 좌승지, 우승지, 좌부승지, 우부승지, 동부승지 등 여섯 승지를 가리킨다. 승정원의 정청(正廳)에 육선루(六仙樓)라는 현판을 달고, 그 북쪽은 당후 주서 직소(堂后注書直所)로서 사선루(四仙樓)라는 현판을 달았다. 《국역 신증동국여지승람 제2권 경도》

잠시 변방을 순시하였네 籌邊暫掉鞅
평안 감사로 나가자 出鎭浿水藩
한 지역 사람들이 더욱 우러렀는데 一方尤所仰
갑자기 비바람이 일어나자 居然風雨作
조정을 떠나 먼 귀양길에 올랐네 離庭道路長
계서(雞書)가 홀연 기쁜 소식을 전하니 雞書忽報喜
잠시 귀양 간 것이 무슨 문제가 되겠는가 暫謫顧何妨
성상의 마음이 여전히 아끼고 계시는데 聖情尙眷眷
검은 구름이 잠시 하늘의 해를 가렸을 뿐이네 陰雲或蔽日
옛날에 내가 남교(南郊)에 있을 때에 昔我在南郊
약관의 나이에 서로 사귀었지 弱冠相馳逐
구름과 진흙처럼 서로 차이가 있지만[91] 雲泥雖不隔
간담은 서로 막히지 않았기에 肝膽不相隔
영수(穎水) 가에 누운 뒤로[92] 自臥穎水濱
서신이 끊긴 것을 항상 한탄하였네 常嗟魚鴈絶

91 서로 차이가 있지만 : 원문은 '不隔'으로 되어 있지만 아래 문장인 '肝膽不相隔'과 상대되는 문구이므로 문맥으로 볼 때 '相隔'이 되어야 한다. 문맥에 따라 '相隔'의 의미로 번역하였다.

92 영수(穎水) 가에 누운 뒤로 : 벼슬에서 물러나 은거하였음을 뜻하는 말이다. 영수(穎水)는 중국 하남(河南) 등봉현(登封縣) 서남쪽에서 발원하여 우현(禹縣), 임영(臨穎), 서화(西華), 상수(商水)를 경유하여 회수(淮水)로 들어가는 강 이름으로 본디 영하(穎河)라고 한다. 요임금이 허유(許由)를 초빙하여 황제의 자리를 물려주려 하자 허유는 이에 응하지 않고 추한 말을 들었다 하여 영수에서 귀를 씻었다. 소부(巢父)는 소를 끌고 가다가 이 영수에서 물을 먹이려 하였으나 이것을 보고는 오염된 물이라 하여 소를 끌고 상류로 가서 물을 먹였다 한다.《高士傳》

갑자기 부음(訃音)을 들으니	忽聞去棟音
침문(寢門)에서 눈물을 참기 어려운데[93]	寢門涕難抑
동쪽 산골과 서쪽 호숫가는	東峽與西湖
거리가 멀어서 갈 수가 없네	遙遙阻歸楫
머리 허연 늙은 빈객이	白首老賓客
영구(靈柩) 앞에 가서 곡을 할 수 없어	難展柩前哭
짧은 종이에 만사를 써서	聊書數寸紙
가슴속에 있는 말을 한 번 쏟아내노라	一瀉此胸臆

93 침문(寢門)에서……어려운데 : 친구의 죽음을 슬퍼한다는 뜻이다. 공자가 말하기를, "스승에게는 내가 정침(正寢)에서 곡하고, 친구에게는 내가 침문 밖에서 곡할 것이다.〔師 吾哭諸寢 朋友 吾哭諸寢門之外〕"라고 한 데서 유래한 말로, 침문은 곧 정침의 문을 가리킨다.《禮記 檀弓上》

하계(霞溪) 판서 권유(權愈)[94]에 대한 만사[95]

挽霞溪權判書愈

영가(永嘉)[96]의 후손에 어진 이 많다 하는데	永嘉之後號多賢
양촌(陽村)[97]부터 세어 보면 몇 백년이 지났는가	默數陽村幾百年
혼자서 장차 추락하는 기업을 잇고	獨紹當墜將墜業

94 권유(權愈) : 1633~1704. 본관은 안동(安東)이고, 자는 퇴보(退甫)이며, 호는 하곡(霞谷)·하계(霞溪)이다. 1665년(현종6) 별시문과에 급제하여, 여러 벼슬을 거쳐 1689년(숙종15) 기사환국으로 남인이 집권하자, 대사간·예문관대제학 등 요직을 맡았다. 곧 지경연사(知經筵事)에 올랐으나, 1694년 갑술옥사(甲戌獄事)로 서인이 정권을 장악할 당시 유배되었다. 고문사(古文辭)를 즐기고 청빈했으며, 시문에 능했다. 예문관 대제학 때 《인경왕후지(仁敬王后誌)》를 지었고, 조선 태조로부터 현종까지 역대 임금들의 《열성어제(列聖御製)》 편찬에 참여하여 증정(證定)하였다.

95 작품 해설 : 권유의 졸년이 1704년이므로 이 만사는 본 유고의 편제로 볼 때 앞쪽에 편제되어야 하는데, 정리하는 과정에서 섞인 것으로 보인다.

96 영가(永嘉) : 안동(安東)의 옛 이름이다.

97 양촌(陽村) : 이름은 권근(權近: 1352~1409)이고, 본관은 안동(安東)이며, 초명은 진(晉)이다. 자는 가원(可遠), 양촌은 그의 호이다. 여말선초(麗末鮮初) 성리학의 발전에 중요한 역할을 담당하였다. 그의 학문적 업적은 주로 《입학도설(入學圖說)》과 《오경천견록(五經淺見錄)》으로 대표되는데, 《입학도설》은 뒷날 이황(李滉) 등 여러 학자에게 크게 영향을 미쳤고, 《오경천견록》 가운데 《예기천견록(禮記淺見錄)》은 태종이 관비로 편찬을 도와, 주자(鑄字)로 간행하게 하고 경연(經筵)에서 이를 진강(進講)하게까지 하였다. 이 밖에 정도전의 척불문자(斥佛文字)인 《불씨잡변(佛氏雜辨)》 등에 주석을 더하기도 하였다. 문집으로 《양촌선생문집(陽村先生文集)》이 있다.

일찍이 훌륭한 세상 -원문 빠짐- 早爲盛世○○○

조용한 기상은 사람들이 끼어들기 어렵고 雍容氣像人難齒

소박하고 고아한 문장은 누가 어깨를 나란히 하겠는가

簡古文章孰比肩

평생의 지기(知己)로는 송노(松老)가 있으니 知己平生松老在

쑥대 우거진 집에서 만사를 쓰자니 글재주가 부족하네

泣言蓬閣乏雄拳

또 짓다

又

한 나그네 상담(湘潭)에서 이년만에 돌아와 一客湘潭二載歸
잠시 남곽(南郭)을 사양하고 낚시터를 찾아왔네 暫辭南郭訪漁磯
호해(湖海)를 구름처럼 떠돌 때는 가성(佳城)[98]에 가깝더니 雲遊湖海佳城近
곧이어 관함(官銜)을 띠니 이 세상에 드문 일이네 旋帶官銜此世稀
경연(經筵)에서 그 누가 삼대(三代)의 글[99]을 연구하랴 經幄誰能研灝噩
목천(木天)[100]에 이제는 구슬을 토하는 사람이 없구나 木天無復吐珠璣

98 가성(佳城) : 무덤을 가리키는 말이다. 한(漢)나라 등공(滕公)이 말을 타고 가다가 동도문(東都門) 밖에 이르자 말이 울면서 앞으로 나가지 않고 발로 오랫동안 땅을 굴렀다. 사졸(士卒)을 시켜 땅을 파보니 깊이 석 자쯤 들어간 곳에 석곽(石槨)이 있고, 거기에 "가성이 울울하니, 삼천 년 만에야 해를 보도다. 아아! 등공이여, 이 실에 거처하리라.〔佳城鬱鬱 三千年見白日 吁嗟滕公 居此室〕"라는 글이 새겨져 있었다 한다. 《西京雜記 卷4》

99 삼대(三代)의 글 : 양웅(揚雄)의 《법언(法言)》에 "우하(虞夏) 시대의 글은 혼혼(渾渾)하고, 상서(商書)는 호호(灝灝)하고, 주서(周書)는 악악(噩噩)하다.〔虞夏之書渾渾爾 商書灝灝爾 周書噩噩爾〕"라고 한 데서 온 말이다. 즉 혼혼은 밝고 엄숙한 모양이고, 호호는 끝없이 멀고 아득한 모양이고, 악악은 엄숙한 모양, 또는 밝고 곧은 모양이라고도 한다. 여기에서는 고대의 난해한 글이라는 의미로 사용되었다. 《揚子法言 卷4 問神篇》

100 목천(木天) : 한림원(翰林院)의 별칭이다.

멀리 보이는 마을이 이제는 적막하니	遙看門巷今寥寂
어디에서 서생이 다시 옷자락을 추어올릴까[101]	何地書生更摳衣

101 옷자락을 추어올릴까 : 옷자락을 추어올린다는 말은 옷의 앞자락을 들어 올려 경의를 나타낸다는 뜻으로, 여기에서는 스승으로 섬김을 이르는 말로 사용되었다. 《예기(禮記)》 〈곡례상(曲禮上)〉에 "어른이 계신 방 안으로 들어갈 때에는 옷자락을 공손히 추어올리고 실내 구석을 따라 빠른 걸음으로 가서 자리에 앉은 다음에 응대를 반드시 조심성 있게 해야 한다.〔摳衣趨隅 必愼唯諾〕"라는 말에서 나온 것이다.

녹문(鹿門) 현주암(玄珠庵)에 대해 쓰다 신묘년(1711, 숙종 37)

題鹿門玄珠庵

녹문에 절이 있으니	鹿門有僧舍
짓는 데에 십 년 가까이 걸렸네	經營近十年
기암(奇岩)이 불전(佛殿)이 되고	奇岩爲佛殿
석간수(石澗水)가 영천(靈泉)이 되네	石澗是靈泉
백운(白雲)은 처마 위에서 잠자고	白雲宿簷上
기화요초(琪花瑤草)는 섬돌 앞에 자라네	瑤草生階前
그 중에서도 한 그루 늙은 소나무가 있어	最愛孤杢老
나무 꼭대기에 무서리 내린 모습이 가장 좋다네	繁霜帶樹巓

유배지에 있는 참의(參議) 민창도(閔昌道)[102]에게 보내다[103]

寄閔參議昌道謫中

해마다 날마다 도라지 나물이니	年年日日苦蕒菜
육십 된 늙은이 생활이 엉성하네	六十殘生契活踈
예로부터 지인(至人)[104]은 생각이 많아	從古至人多意思
산골에 살지 않고 바닷가에 산다네	不居山峽海濱居

102 민창도(閔昌道) : 1654~1725. 본관은 여흥(驪興)이고, 자는 사회(士會)이며, 호는 화은(化隱)이다. 1678년(숙종4) 증광문과에 급제하고, 이듬해 문과중시에 급제하였다. 1680년 정언이 되었고, 1689년 부제학 유명현(柳命賢) 등이 홍문록(弘文錄)을 만들 때 13인 중의 한 사람으로 발탁되었다. 그 해에 헌납·부교리를 지냈고, 이듬해 사가독서(賜暇讀書)하였다. 1690년 헌납으로 사서(司書)를 겸하였고, 이어 이조 좌랑·승지를 거쳐 1691년 경상도 관찰사, 이듬해 부제학을 거쳐, 1693년 이조 참의, 1694년 대사성이 되었다. 1702년에 밀양으로 유배되었다가 장수로 이배되고, 다시 1723년에 문경으로 이배되었다. 특히 문장과 글씨에 능하여 곽산(郭山)에 있는 개원사(開元寺)의 〈불량비문(佛糧碑文)〉과 영변(寧邊)에 있는 보현사(普賢寺)의 〈월저대사비문(月渚大師碑文)〉을 지었다.

103 작품 해설 : 이 시가 지어진 시기는 정확치 않다. 그러나 본 유고의 편제로 볼 때 앞의 시가 1711년에 지어진 작품이고, 뒤에 이어지는 시가 1710년과 1713년에 지어진 작품이므로 이 시 역시 비슷한 시기에 지어졌음을 알 수 있다. 이 시기에 민창도가 장수에 유배가 있었다.

104 지인(至人) : 세속을 초월하여 무아지경에 도달한 사람이다. 《장자(莊子)》 〈제물론(齊物論)〉에 "지인은 매우 신묘하다. 못가의 수풀 우거진 곳이 불타도 그를 뜨겁게 하지 못하고 강하가 얼어붙어도 그를 춥게 하지 못하며 우레가 산악을 뒤흔들고 광풍이 해일을 일으켜도 그를 두렵게 하지 못한다."라고 하였다.

모든 일이 독촉하는 데에서 생긴다는 것을 내가 아니 吾知百事採根做
물에 가서야 그물이 성긴 것을 한탄하지 말지어다 莫歎臨淵結網踈
벼슬했던 일이 지금까지도 한으로 남으니 肉食至今獨有恨
장부는 원래 화려하게 살지 않는다네 丈夫元是不華居

사회(士會)의 화답시

초가을에 우연히 짓다

孟秋偶題

억지로 말을 몰아 높이 올라가니	强策登高去
산 빛은 아직 푸른빛이 남아 있네	山光尙有靑
돌아와 낡은 집에 누우니	歸來臥破屋
여문 벼의 누런빛이 뜰에 가득하네	稻色黃滿庭

우연히 읊다

偶吟

세상은 부한 이를 따르고 가난한 이를 따르지 않으니 世間從富不從貧
누가 산촌의 수척한 사람을 기억하겠는가 誰記山村冷瘦人
오직 하늘과 땅만은 후박(厚薄)이 없어 唯有乾坤無厚薄
적막한 띠집에도 푸른 봄이 찾아오네 寂寥茅屋亦青春

순흥 부사(順興府使) 신필청(申必淸)[105]에 대한 만사
挽申順興必淸

우주는 몹시도 정이 없어	宇宙無情甚
이 사람이 갑자기 세상을 떠났네	斯人忽九京
문장은 강하(江河)처럼 씩씩하였고	詞翰江河壯
정신은 도깨비도 놀랐었네	精神魍魎驚
괴이한 짓 하는 것을 몹시 비난하였고	甚非行怪迹
감식안(鑑識眼)이 맑은 것을 가장 두려워하였네	最畏知人淸
푸른 하늘을 우러러보니	仰看蒼蒼色
규성(奎星)의 빛이 갑자기 어두워졌네[106]	奎華遽晦明

105 신필청(申必淸) : 1647~1710. 본관은 고령(高靈)이고, 자는 청지(淸之)이며, 호는 죽헌(竹軒)이다. 1684년(숙종10) 정시문과에 장원으로 급제하였다. 이후 유현(儒賢)을 욕되게 하였을 뿐만 아니라 권대하(權大夏)의 무리와 인조를 비방하고 깎아내리면서 상대적으로 광해군을 포양(褒揚)하였다는 이유로 과거급제등록에서 명단을 빼어버리자는 논의가 있었으나 허락되지 않았고, 유생 가운데 벌을 받은 자는 과거에 응시하지 못하고 혹 입격자가 있으면 발방(拔榜)하자는 논죄사정식(論罪事定式)을 만드는 것으로 해결되었다. 그러나 사헌부가 다시 계문을 올려 결국 사판(仕版)에서 삭거(削去)당하였다. 지평(持平)을 거쳐 정언(正言)을 역임하였고, 파주 목사로서 이동언옥사(李東彦獄事)에 관련되어 의금부·형조당상·삼사 관리들의 추문을 받기도 하였다. 1710년 순흥부(順興府) 임소에서 죽었다.

106 규성(奎星)의……어두워졌네 : 규성은 문창성(文昌星)이라고도 하는데, 이십팔수(二十八宿) 가운데 서방의 백호칠수(白虎七宿)의 첫째 별자리인 규수(奎宿)로 문운(文運)을 맡고 있다. 규성이 어두워졌다는 것은 위대한 문인의 죽음을 뜻한다

또 짓다
又

금문(金門)[107]을 크게 열어 네 번이나 이름이 불려졌고 大闢金門四唱名
문장은 우리나라의 명성을 독차지했네 文章獨窃海隅聲
평생에 품은 포부 이제는 시험할 곳이 없으니 平生素抱今無試
영천(靈川)[108]의 옛 가업 기울어진 것이 애석하도다 可惜靈川舊業傾

107 금문(金門) : 한(漢)나라 미앙궁(未央宮)의 대문인 금마문(金馬門)이다. 문 앞에 구리로 만든 말이 있으므로 이렇게 부르며, 조칙(詔勅)을 작성하는 문학의 선비들이 이 문으로 출입하였다.

108 영천(靈川) : 신필청의 본관인 고령의 옛날 지명이다.

또 짓다

又

젊은 시절 회현동(會賢洞)에서 함께 어울리며 少日追遊會賢洞
사년 동안 함께 술 마시고 글을 읽었지 盃觴佔畢四年同
지금은 살아있는 사람 많지 않으니 卽今生者無多在
외로이 떠 있는 구름을 보니 눈물이 한없이 흐르네 相對孤雲淚不窮

또 짓다
又

아우의 상에 곡을 하고 나서 병든 이 몸	纔哭卯君餘病骸
눈썹 허연 영장(令丈) 또한 같은 마음이었으리라	白眉令丈亦同懷
노년에 피차 부질없이 남아 있었더니	衰年彼此空留在
외로운 인간 세상에 애통함이 끝이 없네	踽踽人間痛未涯

우연히 읊다

偶吟

금화(金華)의 병 많은 나그네	金華多病客
치아와 머리카락 이미 듬성듬성 하네	齒髮已婆娑
버드나무 심어진 마을에 청춘이 가고	柳巷靑春去
단풍나무 숲에 폭우가 지나가네	楓林白雨過
누가 술을 마련해 놓고 초대할까	誰能尊酒迓
나 홀로 산수(山水) 간에서 읊조리네	我獨溪山哦
세상에 좋은 벗이 없으니	海內無佳友
한가로이 저녁노을을 벗삼노라	閑情伴落霞

문의(文義) 목임최(睦林寂)[109]에 대한 만사[110]

挽睦文義林寂

백인당(百忍堂) 앞에서 처음 얼굴을 알았으나　　百忍堂前初識面

서로 이끌어주는 것이 어찌 파 피리 함께 불던 사이와 다르겠는가　　提携何異吹葱年

과거시험 보느라 예전에 함께 분주하였는데　　槐黃夙昔同奔走

검은 인끈[111] 맬 때에도 서로 앞서거니 뒷서거니 하였네　　綬墨當時各後先

만사(萬事)가 북문시(北門詩)와 우설시(雨雪詩)를 읊게 되니[112]　　萬事北門吟雨雪

십년 동안 남곽(南郭)처럼 지내다[113] 벼슬 버리고 귀향하였네

109 목임최(睦林寂) : 1652~? 본관은 사천(泗川)이고, 자는 인보(仁甫)이다. 1679년(숙종5)에 진사시에 합격하였다. 문의 현령(文義縣令)을 지낸 듯하다. 부친은 행사헌부감찰(行司憲府監察)을 지낸 목지선(睦志善)이다.

110 작품 해설 : 이 만사가 지어진 시기는 정확치 않다. 다만 앞의 작품이 1710년과 1711년에 지어졌고, 뒤의 작품이 1713년에 지어진 것으로 보아 비슷한 시기에 지어진 것으로 짐작할 수 있다. 따라서 목최임의 졸년 또한 1710에서 1712년 사이임을 짐작할 수 있다.

111 검은 인끈 : 고대에 낮은 관직에 있는 사람은 관인을 검은색 끈으로 묶었기 때문에 낮은 벼슬아치를 상징하는 의미로 쓰인다.

112 만사가……되니 : 북문시와 우설시는 모두 어진 사람이 난세를 당하여 벼슬을 버리고 돌아가는 내용이다. 〈북문〉은 시의 제목이고, 우설은 〈북풍(北風)〉 시에 들어 있는 시어(詩語)이다. 《詩經 邶風 北門·北風》

113 남곽(南郭)처럼 지내다 : 자격도 없는 사람이 허명(虛名)만 지니고서 자리에 끼어

十年南郭賦歸田

연산(燕山)의 좁고 황량한 곳에서 燕山方寸窮荒地

객지의 혼령만 외로운 배에[114] 싣게 하네 獨使旅魂載一船

있는 것을 말한다. 제 선왕(齊宣王)이 피리 연주를 좋아하여 항상 3백 인을 모아 합주(合奏)하게 하자, 남곽 처사(南郭處士)가 슬쩍 끼어들어 국록을 타 먹었다. 선왕이 죽고 민왕(湣王)이 즉위한 뒤에 한 사람씩 연주를 하게 하자 처사가 도망쳤다는 고사가 전한다.《韓非子 內儲說上》

114 배에 : 원문에는 '舡'으로 되어 있는데, 이 글자의 위치는 이 시에서 운자(韻字)가 들어가는 자리이다. 앞 구인 2, 4, 6구의 운자가 모두 年, 先, 田으로 先 자 운통에 해당하므로 이 위치에 들어가야 할 글자는 舡 자가 아니라 船 자가 되어야 한다. 원문을 수정하여 번역하였다.

허태휴(許太休)를 곡하다

哭許太休

심의(深衣)에 큰 띠를 두른 한가한 한 사람이	深衣大帶一閑人
바르게 앉아 청담(淸談)을 나누니 이것이 석상(席上)의 보배일세	危坐淸談是席珍
산천(山川)이 힘이 세어 호걸을 거두어 가니	山川有力收豪傑
늙은이만 홀로 눈물이 수건에 흠뻑 젖게 하네	獨使殘生涕滿巾

춘첩자(春帖子)

春帖

흰 눈이 아직 푸른 산속에 남아 있건만	白雪青山裡
봄기운이 한 해의 끝을 핍박하네	青陽逼歲除
맑은 창가에서 아무 일도 없어	晴窓無一事
오래도록 성현의 글을 대하고 있네	長對聖賢書

늦가을

秋高

가을에는 먹거리가 풍족하여	秋高饒物色
산에 나는 과일을 품에 가득 따오니	山果滿懷中
오직 어린 손자들이	獨喜兒孫輩
뜰 동쪽에서 뛰노는 것이 기쁘네	遊戲戶庭東

참봉 이택(李澤)에 대한 만사 계사년(1713, 숙종39)

挽李參奉澤

옛날 성균관에서 함께 공부할 적에 伊昔芹宮共連袂

훌륭한 시가 -원문 빠짐- 얼음 담긴 옥병에 비치었네 瓊琚○○暎氷壺

가생(賈生)[115]이 어찌 권세 있는 요직이 귀한 줄을 알겠는가

賈生豈識權要貴

매복(梅福)[116]이 부질없이 초야의 근심을 보내네 梅福空輸草野愚

연상(漣上)[117]에서 스승을 모시고 -원문 빠짐- 漣上摳衣○○○

도산(陶山)[118]에서 학문을 연구하여 현주(玄珠)[119]를 얻었네

115 가생(賈生) : 한 문제(漢文帝) 때의 문신 가의(賈誼: BC200~BC168)를 가리키는 말이다. 20세에 문제의 부름을 받아 박사(博士)가 되고 1년 안에 태중대부(太中大夫)에 이르러 정삭(正朔)을 고치고 예악(禮樂)을 일으키기를 청하였고, 문제가 그를 공경(公卿)의 지위에 임용하려 하자, 주발(周勃)·관영(灌嬰) 등 대신들이 "그는 낙양(洛陽)의 연소한 초학자(初學者)로 권리를 제맘대로 부리려 하여 모든 일을 어지럽게 한다."고 헐뜯어서 장사왕(長沙王)의 태부(太傅)로 좌천되었다가 뒤에 양회왕(梁懷王)의 태부(太傅)로 나갔는데, 그는 울분에 못이겨 33세에 죽었음. 《신서(新書)》·《가장사집(賈長沙集)》이 있다. 〈치안책(治安策)〉, 《과진론(過秦論)》은 가장 훌륭한 문장으로 칭송되고 있다. 《史記 卷84 賈生列傳》

116 매복(梅福) : 전한(前漢) 때의 은사(隱士)이다. 원래 경학(經學)에 밝아 군(郡)의 문학(文學)이 되고 남창위(南昌尉)가 되었으나 한나라 말기 왕망(王莽)이 정권을 독단하자 하루아침에 처자를 버리고 구강(九江)으로 떠나가 은둔하였다. 뒤에 그를 회계(會稽)에서 본 사람이 있었는데, 성명을 바꾸고 오(吳)나라 성문(城門)의 졸개가 되어 있었다고 한다. 《漢書 卷67 梅福傳》

117 연상(漣上) : 경기도 연천(漣川)의 옛이름이다.

陶山尋緖得玄珠

낡은 집 돌아보니 홰나무 그늘 가득한데 回看老屋槐陰滿

하릴없이 그대에게 서군(徐君)의 한 줌 꼴[120]을 보내네

謾致徐君一束蒭

118 도산(陶山) : 안동(安東)의 도산서원(陶山書院)을 가리키는 듯하다.

119 현주(玄珠) : 도가(道家)나 불가(佛家)에서 도(道)의 실체를 비유한 말이다.

120 서군(徐君)의 한 줌 꼴 : 서군은 후한(後漢)의 서치(徐穉)를 가리키는데, 자가 유자(孺子)로 남주(南州)의 고사(高士)라 일컬어졌다. 매우 가난하여 곽임종(郭林宗)의 어머니 상(喪)에 조문하러 가서 풀 한 다발을 집 앞에 두고 상주(喪主)를 보지 않은 채 갔다 한다. 여기에서는 변변찮은 제수(祭需)라는 의미로 사용되었다. 《後漢書 卷53 徐穉列傳》

또 짓다

又

백문원(白門園) 안에 홀로 봄바람이 부니 白門園裡獨春風
아침저녁으로 지팡이 하나에 몸을 맡기고 소요하네 朝暮逍遙任一笻
관면(冠冕)이 머리에 이르니[121] 마음이 아득하고 冠冕到頭心落落
시서(詩書)는 맛이 있으니 말이 법도에 맞네 詩書有味語渢渢
몸이 늙음에 따라 눈이 어두워지는 것은 운곡(雲谷)[122]과 같고 從衰昏眼同雲谷
수(壽)를 얻어 나이가 많은 것은 소옹(邵翁)[123]과 같네 得壽高年等邵翁
슬프다. 산중에 있는 나는 병이 깊어서 嗟我山中殘疾甚
해가(薤歌)[124] 소리 끝나자 눈물이 축축이 젖네 薤歌唱罷涕龍鍾

121 관면(冠冕)이 머리에 이르니 : 관면은 벼슬아치가 착용하는 모자이므로, 관면이 머리에 이른다는 것은 벼슬을 한다는 의미이다.

122 운곡(雲谷) : 주자(朱子)를 가리킨다 . 송(宋) 건도(乾道) 중에 주희(朱熹)가 운곡(雲谷 원래는 노봉산(盧峯山)임) 아래에 운곡 초당(雲谷草堂)을 짓고 자칭 운곡 노인(雲谷老人)이라 하였다.

123 소옹(邵翁) : 송(宋)나라의 학자 소옹(邵雍: 1011~1077)이다. 자는 요부(堯夫)이고, 호는 안락(安樂)이며, 시호는 강절(康節)이다. 《주역(周易)》의 수리(數理)를 좋아하여 태극(太極)을 우주의 본체로 보았는데 상수(象數)의 학문을 중시하였다. 낙양(洛陽)에 거의 30년이나 살면서 거처하는 곳을 안락와(安樂窩)로 명명하고 스스로 안락선생(安樂先生)이라고 불렀다. 저서로는 《황극경세서(皇極經世書)》, 《이천격양집(伊川擊壤集) 》 등이 있다. 《宋史 卷427 邵雍傳》

124 해가(薤歌) : 사람이 죽었을 때 부르는 만가(挽歌)인 〈해로가(薤露歌)〉를 말한다. 《고금주(古今注)》 권중(卷中)에 이르기를 "해로(薤露)는 사람이 죽었을 때 부르는 소리이다. 전횡(田橫)의 문인(門人)에게서 나왔는데, 전횡이 자살하자 문인들이 슬퍼하여 그를 위해 비가(悲歌)를 지은 것으로, 사람의 목숨이 풀잎의 이슬방울같이 쉽게 사라지는 것을 노래한 것이다."라고 하였다.

동짓달에 큰 눈이 내리다

至月大雪

하늘과 땅 가운데 모두 옥을 심어 놓은 듯	天地之中皆種玉
인간 세상 나무마다 모두 매화꽃이 피었구나	人間樹樹盡梅花
눈이 쌓이면 풍년이 들 징조라는 것을 내가 아노니	吾知積雪驗豊熟
내년에 풍년 보기를 고대하노라	佇待明年見嘉禾

장령 이상주(李相周)[125]에 대한 만사[126]

挽李掌令相周

만년에 황금방(黃金榜)[127]에 이름을 거니　　晩歲黃金榜挂名

소과에 급제했던 선조의 사업이 기울어졌다 말할 수 없다네　　膺蓮先業未言傾

젊어서는 문단(文壇)의 명성을 독차지했고　　少來聲譽詞華擅

늙어서는 간관(諫官)의 영광을 입었네　　老去官銜諫議榮

여러 대 동안 교제한 정이 친척과 같아　　累世托交情似戚

나보다 열 살이 많아 형과 같이 섬겼다네　　十年先我事同兄

머리 허옇게 샌 지금 동오(童烏)[128]의 슬픔을 곡하느라　　白頭今哭童烏慽

먼 길 떠나는 상여를 따라가지 못하네　　孤負靈輴護遠征

125 이상주(李相周) : 1643~? 본관은 연안(延安)이고, 자는 주경(周卿)이다. 1673년(현종14)에 생원시에 급제하고, 1694년(숙종20)에 52세의 나이로 문과(文科)에 급제하였다.

126 작품 해설 : 이 만사가 지어진 시기는 정확치 않다. 다만 앞의 참봉 이택에 대한 만사가 1713년에 지어졌고, 뒤에 나오는 찰방 이상우의 만사가 1714년에 지어진 것으로 보아 본 유고의 편제로 볼 때 1713년에 지어진 것으로 짐작된다. 따라서 이상주의 졸년 역시 1713년으로 보아야 할 것이다.

127 황금방(黃金榜) : 과거에 급제한 사람의 명단을 게시하는 방(榜).

128 동오(童烏) : 한나라 양웅(揚雄)의 아들 신동 오(烏)를 가리킨다. 매우 총명하여 9세 때에 벌써 자기 아버지의 《태현경(太玄經)》 저술을 돕기까지 했으나 일찍 요절했다고 한다. 전하여 후세에는 어려서 총명하여 요절한 아이를 가리키기도 하는데, 여기서는 아산공의 손자 중에 일찍 죽은 손자를 가리키는 듯하다. 《法言 問神》

또 짓다

又

내가 늙어서 정이 가장 약하여　吾衰情最弱
죽음을 슬퍼하는 시를 쓰기 어렵네　難寫悼亡詩
함께 놀던 곳을 차마 지나가랴　忍過同遊地
오직 모여서 놀던 때만 생각나네　唯懷會做時
옛날에 나와 어울리던 친구들　舊○唯唯我
지금 세상에 몇 사람이나 남았는가　今世幾人遺
술을 앞에 놓고도 마실 수 없고　對酒不能飮
대문을 나가서도 갈 곳이 없네　出門無所之

찰방 이상우(李商雨)에게 주다 갑오년(1714, 숙종40)

贈李察訪商雨

짧은 머리카락 해마다 빠지고	短髮隨年謝
사귀는 정은 늙음에 이르러 깊어지네	交情到老深
무단히 한 동이의 술이	無端一樽酒
나의 젊은 시절 마음을 돋우네	挑我少時心

장차 돌아가야지

將歸

천지는 정이 없어 양쪽 귀밑머리 허연데	天地無情雙白鬂
전원(田園) 생활 하겠다고 청산과 약속했었지[129]	田園有約一青山
호해(湖海)를 사절하고 돌아온 뒤에는	自從湖海辭歸後
낙동강이든 서울이든 어디서나 편안하리	於洛於京得得安

129 전원(田園)……약속했었지 : 소식(蘇軾)의 〈조동년초당(刁同年草堂)〉 시에, "청산은 약속이 있어 길이 문에 임해 있는데, 유수는 정이 없어 절로 못에 들어가네.〔青山有約長當戶 流水無情自入池〕"라고 구절을 인용하였다. 약속이 있다는 것은 청산에 은거하려고 미리 약속한 것을 의미한다. 《東坡全集 卷5》

고성(高城) 한종로(韓宗老)에 대한 만사

挽韓高城宗老

젊은 시절에 필묵(筆墨)으로 사귀었는데 翰墨交游年少日
슬픔과 기쁨을 겪다 보니 귀밑머리 허옇게 세었구나 悲歡閱歷鬢成絲
지난날은 떠도느라 자주 집을 떠났었는데 向來潦倒離家數
늙어서는 남쪽과 서쪽으로 떨어져 얼굴 보기 어려웠네 老去南西見面稀
옛날 외딴 시골에서 함께 객방에서 잠을 잘 때 尙憶孤村聯客枕
노년에 친구 잃을 줄을 어찌 생각했으랴 寧期窮道失肩隨
국화꽃과 백주(白酒)를 이제 누구와 함께하랴 黃花白酒今誰共
서글피 가을 하늘 바라보니 눈물이 옷에 가득하네 悵望秋天淚滿衣

어딘가에서 온 한 수재(秀才)가 뜻밖에 나의 초당(草堂)을 방문하였다. 성을 물으니 밀양 박씨(密陽朴氏)라고 하고, 사는 곳을 물으니 임단(臨湍)[130]의 일곡(日谷)이라고 하였으며, 나를 찾아온 목적은 시(詩)를 구걸하기 위해서였다. 그가 가지고 있는 시를 보니 경향(京鄕)의 노인과 젊은이가 지은 시들이었고, 그 시어(詩語)는 효(孝)를 말하고 시(詩)를 말하는 것이었다. 효는 바탕이고 시는 문채이니, 문채와 바탕이 병행되기가 참으로 어렵다. 매우 지성스럽게 시를 요구하기에 오랫동안 시를 짓지 않았으나 억지로 무염(無鹽)의 말을 써서[131] 한바탕 웃음거리로 삼는다.

何來一秀才 忽訪我草堂 其姓則密陽之朴 其居則臨湍之日谷 而其事則乞詩也 覔其所持則京鄕老少諸詩 而其語則言孝言詩 孝則質 詩則文 文質并行誠難誠難 索詩甚勤 久廢之餘 强書無塩之語 以備一粲

신세는 노래자(老萊子)[132]이고　身世老萊子
생애는 머리카락 있는 중이로다　生涯有髮僧
붓 아래에는 매화와 대가 있고　筆下存梅竹
마음 안은 얼음처럼 담담하네　心內淡如氷

130 임단(臨湍) : 장단(長湍)의 옛 이름이다.

131 무염(無鹽)의 말을 써서 : 무염은 전국 시대 제(齊)나라 무염읍(無鹽邑)의 추녀(醜女)로 제 선왕(齊宣王)의 정후(正后)가 된 종리춘(鍾離春)을 가리킨다. 여기에서는 자신의 시가 무염처럼 못났다는 의미로 사용되었다.《古烈女傳 卷6 齊鍾離春》

132 노래자(老萊子) : 춘추 시대 초(楚)나라의 은사(隱士)로, 나이 70에도 어버이의 마음을 기쁘게 해 드리려고 색동옷을 입고서 춤을 추었다는 고사가 전한다.《初學記 卷17 孝子傳》

능주 목사(綾州牧使) 이귀령(李龜齡)[133]에 대한 만사 을미년 (1715, 숙종41)

挽李綾州龜齡

내가 해가(薤歌)를 부르려 하나 　我欲唱薤歌
어떻게 속마음을 열어 보이리오 　何以披情素
두 집안의 세의(世誼)를 생각하니 　感念兩家誼
말을 하기도 전에 먼저 눈물이 고이네 　未言先含雨
불초(不肖)는 총재(冢宰)[134]의 손자이고 　不肖冢宰孫
부자(夫子)는 안렴사(按廉使)[135]의 후손이네 　夫子按廉後
안렴사와 총재가 　按廉與冢宰
실로 아교와 옻칠 같은 우의가 있었고 　政爲膠漆友

133 이귀령(李龜齡) : 1645~1715. 본관은 전주(全州)이고, 자는 여범(汝範)이며, 할아버지는 경상도 관찰사 이명웅(李命雄)이고, 아버지는 별검(別檢) 이진규(李震奎)이다. 허목(許穆)의 제자이다. 1691년 증광문과에 급제한 뒤 승문원 정자(承文院正字)가 되고, 이어 저작, 박사를 거쳐, 성균관 전적이 되었다. 1693년 충청도사(忠淸都事)가 되고, 1707년에 사헌부 장령(司憲府掌令)이 되고, 1709년 봉상시 령이 되었다. 외직으로 나가 능주 목사(綾州牧使)가 되어 민폐를 없애고 학교를 세우는 등 여러 가지 선정을 베풀었다. 그러나 뒤에 관직을 사양하고 고향에 머물면서 왕의 소명도 모두 거절하고 다시는 서울의 도성문에 들어서지 않았다. 녹문공의 첫째 부인 전주 이씨의 부친이 이명웅이므로 아산공과는 인척 관계이다.

134 총재(冢宰) : 아산공의 조부인 문간공 조경(趙絅)을 가리킨다.

135 안렴사(按廉使) : 이귀령의 조부인 경상도 관찰사를 지낸 이명웅(李命雄)을 가리킨다.

더군다나 나의 존비(尊妣)께서	矧惟我尊妣
곧 공의 막내 고모임에랴[136]	卽公季姑母
이 일을 세상에 누가 알까	玆事世誰知
속마음은 오직 후손들만 알리라	心肝唯後屬
구름과 진흙처럼 서로 같지는 않지만	雲泥雖不齊
정의(情義)는 참으로 막역하였지	情義眞莫逆
세상의 슬픈 일과 기쁜 일들에	浮世悲與歡
실로 친척과 다름없었네	實無異親戚
공이 옛날 충청 도사로 있었고	公昔佐湖幕
나는 그 때 아산 현감으로 있었지	我時尸牙泝
객관(客館)에서 만나	逢迎客館中
병을 무릅쓰고 함께 술잔을 기울였고	强疾共含巵
각자 벼슬을 그만 두고 동쪽 산속에 돌아가서는	各罷歸東峽
끊임없이 만나며 서로 떨어지지 않았지	源源不相離
저 백부(栢府)의 직함이	惟彼栢府銜
어찌 공의 포부를 펼 수 있겠는가	豈足展公持
노년에 오이 재배하는 방법을 배웠으니[137]	晩歲學種瓜
살림살이 어찌 어렵겠는가	契活何間關

136 더군다나……고모임에랴 : 아산공의 부친인 녹문공의 첫째 부인이 이귀령의 조부인 이명웅의 딸이므로 이귀령에게는 고모가 된다.

137 오이……배웠으니 : 진(秦) 나라 때 동릉후(東陵侯)를 지낸 소평(召平)이 진 나라가 망하자 장안성(長安城) 동쪽 청문(靑門) 밖에 오이를 재배하며 은거하였다. 그 오이가 맛이 좋기로 유명하여 당시 사람들이 동릉과(東陵瓜)라고 일컬었다. 오이 재배하는 것을 배운다는 것은 은거한다는 의미이다. 《史記 卷53 蕭相國世家》

내가 동쪽 산골에 돌아왔을 때에는 逮我歸東峽
허연 머리로 부질없이 배회하고 있었네 白首空盤桓
쌀을 찧어 준비해야 하니[138] 거리가 가깝지 않고 舂粮地非邇
편지 또한 의지하기 어려웠네 竿尺憑亦難
갑자기 부음이 이르니 一夕幽音至
침문(寢門)에서 눈물을 줄줄 흘리네 寢門涕汍瀾
인간 세상을 돌아보니 俯仰人間世
나 혼자 덜렁 남아 있음을 더욱 깨닫겠네 倍覺隻影單
양담(羊曇)의 한없는 애통함은 羊曇無限痛
차마 서주(西州)를 지나지 못하였는데[139] 不忍過西州
늙고 병들어 장례에 참석하니 못하니 老病違執紼
이런 회한만 부질없이 아득하네 此恨空悠悠

138 쌀을 찧어 준비해야 하니 : 《장자(莊子)》 〈소요유(逍遙遊)〉에 "가까운 교외에 가는 자는 세 끼 밥만 가지고 갔다가 돌아와도 배가 여전히 부르고, 백 리를 가는 자는 전날 밤에 양식을 찧어서 준비해야 하고, 천 리를 가는 자는 삼 개월 전부터 양식을 모아야 한다.〔適莽蒼者 三飡而反 腹猶果然 適百里者 宿舂糧 適千里者 三月聚糧〕"라고 하였는데, 여기에서는 100리 쯤 떨어져 있다는 의미로 사용되었다.

139 양담(羊曇)의……못하였는데 : 양담은 진(晉)나라 때 사람으로, 사안(謝安)의 생질이다. 사안이 평소에 자신의 생질인 양담을 총애하였는데, 사안이 죽자 양담이 다시는 사안이 살던 서주(西州)로 가지 않았다. 어느날 크게 취하여 자신도 모르는 사이에 타고 있던 말이 서주의 문에 이르렀다. 종자가 "이곳은 서주의 문입니다."라고 말하자, 양담은 슬픈 감회를 이기지 못하여 말채찍으로 문을 두드리며 "살아서는 화려한 집에 거처하더니, 죽어서는 산 언덕으로 돌아갔네. 〔生存華屋處 零落歸山丘〕"라고 한 조조(曹操)의 시를 외우고는 통곡하였다고 한다. 《晉書 卷79 謝安列傳》

지평(持平) 이명세(李命世)[140]에 대한 만사

挽李持平命世

구익(鉤弋)의 당시 일은[141]	鉤弋當年事
누가 간쟁할 수 있겠는가	疇能有諫爭
상담(湘潭)에 사 년간 유배되었으나[142]	湘潭四載謫
명성은 백 년 동안 위대하리라	磊落百年名
송(宋)나라 원우(元祐) 연간의 인물이요[143]	人物宋元祐

140 이명세(李命世) : 1661~1715. 조선 후기의 문신으로, 본관은 전주(全州)이고, 자는 천보(天保)이다. 1697년(숙종23) 정시 문과에 을과로 급제한 후, 관직은 지평(持平)에 이르렀다. 1701년(숙종27) 가주서(假注書) 재직 시 장희재(張希載)의 비망기를 논의할 때 동궁(東宮)을 염려하다가 숙종의 노여움을 사서 파직되었다. 1710년(숙종36) 지평으로 다시 임용된 후 홍천 현감(洪川縣監) 직을 수행하던 중 사헌부의 탄핵을 받아 파직되었다.

141 구익(鉤弋)의 당시 일은 : 구익은 구익부인(鉤弋夫人)이라고 불리는 한 무제(漢武帝)의 궁녀 조첩여(趙婕妤)로서 소제(昭帝)의 생모이다. 무제가 구익부인의 아들을 태자로 세우려 하면서, 아들은 어리고 어미는 젊으므로 어미가 음란한 짓을 해도 아들이 제지하지 못할까 염려하여 사사(賜死) 하였다. 후에 소제는 그를 황태후(皇太后) 로 추존하였다. 여기에서는 경종의 생모인 장희빈을 사사했던 일을 한 무제가 구익부인을 사사한 일에 빗대어서 말한 것이다. 《史記 卷49 外戚世家 第19》

142 상담(湘潭)에 사 년간 유배되었으나 : 1701년 10월 9일에 극변(極邊)에 귀양보내라는 처분이 내려졌고, 1709년 2월 27일에 서용(敍用)하라는 명이 내려졌다. 이것으로 보면 실제로는 7년 4개월간 귀양살이를 한 것이다. 《肅宗實錄》

143 원우(元祐) 연간의 인물이요 : 북송(北宋) 철종 원우 연간(1086~1093)에 왕안석(王安石)의 신법(新法)을 반대하다가 간당(奸黨)으로 몰렸던 사마광(司馬光), 소식(蘇軾), 정이(程頤), 황정견(黃庭堅) 등 119명의 현인을 말한다. 여기에서는 이

한(漢)나라 양경(兩京)의 문장이네[144]	文章漢兩京
굳센 절개는 가업(家業)을 계승하였고	勁節承家業
사림(士林)은 곧은 명성을 공경하였네	士林聳直聲
인(仁)을 행하였는데 끝내 명이 짧았으니	爲仁終促壽
이치를 끝내 밝히기 어렵네	於理竟難明
조정이 호표(虎豹)[145]를 잃으니	瑤墀失虎豹
현수산(峴首山)에서 백성들이 눈물을 흘리네[146]	峴首泣人氓
적막한 도성 동쪽 모퉁이에	寂寞東城隅
처량한 낡은 집이 기울어졌네	凄凉老屋傾
쌍주(雙珠)[147]를 이제 누가 다시 보호할까	雙珠誰復護

명세를 원우 연간의 현인에 비긴 것이다. 《宋史 卷472 蔡京傳》

144 한(漢)나라 양경(兩京)의 문장이네 : 양경은 서경(西京)과 동경(東京), 즉 장안(長安)과 낙양(洛陽)을 가리키는 말로, 양한(兩漢)의 이칭이다. 전국 시대 이후에는 양한의 문장이 으뜸이어서 사마천(司馬遷), 반고(班固), 양웅(揚雄), 사마상여(司馬相如) 등이 배출되었다.

145 호표(虎豹) : 나라를 지키는 강직한 충신을 의미한다. 초(楚)나라 송옥(宋玉)의 〈초혼(招魂)〉에 "호랑이와 표범이 아홉 겹의 하늘 문을 지키면서, 아래 세상 사람들이 못 들어오게 잡아먹네.〔虎豹九關 啄害下人些〕"라고 한 말에서 인용된 것이다.

146 현수산(峴首山)……흘리네 : 현수산은 중국 양양(襄陽)에 있는 산이다. 진(晉)나라 때 양호(羊祜)가 군대를 맡고 있으면서 갑옷을 입지 않은 채 항상 가벼운 옷을 입고 허리띠를 느슨히 풀어 놓고 있었는데도 군사들이 모두 그 덕에 감복하였다. 진남대장군(鎭南大將軍)이 되어 오(吳)나라를 치다가 병사(病死)하자, 변경을 지키던 오나라 군사들까지 그의 덕을 사모하여 눈물을 흘렸다. 그 뒤에 양양 사람들이 양호가 즐겨 노닐던 현산(峴山)에다가 비석을 세웠는데, 그 비석을 보고는 눈물을 흘리지 않은 사람이 없어서 '타루비(墮淚碑)'라고 불렀다. 여기에서는 이명세의 덕을 양호에 비긴 것이다. 《晉書 卷34 羊祜列傳》

홀로 남은 기러기만 슬피 우는구나[148] 隻鴈獨悲鳴

몇 곡조 만가(輓歌)를 지어 數闋薤歌曲

봉투에 담으니 눈물이 갓끈에 가득 젖네 題封涕滿纓

147 쌍주(雙珠) : 형제 두 사람이 모두 출중한 것을 이르는 말이다. 한(漢) 나라 공융(孔融)이 위원장(韋元將)과 중장(仲將) 두 형제를 보고는 그 부친 위휴보(韋休甫)에게 편지를 보내기를 "늙은 조개 속에서 진주 두 알이 나올 줄은 생각지도 못하였다.〔不意雙珠生于老蚌〕"고 한 고사에서 유래된 말이다. 《三輔決錄》

148 홀로 남은 기러기만 슬피 우는구나 : 기러기는 형제를 가리키는데, 이명세가 죽어 형제 중에 한 명만 남아 슬퍼한다는 의미이다.

가을 밤

秋夜

삼경에 새로 온 기러기 지나가고	三更新鴈過
사방 벽에는 벌레 소리 요란한데	四壁虫聲咽
백발의 늙은이 산재(山齋)에 누워 있으니	白首山齋臥
잠은 오지 않고 살같은 세월만 느껴지네	無眠感歲月

지평 이몽엽(李夢皣)에 대한 만사

挽李持平夢皣

옛날 아이 적에	昔在童日兮
우뚝하게 두각을 드러내었지	頭角嶄然
기상은 황소를 잡아먹을 듯하고	氣能食牛兮
말은 때로 하늘의 이치를 엿보았네	語或窺天
전광석화같은 세월 멈추지 않아	石火電光倏忽不住兮
풀잎의 이슬 아침도 되기 전에 먼저 말랐네	薤露未朝晞先

또 짓다
又

예악(禮樂)을 자유자재로 구사하여[149] 縱橫禮樂兮
푸른 하늘의 밝은 달 같았는데 青天桂丹
무엇이 하늘에 농간을 부려 何物奸宵兮
그 사이에 재앙이 싹트게 하였는가 孽芽其間
옥석(玉石)이 구분된 지 오래지 않아 玉石之分未久兮
사헌부의 새 직함이 내리고 북당(北堂)에도 성은 내렸네 奉栢府之新銜而北堂恩頒

149 예악(禮樂)을 자유자재로 구사하여 : 이몽엽의 국량이 재상감임을 표현한 말이다. 송대(宋代)의 문신 하송(夏竦)이 제과(制科)에 응시하여 대책을 막 마치고 전문(殿門)을 나올 때, 양휘지(楊徽之)가 연소한 그를 대견하게 여겨 그에게 말하기를 "현량(賢良)의 시 한 편을 얻어서 후일의 뜻을 점쳐 보고 싶다."라고 하자, 하송이 즉시 붓을 가져다 쓰기를 "전상의 곤룡포는 일월 같이 환히 밝고, 벼루에 비친 깃발 그림자는 용사가 굼틀대는데, 예악의 삼천 글자를 자유자재로 구사하여, 홀로 섬돌에서 대책 마치니 해가 아직 남았네. [殿上袞衣明日月 硯中旗影動龍蛇 縱橫禮樂三千字 獨對丹墀日未斜]"라고 하므로, 양휘지가 탄복하여 말하기를 "참으로 재상의 그릇이다."라고 했다 한다. 《類說 卷4 西京雜記》

또 짓다

又

저 관동(關東)을 바라보니	瞻彼關東兮
어진 선비 수레를 멈추었는데	良士駐車
어느새 옛 일이 되었으니	於焉成舊兮
서하(西河)에서 애통해 하네	慟結西河
오호라 떠도는 혼령 -원문 빠짐-	嗚呼遊魂歸○得兮
내 어찌 남쪽 이웃의 백발 노모를 위로할까	吾何慰乎南鄰之白髮皤皤

또 짓다
又

쌍쌍이 나는 봉황이여　雙雙鸑鷟兮
모두가 밝은 진주로다　箇箇明珠
천리마가 변해서 용이 되어　騏變爲龍兮
뜰에서 날아오르네　蹌蹌庭隅
모두 입신양명(立身揚名)하여 부모를 드러내지 못했는데
俱不見立身揚名以顯父母兮
머리카락 아직 검거늘 갑자기 저승길 열었구나　鬢髮尙綠而奄開泉途

새로 지은 누각

新樓

새로 지은 누각 위에서 옷을 벗으니	裸體新樓上
삼복(三伏) 더위도 침범하지 못하고	三庚不得侵
맑은 바람 때때로 불어오니	淸風時過我
고인의 마음을 보는듯하네	如見古人心

양세한(楊世漢)이 술을 가지고 찾아오니 세교(世交)를 잘 계승할 줄을 알겠기에 감호(鑑湖)의 시에 차운하여 주다

楊世漢佩酒來餉可識能繼世好次鑑湖韻以贈

산촌이라 고적하여 함께 할 이 없는데 山村孤寂無人伴
무슨 마음에 낚시하는 늙은이에게 술을 가지고 왔는가 何意釣翁佩酒來
오늘 동풍이 살랑상랑 부니 是日東風吹細細
화창한 때에 함께 누대에 올라가기로 약속하세나 乘和須約共登臺

꽃을 심다

栽花

올해 나이 이순(耳順)이 지났고	此耳今過順
노년이 되어서는 농사를 짓고 있네	到老任田功
한가하여 할 일이 없어	閑居無所事
봄비 속에 꽃을 심노라	栽花春雨中

이른 봄에 시냇물 소리를 듣다

早春聽流

남쪽 마루 깨끗이 쓸고 한동안 앉아 있으니　　靜掃南楹坐移日
잔설(殘雪) 남은 숲 너머로 벌써 시냇물 소리 들려오네
　　雪殘林外已聽流
한 일 없이 육십 이년의 세월이 지났으니　　無端六十二年過
이제 와서 백발 길어지는 것 어찌 싫어하랴　　到此何嫌白髮脩

정월 초하루 아침

元朝

정월 초하루 아침에 차례를 지낸 뒤	元朝祀奠後
묘 앞의 암자에 돌아와 누우니	歸臥墓前庵
스님이 찾아와서	白足荊扉到
한가히 불가(佛家)의 얘기를 듣노라	閑聽釋氏談

여관(旅館)에서 우연히 읊다 병신년(1716, 숙종42)

旅舍偶吟

여관의 창 아래 밤새 조손(祖孫)이 함께 누워　　旅窓竟夜祖孫同
집안 일을 도모하려 했으나 계책 또한 궁하네　　意到謀家計亦窮
절기는 소춘(小春)[150]을 지났으나 추위가 오히려 매서우니
節過小春寒尙酷
노부(老夫)가 정녕 장작더미 안에 있도다　　老夫政在斮薪中

150 소춘(小春) : 음력 10월의 별칭이다.

또 짓다
又

흉년에 먹거리 구하기 어려움은 공사 간에 똑같으니	荒年艱食公私同
쌀과 소금 모았으나 아무래도 곤궁하네	拮据米鹽筭亦窮
견성(堅城)에 와서 성(城) 아래에서 묵으니	戾止堅城城下宿
때때로 부는 호각 소리에 새벽 잠이 깨네	曉眠時覺角聲中

서리 내린 가을

霜秋

서리가 나뭇잎에 날아 내리니 얼굴이 취한 것 같고	霜飛葉上顔如醉
바람이 배〔梨〕에 들어가니 아이들이 미친 듯하네	風入梨中兒若狂
노인은 일이 없어 시절을 관조하니	老人無事觀時序
머지 않아 눈 꽃이 모든 빛을 덮으리라	不久雪花掩萬光

늦가을

晩秋

국화꽃은 볼 때마다 커지고 菊英看看大
푸른 숲은 잎사귀마다 붉어지네 青林葉葉丹
옥루(玉樓)[151]는 어느 곳에 있는고 玉樓何處在
미인(美人)[152]은 구름 너머에 있도다 美人隔雲端

151 옥루(玉樓) : 백옥루(白玉樓)와 같은 말로, 천제(天帝) 또는 신선이 사는 곳이다. 여기에서는 궁궐을 가리키는 말로 사용되었다.

152 미인(美人) : 임금을 가리키는 말이다.

조 동지(趙同知)에 대한 만사

挽趙同知

나는 듣건대 인자(仁者)는 반드시 장수한다고 하니	吾聞仁者必能壽
전대 성인의 이 말씀이 어찌 나를 속이겠는가	前聖斯言豈我欺
이 노인의 뱃속에는 원래 악이 없어서	此翁腔裡元無惡
하늘이 내려준 백 년의 수명을 홀로 누렸네	獨荷天公降百期

또 짓다
又

높은 반열 이품(二品)의 품계는 하늘이 내린 작위인데
崇班二品是天爵

다행히도 우리 문중에 이런 노인이 있도다 何幸吾門有此翁

부부가 백 년을 살아 회혼례(回婚禮)를 하였는데 夫婦百年졸再禮

남극노인성(南極老人星)[153]이 갑자기 궁하게 되었구나
老星南極忽焉窮

153 남극노인성(南極老人星) : 추분(秋分)이면 남쪽 하늘에 항상 나타나는 유난히 밝고 큰 별의 이름인데, 고어(古語)에 의하면 이 별이 나타나면 천하가 태평하고 나타나지 않으면 병란(兵亂)이 일어난다고 한다. 또 옛사람들이 이 별을 인주(人主)의 장수의 상징으로 삼아서 수성(壽星)이라 이름하기도 했다. 《史記 天官書》

기축월(己丑月)의 회혼연(回婚宴)에 지은 시 동지 조순일(趙純一)의 회혼연이다

己丑月重牢宴詩 同知趙純一

양친을 봉양할 때 오늘을 만났더라면 雙親奉侍逢今日
당시에 가슴 속의 효심을 폈으리라 若是當時展赤紛
육십 년 동안 함께 탈이 없어 六十年來共無恙
붉은 얼굴 흰 머리에 손자들 재롱 보네 朱顏鶴髮弄孫枝

한양 조구로가 짓다

참판 목임일(睦林一)[154]에 대한 만사[155]

挽睦參判林一

대대로 벼슬한 집안에서 일찍 명성을 떨쳤고　　赫世冠冕早蜚英
귀밑머리 세기 전에 당상관에 올랐었네　　秋霜未鬢帶金橫
중간에 바닷가에서 어버이 그리워하는 눈물을 흘렸고　　中間海上思親淚
조석으로 강남에서 자식 그리는 정을 품었네　　朝暮江南望子情
떳떳하게 돌아와 색동옷 다시 입었으나　　暗室歸來重彩服
원풍(元豊)의 당인(黨人)들[156]이 용사(用事)하여 성은을 막았다네

154 목임일(睦林一) : 1646～? 본관은 사천(泗川)이고, 자는 사백(士伯)이며, 호는 청헌(靑軒)이다. 할아버지는 지중추부사를 지낸 목서흠(睦敍欽)이고, 아버지는 좌의정을 지낸 목내선(睦來善)이다. 1678년 통덕랑(通德郎)으로서 증광문과에 병과로 급제하였다. 평안도에 암행어사로 다녀온 바 있으며, 1682년 지평, 부수찬, 정언을 거쳐 이듬해에 수찬, 정언, 부교리를 역임하였다. 남인이 득세한 1689년 이조좌랑, 부응교, 응교, 집의, 승지, 대사간, 도승지, 대사헌 등을 역임하였다. 1694년 갑술환국으로 남인세력이 축출당함에 따라 남해현에 유배되었다가 이듬해인 1695년에 풀려났다. 그러나 1701년 민비가 죽자 희빈 장씨(禧嬪張氏)를 중궁으로 올리자고 심단(沈檀)·민언량(閔彦良) 등과 상소를 올렸던 죄로 장흥에 원찬(遠竄)되었다. 그 뒤 여러 번 구제의 상소가 있은 뒤 1704년에 풀려났다. 아산공에게는 처남이 된다.

155 작품 해설 : 이 만사가 지어진 시기는 정확치 않다. 다만 앞의 〈여사우음(旅舍偶吟)〉이 1716년에 지어졌고, 뒤의 〈산거(山居)〉가 1717년에 지어진 작품이므로 그 사이에 있는 이 만사는 1716년에 지어진 것임을 짐작할 수 있다. 따라서 목임일의 졸년 역시 1716년임을 짐작할 수 있다.

元豐用事阻恩榮

칠십 된 늙은이의 발을 누가 막을 수 있겠는가 稀年者躅誰能尼

사람이 많으면 하늘도 이기는 법이니[157] 어찌 다툴 수 있으랴

人衆勝天詎可爭

156 원풍(元豐)의 당인(黨人)들 : 원풍은 송나라 신종(神宗) 때이다. 이때는 왕안석(王安石)을 위시하여 장돈(章惇) · 채경(蔡京) 등이 용사(用事)하였다. 여기에서는 숙종대 남인과 대척점에 있던 서인을 가리키는 말로 사용되었다.

157 사람이……법이니 : 《사기(史記)》 〈오자서열전(伍子胥列傳)〉에 나오는 말로, "사람의 무리가 많으면 하늘을 이길 때도 있지만 하늘의 뜻이 정해지면 또한 사람을 무너뜨리는 법이다.〔人衆者勝天 天定亦能破人〕"라고 한 말에서 인용한 것이다.

또 짓다
又

젊은 날 생관(甥館)[158]에 있을 때에	少日處甥館
그대를 깊이 알았었지	盖知夫子深
굳세고 방정함은 본래의 성품에서 나온 것이고	剛方由素性
심신을 수렴하는 것은 마음에 근본을 둔 것이었네	收斂本於心
술이 가슴을 적실 때면	盃酒澆胸次
위대한 말씀이 속된 얘기를 물리쳤었네	偉言闢俗談
칠순의 나이 내가 멀지 않으니	七旬吾不遠
저승에서 다시 만나게 되리라	只在泉途尋

158 생관(甥館) : 사위가 거처하는 방을 말한다. 아산공이 목내선의 사위이고, 목임일이 목내선의 아들이므로 아산공과 목임일은 처남매부간이다. 여기에서는 처음 결혼하여 아산공이 목임일의 집에 있을 때를 가리키는 것으로 보인다.

생각나는 대로 짓다

漫成

집이 가난하니 동복(僮僕)이 게으르고　家貧僮僕慢
몸이 늙으니 술잔이 뜸하네　身老酒盃踈
수향(睡鄉)과 취향(醉鄉)이 서로 가까우니　睡鄉醉鄉近
두 가지를 벗어나기 매우 어렵구나　二者劇難除

동악(東岳)의 시에 차운하다

次東岳韻

한가한 사람이라 아무 일도 없어	閑人無一事
한낮에도 소나무 사립문 닫아 놓았네	亭午掩松門
비는 산의 전면을 적시고	雨濕山前面
연기는 계곡 입구의 마을을 감싸네	烟籠谷口村
향기로운 꽃은 덧없이 저절로 지고	芳華空自謝
새들 지저귀는 소리 시끄럽게 들리네	鳥雀厭聞喧
-원문 빠짐-	○○○○○
어찌 무릉도원이 있는 줄을 아리오	豈識有桃源

아이들이 나를 위해 육미원(六味元)을 지었기에 읊다

兒輩爲我製六味元有吟

내 나이 헤아려 보니 칠십에 가까우니	計較吾年近七十
어찌 선단(仙丹) 만드려고 힘을 다하겠는가	豈容殫竭鍊還丹
수명을 만약 인력으로 얻을 수 있다면	壽夭若如人力得
한무제(漢武帝)와 진시황의 관에 뚜껑을 덮지 않았으리라	漢武秦皇不蓋棺

비가 오려고 하다

欲雨

비가 오려하니 볕이 나지 않아도 눈이 이미 녹고	欲雨非暘雪已消
청명(淸明) 좋은 절기가 바로 오늘 아침이네	淸明佳節卽今朝
시냇가 버들은 노란 빛을 띠고 풀들은 푸른데	溪柳浮黃芳草綠
지팡이 짚은 행색으로 서둘러 소요하네	扶藜行色劇逍遙

첨지중추부사 신필원(申必源)에 대한 만사

挽申僉知必源

지난날 형제들과 교유할 때	伊昔交遊伯仲間
서울에서 술 마시고 시를 읊으며 진심을 드러냈는데	洛中觴咏露心肝
기쁘고 슬픈 일을 겪으며 몸이 늙으니	悲歡閱歷餘羸老
옛 친구들 세상 떠나 절반이 묘지에 있네	故舊凋零半土饅
만년에 서호(西湖)의 지방관으로 나갔고	晩歲西湖分漢竹
성조(聖朝)의 우악한 은전에 자제들 힘입었지	聖朝優典賴庭蘭
지하에서 만약 영원회(鴒原會)[159]를 만들거든	重泉倘作鴒原會
늙고 외로운 나에게 알려주시게	爲報殘生隻影單

159 영원회(鴒原會) : 영원(鴒原)은 '척령재원(鶺鴒在原)'의 준말로, 우애 있는 형제를 뜻한다. 《시경(詩經)》 〈소아(小雅) 상체(常棣)〉에 "척령이 언덕에 있으니 형제가 급난을 구한다. 언제나 좋은 벗 있지만 길이 탄식만 할 뿐이네.〔鶺鴒在原 兄弟急難 每有良朋 況也永歎〕"라는 구절에서 인용한 것이다. 영원회는 우애있는 신필원 형제들이 저승에서 모임을 한다는 뜻이다.

산중살이 정유년(1717, 숙종43)

山居

술은 이미 가을에 떨어졌는데	酒既三秋盡
꽃은 오히려 시월에 누렇네	花猶十月黃
밥상에 오른 반찬은 마른 채소뿐이고	登盤唯死草
새벽밥도 걱정할 게 없다네	蓐食亦無傷

한식날 밤에 비가 와서 조카 수홍(守弘)[160]에게 보이다

寒食夜雨示弘姪

지난밤에 한바탕 비가 내려　前宵一雨○
만물이 봄을 향하니　萬物向春于
산의 꽃은 제 빛깔을 드러내고　山花方露色
물가의 버들은 검은 빛을 감추려 하네　浦柳欲藏烏
농부는 농기구 정비하고　農者治田器
어옹(漁翁)은 낚시꾼들 단속하는데　漁翁約釣徒
시골살이 할 일이 없어　村居無所事
부질없이 탁주 병을 찾네　空索濁醪壺

냇가의 새는 누구와 짝을 할까　溪鳥誰儔侶
산속의 꽃은 내가 벗이 되네　山花我友于
두세 번 얼룩말을 타고　數三騎駁馬
한식일에 금오산(金烏山)을 지나갔네　百五過金烏
상령(商嶺)에서는 바둑 친구를 생각하고　商嶺思棊伴
고양(高陽)에서는 술 친구를 생각하였지　高陽憶酒徒
유연히 홍이 일어나는 곳에　悠然乘興處
내 뜻대로 봄 술을 기울였네　隨意倒春壺
수홍의 화답시이다.

160 수홍(守弘) : 1684~1748. 자는 중유(仲裕)이고, 호는 돈재(遯齋)이다. 1721년(경종1)에 진사에 급제하였고, 벼슬은 주부(主簿)를 지냈다. 아산공의 동생 조구원(趙九畹)의 셋째아들이다.

냇가에서

川上

늙어갈수록 지팡이가 항상 따라다니고	老去杖常存
한가해지니 마음이 물가에 있네	閑來心在水
젊은이가 때로 따라오기는 하지만	少年時或從
뜻은 서로 같지가 않네	志意不相似

첨지 오달주(吳達周)에 대한 만사
挽吳僉知達周

매를 불러 짐승을 쫓는 것이 어려운 일이 아니었고　呼鷹逐獸也非難
누대(樓臺)에 기대어 웅변을 토하고 해학을 하였었네
雄辯詼談仗井干
옥관자(玉貫子)[161]에 팔순의 나이로 병 없이 세상을 떴건만
頂玉八旬無疾逝
상여 나갈 때에 늙은이 눈물이 줄줄 흐르네　臨行老將涕汍瀾

161 옥관자(玉貫子) : 옥으로 만든 관자(貫子)로, 정3품 당상관 이상의 벼슬아치가 사용하였다.

금수정(金水亭)[162]에서 사암(思庵)[163]의 시에 차운하다 임진년(1712, 숙종38)

金水亭次思庵韻

주인이 옛 건물 수리했다는 것을 일찍이 알았지만	曾識主人治舊楹
오늘 와서 보니 중건했다는 것을 -원문 빠짐- 알겠네	今來○覺重經營
빽빽한 교목은 예전에 심어진 그대로이고	森森喬木依前植
도도히 흐르는 긴 강물은 예전처럼 잔잔하네	袞袞長江一摥平
희미한 늙은이의 눈에도 면목이 새롭고	老眼依俙新面目
깨끗하고 맑은 좋은 시는 뚜렷하게 보이네	仙詩淸切若分明

162 금수정(金水亭) : 경기도 포천군(抱川郡) 창수면(蒼水面) 오가리(伍佳里) 영평천(永平川) 기슭에 있는 정자로, 금수정(錦水亭)이라고도 한다. 그 주변 바위에는 봉래(蓬萊) 양사언(楊士彦)이 쓴 '녹기금 백아심(綠綺琴伯牙心)'으로 시작되는 〈증금옹(贈琴翁)〉 시, '취대(翠臺)' 등의 초서와 석봉(石峯) 한호(韓濩)가 쓴 '동천석문(洞天石門)', '금수정(金水亭)' 등의 해서가 새겨져 있다.

163 사암(思庵) : 이름은 박순(朴淳:1523~1589)이다. 본관은 충주(忠州)이고, 자는 화숙(和叔)이며, 사암(思菴)은 그의 호이다. 서경덕(徐敬德)의 문인이다. 벼슬은 영의정까지 올랐다. 이이(李珥)가 탄핵되었을 때 그를 옹호하다가 도리어 양사(兩司)의 탄핵을 받고 스스로 관직에서 물러나 영평(永平) 백운산(白雲山)에 암자를 짓고 은거하였다. 일찍이 서경덕(徐敬德)에게 학문을 배워 성리학에 널리 통했으며, 특히 《주역》에 대한 연구가 깊었다. 중년에 이황(李滉)을 사사(師事)했고, 만년에 이이·성혼(成渾)과 깊이 사귀어 '이 세 사람은 용모는 달라도 마음은 하나이다.'라고 할 정도였으며, 동향의 기대승(奇大升)과도 교분이 두터웠다. 저서로는 《사암집(思菴集)》 7권이 있다. 시호는 문충(文忠)이다.

마침 깊은 가을 좋은 경치가 있으니	會待高秋佳景在
회포를 그저 한 병의 술에 붙이네	心期聊付一壺淸

정회보(鄭晦甫)의 시에 차운하다

次鄭晦甫韻

마음은 -원문 빠짐- 눈 온 뒤의 소나무를 기약하였고 心事○期雪後松

남북으로 떠돌면서도 항상 토원(兎園)의 농사를 보전했었네 北南常保兎園農

육순의 세월이 결코 적지 않으니 六旬日月終非少

-원문 빠짐- 사십 년의 겨울을 얻기 바라네 願得○○四十冬

술잔을 들고 매화를 바라보며 시를 읊어 모인 사람들에게 보이다 임인년(1722, 경종2)

把盃對梅吟示接中諸人

술을 들고 매화 마주하니 두 빰이 새로운데	把酒對梅兩顏新
듬성듬성 꽃 핀 모습 정신을 숭상하네	踈踈氣色尙精神
노쇠한 모습 서로 보니 한스럽기는 하지만	相看衰態雖堪恨
이 속에 절로 인(仁)이 있음이 우습네	猶笑這間自有仁

옥동(玉洞)과 조카들이 백운산(白雲山)에 유람하여 지은 시축(詩軸)의 뒤에 쓰다 임진년(1712, 숙종38)

題玉洞及諸姪遊白雲詩後

술을 마시고 나서 할 일이 없어	酒後無餘事
백운시(白雲詩)를 펼쳐 보았네	披閱白雲詩
주옥같은 시들이 눈에 들어오니	琳琅映老眼
누가 옥황상제의 계단에 바칠까	誰貢玉皇墀

봉선사(奉先寺)로 독서하러 가는 수의(守誼)[164]를 보내며

정유년(1717, 숙종43)

送誼兒讀書奉先寺

소를 타고 절에 올라가는데	騎牛上寺去
그 뿔에 한서(漢書)가 걸려 있네	其角挂漢書
모쪼록 부지런히 노력해서	須從勤苦得
너에게 주어진 시간을 아끼도록 하거라	爲爾惜居諸

164 수의(守誼) : 1699~1769. 자는 정숙(正叔)이고 호는 옥윤(玉潤)이다. 1735년(영조11)에 생원시에 급제하였다. 벼슬은 첨지중추부사(僉知中樞府事)를 지냈다. 아산공의 셋째 아들이다.

지난해에 내가 모양(牟陽)[165]으로 갈 때에 친구인 전주 이씨 이사범(李士範)이 절구 한 수를 지어서 선물하였다. 지금 이사범이 남쪽으로 유람가면서 나에게 시를 지어달라고 요구하였다. 이에 이사범이 지었던 시에 차운하여 목과(木瓜)의 보답[166]으로 삼는다

客歲余之之牟陽也 完山李友士範以絶句贐行 今者士範南遊 亦有所索 玆步前韻 以爲木瓜之報

사범이 남쪽으로 유람 갈 때 좋은 말 해달라고 요구하면서

士範南遊索贈言

나의 묵은 빚이 지금까지 있다고 말하네 言吾宿債至今存

초사(楚辭) 같은 훌륭한 글을 짓는 것은 그대의 일이니

文成楚語君能事

노령(蘆嶺)에서 모쪼록 문장가들의 시혼(詩魂)을 조롱하게나

蘆嶺須嘲翰苑魂

165 모양(牟陽) : 전라남도 함평(咸平)의 별칭이다.

166 목과(木瓜)의 보답 : 상대가 훌륭한 시에 대해 나의 변변찮은 시로 답례한다는 뜻이다. 《시경(詩經)》 〈위풍(衛風) 목과(木瓜)〉에 "나에게 목과를 주거늘 좋은 옥으로 답례한다.〔投我以木瓜 報之以瓊琚〕"라고 한 구절은 인용한 것인데, 의미를 바꾸어서 상대가 나에게 좋은 옥을 주었는데 나는 변변찮은 목과로 답례한다는 의미로 사용하였다.

또 짓다
又

북쪽에서 내려와 칩거하며서 하고 싶은 말이 없는데 北來塊蟄無願言
오직 이 매화와는 의기가 투합했네 唯是梅兄托契存
유령(庾嶺)[167]의 봄바람은 응당 옛날과 같을 것이니 庾嶺春風應似舊
그대가 돌아오거든 나 에게 매화 읊은 시를 보여주게나 君歸示我咏氷魂

167 유령(庾嶺) : 중국의 오령(五嶺) 가운데 하나인 대유령(大庾嶺)을 가리킨다. 한 무제(漢武帝) 때 유씨(庾氏) 성을 가진 장군이 이곳에다가 성을 쌓았으므로, 대유령이라고 이름하였다고 한다. 지금의 강서성(江西省) 대여(大余)와 광동성(廣東省) 남웅(南雄)의 사이에 있으며, 영남과 영북의 교통의 요충지이다. 이곳에는 매화가 많으므로 '매령(梅嶺)'이라고도 한다. 여기에서는 노령(蘆嶺)을 가리키는 말로 사용하였다.

조카 수증(守曾)[168]의 시에 차운하여 윤중안(尹仲安)에게 보이다

次曾侄韻示尹仲安

이웃 벗이 고야(姑射) 동쪽에 와서 사니	隣友來居姑射東
의연한 산수(山水)가 오교(午橋)[169]와 같네	依然山水午橋同
석양녘 술취한 뒤 말을 타고 돌아올 때	斜陽醉後回鞭過
펄럭이는 술집 깃발 눈 앞에 보이네	飄拂靑帘在眼中

168 수증(守曾) : 1680~1767. 자는 이술(而述)이고, 호는 운헌(雲軒)이다. 과거 공부를 하지 않고 경사(經史)를 독실히 공부하였다. 수직(壽職)으로 동지중추부사(同知中樞府事)를 제수받았다. 아산공의 동생 조구원(趙九畹)의 둘째 아들이다.

169 오교(午橋) : 별장 이름이다. 당(唐)나라 배도(裴度)가 벼슬에서 물러나 낙양(洛陽) 남쪽의 오교에 꽃나무 만 그루를 심고 중앙에 여름에 더위를 식힐 누대와 겨울에 따뜻하게 지낼 집을 짓고 녹야당(綠野堂)이라 이름을 붙였다. 백거이(白居易), 유우석(劉禹錫) 등 문인들과 모여 시주(詩酒)로 소일하였다. 《新唐書 卷173 裴度列傳》

매화

梅花

노부가 칠십 년 동안 항상 적막하였으니	老夫七十常岑寂
시간을 가만히 세어 보면 한 줄의 선처럼 기네	默筭分陰一線長
새로 눈이 내려 매화가 향기를 풍기려 하면	梅萼欲香新雪後
이런 때의 심사는 이 형에게 의탁하네	這間心事托玆兄

꽃을 감상하는 사람들에게 보내다

寄賞花諸人

병 든 후에 남녀(藍輿) 타고 이 안에 들어오니	病後藍輿入此中
산색은 불타는 듯하고 풀 색은 짙구나	山色如燃草色濃
우리 당(黨)의 여러 군자들에게 말하노니	寄語吾黨諸君子
꽃을 감상하면서 어찌 이 늙은이와 함께 하지 않는가	賞花胡不此翁同

무고(誣告)에 대해 변론한 상소[170] 기축년(1709, 숙종35)

卞誣疏

삼가 아뢰니다. 신들은 교목세가(喬木世家)의 시든 잎의 처지로 하찮은 관직에 있기 때문에 승정원에 소장을 올릴 수 없지만 무고한 내용이 선세(先世)에 미쳤고 국시(國是)에 관계되기 때문에 부득불 만 번 죽음을 무릅쓰고 성상께 간절히 호소합니다. 성명께서는 특별히 밝게 살펴 주소서. 신들의 조부인 증영의정(贈領議政) 문간공(文簡公) 신 경(絅)이 광해군 때에 인륜이 무너지고 종묘사직이 위태로운 것을 목격하고 과거 공부를 포기하고 먼 시골에 살면서 재주와 덕을 숨기

170 작품해설 : 이 상소는 1709년(숙종35) 9월 18일에 아산공이 숙종에게 올린 글이다. 상소의 내용을 요약하면 다음과 같다. 아산공의 조부인 문간공이 1664년(현종5)에 문익공(文翼公) 이덕형(李德馨)의 신도비명(神道碑銘)을 지었는데, 서문(序文) 안에 혼조(昏朝) 때에 흉론(凶論)의 시작을 말하는 대목에서 "사나운 개가 쌀겨를 다 먹고 나면 반드시 쌀을 먹으려고 하는 법이다. 대관 정조(鄭造)·윤인(尹訒)·정호관(丁好寬) 등이 송사를 일으켜 모후(母后)를 유폐(幽閉)시키자는 논의를 함께 제기하였다."라는 25자를 특별히 썼었다. 당시에 이덕형의 손자인 이상정(李象鼎)이 정호관의 이름을 빼달라고 요청하였는데, 문간공이 허락하지 않았다. 그런데 이때 와서 정호관의 손자 정시한(丁時翰)의 사주를 받은 진주 목사(晉州牧使) 조식(趙湜)이 《변무록(辨誣錄)》이라는 책을 출간하였는데, 그 내용이 사실을 왜곡시키고 변조하여 "고 상신 이덕형(李德馨)과 이항복(李恒福) 또한 영창대군에게 정률(正律)을 시행하자는 논의에 참여했다."라고 하면서 은연중에 정호관을 두 현상(賢相)과 어깨를 나란히 하게 만들고, 문간공에 대해서 "여탈(與奪)이 균일하지 않고, 억측이 너무 지나치다."라고 하였다. 이에 아산공이 숙종에게 《변무록》을 훼판(毁板)할 것을 요청하였다. 이에 숙종이 그 책을 훼판하고, 조식 등을 처벌하겠다고 답하였다.

고 지조를 지켰습니다. 선정신(先正臣) 정경세(鄭經世)와 문정공(文貞公) 김육(金堉)과 도의(道義)를 강마(講磨)하여 사림(士林)의 존경을 받은 지 10여 년이 되었는데, 성조(聖祖)께서 등극하신 초기에 유일(遺逸)로 발탁되었고, 곧이어 과거에 장원급제하였습니다. 청현직(淸顯職)을 두루 역임하고 오랫동안 문형(文衡)을 맡아서 원릉(園陵)의 지(誌)와 존명(尊名)의 책문(策文)을 왕명으로 지어 올렸고, 그 외에 응제(應製)를 대신 지은 것도 모두 성조의 칭찬을 받았습니다. 세 임금을 섬기면서 은혜로운 대우가 쇠하지 않았습니다.

지난 경인년(1650, 효종1)에 청나라가 부당한 트집을 잡아 해치려 하였으나 효종대왕께서 구제해주신 덕분에 오래지 않아 고향으로 돌아와 외부의 일을 사절하고 출입하지 않았습니다. 오직 경전을 연구하고[171] 저술을 게을리하지 않았기 때문에 당대의 저명한 공경(公卿)과 어진 사대부들의 묘도문자(墓道文字)를 지어달라는 요청이 매우 많았습니다. 이는 죽은 자에게 아첨하는 것을 좋아하지 않고 포폄(褒貶)을 준엄하게 하였기 때문에 그러했던 것입니다. 현종대왕 갑진년(1664, 현종5)에 고(故) 상신(相臣) 문익공(文翼公) 이덕형(李德馨)의 신도비명(神道碑銘)을 지었는데, 서문(序文) 안에 혼조(昏朝) 때에 흉론(凶論)의 시작을 말하는 대목에서 특별히 쓰기를, "사나운 개가 쌀겨를 다 먹고 나면 반드시 쌀을 먹으려고 하는 법이다. 대관 정조(鄭造)·윤인(尹認)·정호관(丁好寬) 등이 송사를 일으켜 모후(母后)를

171 경전을 연구하고 : 원문의 '惟其○異經傳'을 번역한 것이다. 其자 다음의 한 글자가 판독되지 않는데, 《한양조씨문헌(漢陽趙氏文獻)》 권3에 실려 있는 변무소에 '同' 자로 되어 있다. 이에 '同' 자로 바로잡아 번역하였다.

유폐(幽閉)시키자는 논의를 함께 제기하였다."라는 25자를 특별히 썼습니다. 문익공의 손자인 고 도사(都事) 이상정(李象鼎)이 정호관의 자손과 인척(姻戚)관계이기 때문에 '정호관' 세 글자를 빼달라고 요청하자 조부가 차분히 말하기를, "정호관에게 어진 자제가 있다면 복관(復官)의 은혜를 입을 수는 있겠지만, 그 사실은 그렇지 않다."라고 하니, 이상정이 감히 다시 요청하지 못하였습니다.

이번 임신년(1692, 현종18)에 정호관의 손자 정시한(丁時翰)이 신들에게 편지를 보내와서 자기 조부의 성명을 삭제해달라고 요청하였습니다. 신들이 선조께서[172] 저술한 글을 감히 고쳐서 불초의 죄를 지을 수가 없었으나 저들이 그 선조를 위해서 허물을 덮으려고[173] 하기 때문에 말을 하기가 어려워 답장을 하지 못했습니다. 지금 신들이 진주(晉州)에서 간행한 책 하나를 보았는데, 제목을 《변무록(辨誣錄)》이라고 지었고, 그 내용은 정호관을 위해 변론하는 말이었습니다. 그 내용을 자세히 보니, 정시한이 그 도제(徒弟)를 시켜서 이 설(說)을 만든 것이었습니다. 신들은 삼가 듣건대, 무고란 사실이 없는데 남을 모함한다는 말이고, 변무란 원통한 일이 있어서 그 사실을 밝히는 것입니다. 지금 이 정호관에게 무슨 변무할 일이 있단 말입니까? 신들은 몹시 의아스럽습니다.

172 선조께서 : 원문은 두 글자가 지워져 있어 판독할 수 없으나, 《한양조씨문헌(漢陽趙氏文獻)》 권3에 실려 있는 변무소에 '先祖' 자로 되어 있다. 이에 '先祖' 자로 바로잡아 번역하였다.

173 허물을 덮으려고 : 원문은 두 글자가 지워져 있어 판독할 수 없으나, 《한양조씨문헌(漢陽趙氏文獻)》 권3에 실려 있는 변무소에 '之故' 자로 되어 있다. 이에 '之故' 자로 바로잡아 번역하였다.

사실을 두루 살펴보면, 당시에 흉도들이 모의해서 연흥부원군(延興府院君) 김제남(金悌男)을 무고하여 해치거나 영창대군(永昌大君)을 법으로 처벌하거나 양궁(兩宮)을 따로 거처하게 하자는 논의를 제기한 것입니다. 오호라. 연흥부원군은 대비의 부친이 아닙니까? 영창대군은 대비의 아들이 아닙니까? 대비의 부친을 주살하고 또 대비의 아들을 법으로 처벌한다면 그들의 뜻이 향하는 곳이 어디이겠습니까? 더구나 그들의 주장이 대군을 옹립하는 것을 흉론(凶論)의 효시(嚆矢)로 삼았는데, 옹립한다는 말은 어느 지위를 가리켜 말한 것이겠습니까?

신들이 또 당시에 이견을 제기한 대관(臺官)이 직접 쓴 일기를 보니, 정조(鄭造)의 피혐계사(避嫌啓辭)에 "지난날 정호관이 석상(席上)에서 애매모호하게 말하기를 '한 궁(宮)에서 함께 지내서는 안 된다.'라고 하였고, 영창군(永昌君) 세 글자에 대해 형률을 적용하여 죄를 정해야 한다는 말은 전혀 입밖에 내지 않았습니다."라고 하였습니다. 폐모론의 시작이 전적으로 이 일에서 시작되었고, 반정(反正) 후에 정조와 윤인만 양궁을 따로 거처하게 하자는 계사를 올린 죄로 복주(伏誅)되었으니, 한 궁에서 함께 지내서는 안 된다는 말과 양 궁을 따로 거처하게 해야 한다는 말이 다른 점이 있습니까?

또 그 일기에 "이때 역옥(逆獄)이 일어났는데, 말이 대비와 대군에게 연관되자 일 만들기 좋아하고 공명(功名)을 좇는 무리들이 앞다투어 발론하였다. 정호관이 발론한 다음날 궐문이 열리기를 기다렸다가 즉시 들어가서 피혐(避嫌)하였는데, 그 의도는 그가 이 의론을 남보다 먼저 꺼낸 것을 남들이 알지 못할까 염려되어 서둘러 와서 피혐하였던 것이다. 그가 스스로 선봉이 된 것에 대해 사람들이 모두 침을 뱉고 더럽게 여기는데 정조 또한 그와 선봉을 다투면서 자기에게

서 미사(美事)를 취하였다고 한다. 이 무리가 이런 일을 공로로 여기고 의로운 일로 여겨서 미사라고 하니 추악하다."라고 하였습니다.

이것으로 보건대, 정조와 윤인이 공로를 다투고 선봉을 다툰 실상이 직접 눈으로 본 것과 같을 뿐만이 아닙니다. 이 때문에 계해년(1623, 인조1)에 정호관의 관작(官爵)을 추탈(追奪)하자는 계사에 "대군을 죽이자는 의론을 맨 먼저 내어서 상을 바라고 총애를 받을 근거로 삼았다."라고 하였으니, 반정(反正) 초기의 국시(國是)에서도 증명할 수 있습니다. 그 사실이 이와 같기 때문에 쌀겨를 다 먹는다는 것은 연흥부원군과 영창대군을 가리키는 말이고, 쌀을 먹으려고 한다는 것은 각각 두 궁에 따로 지내야 하고 하나의 궁에서 함께 지내서는 안 된다는 말입니다. 송사를 일으켜 논의를 함께 제기했다는 것은 함께 모여서 의논했다는 말입니다. 폐(廢)라는 글자는 실로 《춘추(春秋)》의 마음을 주벌하여 토죄하는 필법(筆法)을 본받은 것이 분명합니다. 이 비문을 읽는 모든 사람들이 누군들 분명히 알게 되지 않겠습니까.

정호관의 아들 정언황(丁彦璜)이 허물을 덮는 데에 능하여 상소를 올려 애걸해서 복작(復爵)의 은혜를 입는다면 공의(公議)는 흡족하게 여기지 않더라도 그에게는 다행일 것입니다. 그 아들 정시한(丁時翰)이 아비의 뜻을 이루는 도리를 생각지 않고 도리어 공의를 비난하고 배척하며 실제 자취를 가리고서 이현일(李玄逸), 조식(趙湜), 이식(李栻), 이유장(李惟樟) 등을 시켜 옳지 않은 말을 만들게 하여 시비를 어지럽히고 사(邪)와 정(正)을 뒤바꾸었습니다. 만약 이 주장이 받아들여진다면 계해년 이후의 큰 시비가 이로부터 어지러워지고 무질서한 것이 극에 달할 것입니다. 아, 이것이 무슨 일입니까? 이것이 무슨 일입니까?

더욱 절통스러운 일은 조식이 현재 진주 목사(晉州牧使)로 있으면서 제멋대로 그 책을 출간하고, 그 책의 발문(跋文)을 지어서 능멸하고 비방하여 이르지 않은 데가 없고, 심지어 "예전 사람이 말하지 않은 말을 처음으로 꺼냈다."라고까지 하며 공공연히 무함하고 멸시하였습니다. 아, 이런 패려하고 망령된 무리가 어찌 옛날 일을 알겠습니까? 이것은 정가(丁家)의 말을 익히 듣고서 제 스스로 기꺼이 정직한 사람을 해지고 사특한 무리의 편이 된 결과이니, 그 심보를 참으로 헤아릴 수 없습니다. 그리고 조식은 옛 명신(名臣) 조정립(趙正立)의 종손(從孫)으로서 정조·윤인·정호관의 무리에 스스로 빌붙었으니, 그가 이른바 그 집안 선대가 삼적(三賊)을 참수하기를 청했다는 것과 어긋나는 것이 어쩌면 이렇게 심한 지경에까지 이르렀단 말입니까?

선정신 정온(鄭蘊)이 갑인년(1614, 광해군6)에 올린 상소는 실로 천고의 직필(直筆)이어서 해나 달과 그 빛을 다툴 정도입니다. 그런데 조식은 "믿을 수 없다."라고 하고, 이식은 "고 상신 이덕형(李德馨)과 이항복(李恒福) 또한 영창대군에게 정률(正律)을 시행하자는 논의에 참여했다."라고 하면서 은연중에 정호관을 두 현상(賢相)과 어깨를 나란히 하게 만들었고, 신들의 조부에 대해서 "여탈(與奪)이 균일하지 않고, 억측이 너무 지나치다."라고 하였습니다. 또 정호관이 올린 안법(按法)하자고 했던 계사를 변조해서 출치(出置)하자고 했다고 하고, 두 대신이 출치하자고 했던 계사를 변조해서 정률(正律)하자고 했다고 하였습니다. 이 무리가 말을 변조하면서 무엄하기가 이지경에 이르렀으니, 당시의 진위를 어떻게 변별할 수 있겠습니까?

아, 정온의 상소에, "정조·윤인·정호관 등이 폐모(廢母)와 살제(殺弟)에 대한 논의를 맨 먼저 꺼냈습니다."라고 하고, 끝에 가서 "전하께서 모자의 은혜를 온전히 하시고자 한다면 속히 이 세 사람을 먼 변방으로 내쳐서 나라 안에서 함께 살지 못하게 한 뒤에야 참소하는 말이 일어나지 못하고 삼강오륜을 우주 간에 밝게 내보일 수 있을 것입니다."라고 하였으니, 세 사람의 죄악은 차이가 없어야 합니다. 그런데 조식이 유독 정호관을 위해 이런 터무니없는 말을 하여 정온을 비난하였고, 두 현상의 우뚝 솟은 큰 절의는 아녀자들도 모두 아는 일인데 이식이 제멋대로 정호관을 이분들과 나란히 놓고서 정호관 또한 절의를 세웠다고 하였습니다. 이 무리가 정호관 한 사람을 위해서 선현을 능멸하여 방자하고 거리낌 없는 짓을 한 행태는 차마 눈뜨고 볼 수 없습니다.

아, 이 책이 없어지지 않으면 국시(國是)가 엄해지지 않고, 이 책이 없어지지 않으면 사악한 자들을 징계할 수 없을 것이며, 정조와 윤인의 자손들 또한 뒤따라 일어날 것입니다. 신들의 조부가 지하에서 비난을 당하는 것은 참으로 신들의 사적인 슬픔이지만, 나라를 어지럽힌 자를 주벌하는 것이 분명하지 않고 국시가 안정되지 않는 것은 이루 말할 수 없을 것입니다. 삼가 바라건대 성명께서는 당시의 사실을 밝게 굽어살피시어 속히 유사(有司)에게 명하여 《변무록》의 판본을 훼판(毁板)하게 해서 사설(邪說)의 근본을 막도록 하소서. 그리고 분명한 전교를 특별히 내리시어 막중한 국시를 정해서 백대(百代) 후에도 사(邪)와 정(正)의 구분을 환히 알게 하신다면 매우 다행이겠습니다.

비답하기를, "상소를 보고 잘 알았다. 정호관의 죄악은 정조나 윤인과 차이가 없는데 조식 무리가 방자하게 터무니없는 말을 하여 시비를 어지럽힌 것은 참으로 통탄스럽다. 엄명(嚴明)한 처분을 하지 않을 수 없으니, 《변무록》의 판본은 우선 훼판하고, 조식 등은 해부(該府)로 하여금 사악한 무리에 편당(偏黨)한 죄를 속히 바로잡게 하겠다." 하였다.

선고(先考) 통훈대부(通訓大夫) 행(行) 홍문관 응교(弘文館應教) 지제교(知製教) 겸 경연 시강관(經筵侍講官) 춘추관 편수관(春秋館編修官) 녹문부군(鹿門府君)의 세계(世系)와 언행록(言行錄)[174]

先考通訓大夫行弘文館應教知製教兼經筵侍講官春秋館編修官鹿門府君世系言行錄

부군의 휘는 위봉(威鳳)이고, 자는 자우(子羽)이며, 호는 녹문(鹿門)이다. 우리 한양 조씨(漢陽趙氏)는 양광도(楊廣道) 양주(楊州) 한양현(漢陽縣)에서 세계가 나왔으니, 휘 지수(之壽)께서 고려의 조순대부(朝順大夫) 첨의중서사(僉議中書事)를 지내셨는데, 이분이 우리 가문의 비조(鼻祖)이다. 중서사가 휘 휘(暉)를 낳았는데, 원(元)나라에서 쌍성관군 총관(雙城管軍摠管)을 제수하였다. 총관이 휘 양기(良琪)를 낳았는데, 13세에 작위를 세습하여 총관이 되었다. 지원(至元) 신사

174 작품 해설 : 이 글은 아산공 형제들이 부친인 녹문공의 언행을 기록한 언행록이다. 《녹문유고》의 부록에도 같은 제목의 글이 실려 있는데, 내용에서는 상당한 차이를 보이고 있다. 특히 앞부분의 한양 조씨 세계는 《녹문유고》의 부록에는 없는 내용이고, 중간에 빠진 글자와 오자가 다수 발견되는 것으로 보아 완성된 글은 아닌 것으로 판단된다. 앞부분에는 한양 조씨 세계를 간략하게 기술하고, 본론에서는 녹문공의 행적을 비교적 자세히 기술하였으며, 끝부분에는 녹문공의 두 부인에 대해 기술하였다. 전체적인 형식을 보면 행장 형식을 띠고 있어서, 녹문공의 묘도문을 의뢰하기 위한 자료 성격을 띠고 있다. 녹문유고의 부록에 실린 언행록의 말미에 좌랑공 3형제가 지었다는 내용이 있는데, 둘째인 조구원이 1710년에 세상을 떠났으므로 이 글은 1710년 이전에 지어진 것임을 알 수 있다.

년(1281, 충렬왕7)에 일본을 정벌할 때 김방경(金方慶)을 따라 출정하여 군대를 온전히 보전하여 돌아왔고, 또 합단(哈丹)을 토벌하여 포로를 원나라에 헌납하니 원나라 세조(世祖)[175]가 "장사(壯士)다."라고 하고서 금포(錦袍)와 옥대(玉帶)를 하사하였다. 총관이 휘 돈(暾)을 낳았는데, 약관의 나이가 되기 전에 충숙왕(忠肅王)을 섬겼고, 공민왕(恭愍王) 때에 쌍성(雙城)을 수복하고 홍건적(紅巾賊)을 격퇴한 공로로 1등 공신이 되고 예의판서(禮儀判書)·검교밀직부사(檢校密直副使)에 제수되고 용성군(龍城君)에 봉해졌다. 노년에 벼슬을 치사(致仕)하고 용진(龍津)으로 돌아왔는데, 《고려사(高麗史)》에 전(傳)이 있다.[176]

용성군이 휘 인벽(仁璧)을 낳았다. 인벽이 고려에 벼슬하였는데, 장재(將才)가 있어서 여러 차례 병권(兵權)을 맡아서 보리공신(輔理功臣) 용원부원군(龍源府院君)에 봉해졌다. 공양왕(恭讓王) 때에 졸하였는데, 본조(本朝)에서 좌명공신(佐命功臣) 좌정승(左政丞) 한산백(漢山伯)에 증직(贈職)되고, 시호는 양렬공(襄烈公)이다. 양렬공이 휘 연(涓)을 낳았는데, 13세에 진사에 급제하였다. 본조에 들어와서는 태조(太祖)의 사위로 가장 신임을 받았고, 태종(太宗) 때에 좌명공신(佐命功臣) 우의정(右議政) 한평부원군(漢平府院君)에 봉해졌으며, 시호는 양경공(良敬公)이다. 양경공이 휘 연(憐)을 낳았는데, 동지돈녕부사(同知敦寧府事)를 지냈다. 동지돈녕부사가 휘 운명(云明)을 낳았는데,

175 세조(世祖) : 원문은 '世朝'로 되어 있는데, 문맥으로 볼 때 오기로 판단되어 수정하여 번역하였다.

176 고려사(高麗史)에 전(傳)이 있다 : 《고려사》 111권 열전24에 실려 있다.

벼슬이 판관(判官)에 이르렀다. 판관이 휘 영걸(英傑)을 낳았는데, 벼슬이 감찰(監察)에 이르렀다. 감찰이 휘 수곤(壽崑)을 낳았는데, 송라찰방(松羅察訪)을 지냈다. 초서(草書)와 예서(隸書)를 잘 썼고, 나이가 많고 덕이 높아서 비의(緋依)를 하사받고,[177] 이조 참판에 증직되었으니, 부군에게 고조(高祖)가 된다.

증조 휘 현(玹)은 효행으로 성균관 유생들의 천거를 받아 벼슬이 공조 좌랑(工曹佐郎)에 이르렀고, 이조 판서(吏曹判書)에 추증되었다. 조고(祖考) 휘 익남(翼男)은 효행으로 명성이 있었는데, 사섬시 봉사(司贍寺奉事)를 지냈고 좌찬성에 증직되었는데, 문간공(門簡公)이 높은 벼슬을 했기 때문에 3세(世)가 추은(推恩)된 것이다. 미수(美叟) 허(許)선생이 그 묘갈에 쓰기를, "효성과 우애가 지극한 정성에서 나왔다."라고 하였다. 고(考)는 판중추부사(判中樞府事) 겸 대제학(大提學)을 지내고 의정부 영의정(議政府領議政)에 제수되었으며 시호는 문간공(文簡公)인 휘 경(絅)이다. 도덕과 절의(節義)로 인조, 효종, 현종 세 임금의 충신이 되었고, 만년에 치사(致仕)하고 벼슬에서 물러나 포천(抱川)의 선영 아래에서 천수를 누렸다. 부음이 임금께 보고되자 정시(停市)하고 관원을 보내 치제(致祭)하였다. 사림(士林)들은 공경

177 비의(緋依)를 하사받고 : 비의란 붉은색의 얇은 비단으로 만든 조복(朝服)을 말한다. 《증보문헌비고(增補文獻備考)》 권79 〈예고(禮考) 신복(臣服)〉에 "영조 20년(1744)에 전교하기를 '……2품 이상은 비의, 당상관 정3품은 홍포(紅袍), 종3품 이하는 청포(青袍), 7품 이하는 녹포(綠袍)로 하던 옛 제도를 회복하기가 어려우니, 지금의 제도로 당상관 이상은 비의, 당하관 이하는 홍포로 하여 기록하라.'라고 하였다."라고 하였고, 녹문공(鹿門公)의 묘지명에는 통정대부(通政大夫)로 쓴 것으로 볼 때, 정3품 당상관인 통정대부를 하사받은 일을 가리킨다.

하고 본받을 분이 없어 영남의 곡강서원(曲江書院), 수춘(壽春)의 문암서원(文巖書院), 견성(堅城)의 용연서원(龍淵書院)에서 모두 제향하니, 금상(今上)이 가상히 여겨 모두 사액(賜額)하였다. 병진년(1676, 숙종2)에 현종대왕의 묘정(廟廷)에 배향(配享)되었는데, 경신년(1680, 숙종6)에 당인(黨人)[178]들의 배척을 받아 출향(黜享)되었다. 을해년(1695, 숙종21)에 청백리(淸白吏)에 녹선(錄選)되었다. 배(配)는 정경부인(貞敬夫人)인데, 안동 김씨 상락백(上洛伯) 김방경(金方慶)의 후손이고, 선조(宣祖) 때 이조 판서를 지낸 김찬(金瓚)의 따님이다. 정숙하고 유순하여 말이 규문(閨門) 밖으로 나가지 않았다. 세상을 떠나자 문간공이 제문을 지었는데, "부인은 부덕(婦德)에 있어 순수하고 완비되었다고 할 수 있고, 또한 여기에서 가법(家法)의 바름을 볼 수 있다."라고 하였다.

문간공 부군이 광해군의 정란(政亂)을 당하여 영남의 거창(居昌) 장발촌(長發村)으로 은거하였는데, 이 마을에 있는 집에서 명나라 천계(天啓) 원년 신유년(1621, 광해13) 9월 19일 묘시(卯時)에 부군을 낳았다. 부군은 나면서부터 자질이 순후(醇厚)하였고, 어려서부터 품행이 단정하여 장난치고 노는 것을 좋아하지 않았고, 겨우 4, 5세에 이미 성인과 같았다. 문간공이 공부하라고 권하지 않아도 종일토록 바르게 앉아 공부를 게을리하지 않아 15세가 되기 전에 경서(經書)와 사서(史書)를 이미 통달하고 문장이 날로 진보하였으며, 나이가 들어서는 과거공부에만 전념하지 않았다. 그리고 물뿌리고, 비질하고, 응

178 당인(黨人) : 원문은 '黨壬'으로 되어 있는데, 녹문공의 묘지명에 의거하여 '黨人'으로 수정하여 번역하였다.

낙하고, 답변하는 것과 몸가짐과 행동이 모두 《제자직(弟子職)》의 도리에 맞았다. 상국(相國) 남이웅(南以雄)이 문간공과 교유하였는데, 일찍이 부군이 문간공을 곁에서 모시면서 자제의 의범(儀範)이 있는 것을 보고 나와서 사람들에게 말하기를, "조모(趙某)는 도덕을 갖춘 선비이니 나이가 젊다고 해서 함부로 대해서는 안 된다."라고 하였다. 증참판공 구(絿)는 문간공의 아우로 문간공을 따라서 홍양(洪陽)에 살았다. 숭정(崇禎) 경진년(1640, 인조18)에 증참판공이 병에 걸려 의원을 찾아가게 되었는데, 부군이 모시고 상경하다가 과천(果川)에 이르러 갑자기 세상을 떠났다. 위독할 때에 약을 쓰고 간호하면서 할 수 있는 방도를 다하였고, 돌아가신 뒤에 염습(斂襲)과 장례(葬禮)에 정(情)과 예(禮)를 다하였다. 증참판공의 아들 참판공이 훗날 자라서 그 일을 듣고 눈물을 흘리며 말하기를, "불초가 평생동안 안고 있는 지극한 슬픔이 우리 형님 덕에 유감이 없게 되었다."라고 하였다.

임오년(1642, 인조20)에 생원시(生員試)에 급제하였고, 기축년(1649, 인조27)에 태학(太學)의 장의(掌議)로서 장릉 참봉(章陵參奉)에 제수되었으나 나아가지 않았다. 경인년(1650, 효종1)에 모친 김씨 부인이 중풍에 걸려 한 달을 넘기도록 위독하였다. 부군이 노심초사하여 여러 달 동안 식사를 제때에 하지 못하고, 잠잘 때에 눈을 붙이지 못하였다. 유의(儒醫) 이기선(李嗜善)이 평소에 부군에게 교만했었는데, 부군의 효성이 남들과 다른 것을 보고 애처럽게 여겨 자기의 의술을 다해서 치료하니 사람들이 모두 부군의 효성에 감동해서라고 하였다. 이때 청나라가 주문(奏文)과 표문(表文) 등의 일로 우리나라를 책망하였는데, 문간공이 문형(文衡)으로서 대신(大臣)인 상공(相公) 이경석(李景奭)과 함께 그 일을 떠안고서 함께 의주의 백마산성(白馬山城)으로 귀양갔다. 부군이 밤낮으로 정성을 다해 병든 모친을 간호하면서 때때로 파발마를 타고 귀양지를 왕래하니, 근심하고 비통해하는 모습을 본 사람들이 모두 슬퍼하여 눈물을 흘렸다. 효묘(孝廟)께서 한 대신(大臣)에게 명하여 청나라에 주청(奏請)해서 두 신하를 구원해서 유배를 풀어주라고 하였는데, 이른바 대신이라는 자는 일찍이 도당(徒黨)을 짓고 권세를 부리다가 문간공에게 논박을 당했던 자였다.[179] 이 일을 빙자하여 묵은 분풀이를 하려고 청나라에 주청하는 글에 문간공이 죄가 없다는 내용을 모두 빼버려서 닥칠 화가 장차 예측할 수 없게 되었다. 이에 부군이 애통하고 절박하여 조정에 애처럽게 호소하여 당시의 실상을 모두 진달하였다. 효종대왕이 그 상소를 비국(備局)에 내려서 주문을 다시 지으라고 명하시고 묘당(廟堂)에 하교하기를, "두 신하의 일은 치우치게 가볍거나 치우치게 무거운 것이 없다."라고 하셨으니, 이는 효묘께서 실상을 통촉하고 계셨기 때문이다. 그리하여 대신이 끝내 자기의 계략을 부리지 못하였다.

11월에 모친인 정경부인의 병이 위독해지자 부군이 모친의 분변(糞便)을 맛보고 단지(斷指)까지 하였으나 끝내 효험이 없었다. 모친상을 당해서 물 한 모금도 입에 대지 않은 지 7, 8일이 되자 조문 온 사람들이 모두들 위태롭게 여겼다. 이웃에 사는 문인(文人) 양만고(楊萬古)[180]가 부군이 단지했다는 소식을 듣고 시를 짓기를, "조물주가

179 일찍이……자였다 : 원문에는 '曾以樹黨要 見駁駁於文簡公者也'로 되어 있는데, 《녹문유고》의 부록에 실린 언행록(言行錄)에 의거하여 '曾以樹黨要權 見駁於文簡公者也'로 수정하여 번역하였다.

180 양만고(楊萬古) : 1574~1655. 본관은 청주(淸州)이고, 자는 도일(道一)이며, 호는 감호(鑑湖)·돈호(遯湖)·비로도인(毗盧道人)이다. 강릉 출신으로, 1610년(광

지각이 있다면 하늘 또한 늙었는가? 적선(積善)한 가문의 존망이 애처롭기만 하네. 칼을 빼들어 단지까지 했건만 신(神)은 부질없이 울고, 상장(喪杖) 짚고 슬피 울부짖으니 세상 사람들 칭송만 하네. 병든 아들 오래도록 언 죽을 마시고 있으니, 옛날의 현자만 어찌 홀로 차가운 얼음을 두드렸겠나.[181] 이런 효자는 옛 책에서 찾아봐도 짝할 이 드물 것이니, 이런 일 인간 세상에서 일찍이 보지 못했네.〔眞宰有知天亦老 善家存沒可相矜 揮刀斷指神空泣 扶杖哀號世但𥛚 病子久猶啜凍粥 昔賢何獨叩寒氷 孝求往牒應稀比 此事人間見未曾〕"라고 하였는데, 사람들이 사실을 그대로 기록했다고 하였다. 장례를 지내고 나서도 죽만 먹으니 문간공이 편지를 보내 부모의 상을 치르느라 몸이 상해서 죽는 것은 효가 아니라고 훈계하였다. 부군이 흐느껴 울면서 말하기를, "자식의 도리를 다하지 못해 이지경에 이르렀다."라고 하니, 주위 사람들이 듣고서 모두들 눈물을 흘렸다. 그렇지만 아침 저녁으로 조밥을 해서 들었으나 채소와 과일은 입에 대지 않았다.

문간공이 유배가 풀려 돌아와 선산 아래에 은거하자 부군이 또 상기(喪期)를 마치고 나서 오로지 부친을 봉양하는 것으로 종신(終身)

해군2) 알성문과에 을과로 급제하였다. 1639년(인조17) 군자감정(軍資監正)이 되어 시폐(時弊)를 논하는 〈조진설치사책(條陳雪恥四策)〉을 상소하고 이어서 통진부사(通津府使)를 지냈다. 아버지의 영향을 받아 서예와 문장에 두루 능하였다. 글씨로 포천의 〈장령정희등묘표(掌令鄭希登墓表)〉가 있다.

181 옛날의……두드렸겠나 : 중국 진(晉)나라 때의 효자 왕상(王祥)의 일을 가리킨다. 왕상이 자기를 모질게 대하는 계모에게 지극한 효성을 다하였다. 한 번은 계모가 한겨울에 잉어회를 먹고 싶어 하자 강에 나가가 얼음을 깨고 들어가 잡으로고 하자 얼음이 저절로 깨지면서 잉어 두 마리가 뛰어 올라왔다고 한다. 여기에서는 녹문공이 행한 단지(斷指)의 효행을 왕상의 효행에 견준 것이다.《小學 善行》

의 계책을 삼았다. 갑오년(1654, 효종5)부터 연이어 관직에 제수되었는데, 재랑(齋郞)에 제수된 것이 두 번이고, 별좌(別坐)에 제수된 것이 한 번이었으나 모두 나아가지 않았다. 이는 오랫동안 부친을 모시지 못하게 되는 것을 어렵게 여겼기 때문이다. 정유년(1657, 효종8)에 이르러 또 계방(桂坊)의 시직(侍直)[182]에 제수되었는데, 문간공이 이르기를, "너는 세속을 떠나 은거하는 선비가 아니면서 매번 제수하는 명을 사양하는 것은 신하된 자의 분수와 의리에 있어 온당치 못하다."라고 하니, 부군이 문간공의 말씀을 받들어 즉시 나아가서 사은숙배하였는데, 벼슬에 나아간 지 겨우 한 달 만에 체직단자(遞職單子)를 올리고 집으로 돌아왔다. 기해년(1659, 효종10)에 또 시직에 제수되었는데, 미처 사은하기도 전에 효종대왕이 붕어하니 부군이 문간공을 모시고 다급히 올라가서 곡하였다. 새 임금이 왕위를 계승하고 나서 동궁(東宮)의 요속(僚屬)이라고 하여 전례에 따라 6품으로 승진시켜 종부시 주부(宗簿寺主簿)에 제수하였는데, 사은한 지 한 달을 채우지 못하고 벼슬을 내놓고 돌아와 부친을 봉양하였다. 또 공조 좌랑(工曹佐郞)에 제수되었는데 얼마 지나지 않아 체직되었다. 경자년(1660, 현종1)에 즉위증광시(卽位增廣試)를 실시하였는데, 부군이 초시(初試)와 회시(會試)에 모두 2등을 하여 마침내 과거에 급제하였다. 대체로 문간공이 사직하기 전에는 과거가 있을 때마다 매번 문간공이 고관(考官)의 명을 받았기 때문에 회시와 전시(殿試)에 시권(試券)을 제출한 경우가 매우 적었고, 임진년(1652, 효종3) 이후로는 향시

182 계방(桂坊)의 시직(侍直) : 조선시대 세자를 호위하는 기관으로 세자익위사(世子翊衛司)의 별칭이다. 시직은 세자익위사에 소속된 정8품 벼슬이다.

(鄕試)에서는 우수한 성적을 받았으나 정시(正試)에서는 크게 드러내지 못하였다. 경자년에 이르러 비로소 우수한 성적으로 과거에 급제하였으나 춘추가 이미 불혹에 이르렀으니, 어찌 운수가 있어서 그런 것이 아니겠는가. 이 후로 연이어 예조와 병조의 낭관에 제수되었는데 모두 사은숙배한 뒤에 체직되어 집으로 돌아와 부친을 봉양하였다. 신축년(1661, 현종2)에 다시 병조 좌랑에 제수되었다가 이어 통청(通淸)[183]되었고, 곧바로 경기도 도사(京畿道都事)에 제수되었는데, 사은숙배 하던 날에 문간공이 예를 논한 상소를 올렸다. 시배(時輩)들이 임금의 눈을 가리고 임금을 속여서 문간공을 무함하고 욕하면서 못하는 말이 없었고, 심지어 찬배(竄配)하고 문외출송(門外黜送)하라는 요청을 하기까지 이르자 부군이 당일에 벼슬을 버리고 돌아왔다. 이로부터 세상과 단절하고 지냈다.

집안이 본래 청빈(淸貧)한데다 녹봉마저 없었는데, 조모와 부친의 봉양 외에도 문간공의 내외 자손으로서 함께 살며 부양해야 할 사람이 100명이나 되었다. 집을 팔고 전답을 팔아서라도 모두 따뜻하게 입히고 배부르게 먹였지만 정작 부군 자신은 밥상에 생선이나 고기가 없었고, 겨울과 여름에 따뜻한 털옷이나 시원한 베옷이 없었으나 또한 돌아보지 않았다. 이보다 앞서 송시열(宋時烈)이 기해년(1659)의 대상(大喪)[184]을 당하여 국가의 예를 그르치고, 자기의 당파를 끌

183 통청(通淸) : 청관(淸官)이 될 자격을 얻는 일을 가리킨다. 홍문관(弘文館) 관원(官員)은 모두 문명(文名)과 덕행(德行)이 있는 자를 서임하므로 청관이라 하는데, 청관 후보자가 삼망(三望)에 들거나 권점(圈點)에 드는 것을 말한다.

184 기해년(1659)의 대상(大喪) : 조선의 17대 왕인 효종(孝宗)의 죽음을 말한다. 1659년 효종이 세상을 떠나자 인조의 계비(繼妃) 자의대비(慈懿大妃)의 상복을 두고

어들여 요직에 배치하고 그간에 예를 논했던 제현(諸賢)들을 금고시켰다. 이에 부군은 4년 동안 두문불출하고 불안한 세월을 보냈다

갑진년(1664, 현종5)에 비로소 좌천되어 은계 찰방(銀溪察訪)에 제수되었는데 부군은 부친을 봉양하기 편리하다고 하여 부임하였다가 을사년(1665, 현종6)에 병 때문에 사직하고 돌아왔다. 12월에 문간공이 계비(繼妣) 송씨 부인의 상을 당하였는데, 이때 문간공의 춘추가 80세였으므로 부군이 실질적으로 그 상을 주관하여 대소렴(大小斂)과 장례, 제전(祭奠)에 예를 다하여 유감이 없게 하였다. 겨울에 김화 현감(金化縣監)에 보임되었는데, 부군이 가솔을 거느리지 않고 혼자 부임하였으니, 이는 조석으로 문간공을 봉양할 사람이 없는 것을 염려했기 때문이다. 임지에 이르러서는 백성을 다스리는 일 외에 오직 부친을 봉양하는 것만을 급선무로 삼았고, 다른 것은 일체 하지 않으니 온 고을 사람들이 본받아서 감화되었다. 도신(道臣)은 전에 알던 사람이 아니었는데도 그 효성에 감동되어 휴가를 신청하지 않고 편의대로 근친(覲親)하도록 허락하였다. 고을의 정사를 함에 있어 묵은 폐단을 제거하는 데에 힘썼고, 매달 초하루와 보름에는 직접 고을의 선비들을 가르쳤다. 그 결과 어(魚) 자와 로(魯) 자를 구분하지 못하

서인과 남인 사이에 논란이 벌어졌는데, 이 사건을 '기해예송(己亥禮訟)'이라 부른다. 효종이 인조의 둘째 아들로서 왕위에 올랐기 때문에 자의대비가 1년간 상복을 입어야 한다는 서인의 주장과 맏아들이 아니라도 왕실의 종통(宗統)을 이었으면 당연히 적자(嫡子)로 인정된 것이므로 삼년복을 입어야 한다는 윤선도(尹善道)·윤휴(尹鑴)·허목(許穆) 등 남인의 주장이 맞섰다. 이 논쟁은 전국 유생들 사이로 확산되었고, 결과는 당시 정권을 장악하고 사림의 신뢰를 받던 송시열과 송준길 등 서인의 승리로 일단락되었다.

던[185] 산골 선비들이 부군이 부임한 뒤부터 많은 변화를 하여 과거에 응시해서 급제하는 사람이 나오기까지 하였다. 정미년(1667, 현종8)에 사간원 정언(司諫院正言)으로 부름을 받으니, 고을 사람들이 철비(鐵碑)를 세워 유화(儒化)의 공덕을 칭송하였다. 부군이 서울에 들어와서 사은하고 스스로 탄핵하기를, "산이 비록 늙은 부모를 찾아뵙기 위해서라고는 하지만 실제로 마음대로 임소(任所)를 이탈하였습니다."라고 하여, 체직되어서 부친 곁으로 돌아왔다.

기유년(1669, 현종10)에 세자시강원 사서(世子侍講院司書)에 제수되었는데, 부친의 병환을 이유로 나아가지 않았다. 2월에 문간공이 세상을 떠났다. 부군의 연세가 49세였는데, 상을 치르면서 예를 다하기를 모친상 때와 똑같이 하니 몇 달 사이에 머리가 모두 하얗게 세고 기운이 매우 위태로웠다. 부군의 종제인 참판공과 여러 아들들이 울면서 권도(權度)를 따르시라고 청하자 부군이 말하기를, "내 나이가 지금 50이고, 영감하(永感下)[186]이다. 감정을 억제하고 구차하게 사는 것은 나의 본심이 아니다."라고 하고 끝내 허락하지 않았다. 이로부터 혹시 고깃국을 섞을까 염려하여 종들로 하여금 반드시 눈앞에서

185 어(魚) 자와 로(魯) 자를 구분하지 못하던 : 무식하여 비슷한 글자를 구분하지 못한다는 뜻이다. 《포박자(抱朴子)》 〈하람(遐覽)〉에 "글씨를 세 번 베껴 쓰면 어(魚) 자가 노(魯) 자로 변하고, 제(帝) 자가 호(虎) 자로 변한다."라고 한 데서 온 말이다.

186 영감하(永感下) : 부모가 모두 돌아가시고 없는 슬픈 처지를 말한다. 아버지가 돌아가시고 어머니만 계신 경우에는 자시하(慈侍下)라고 하고, 어머니가 돌아가시고 아버지만 계신 경우에는 엄시하(嚴侍下)라고 하고, 양친이 모두 계신 경우에는 구경하(具慶下)라고 한다.

음식을 마련하도록 하였는데, 상기를 마치도록 질병에 걸리지 않았으니, 어찌 하늘이 돌보신 덕분이 아니겠는가? 그러나 정력이 지나치게 날로 감소한 바람에 보고 듣는 능력이 크게 쇠해서 6, 70대 노인과 다름이 없었다. 사람들이 말하기를, 부군이 장수하지 못한 것이 실로 상제(喪制) 동안에 몸을 상해서라고 하였다.

경술년(1670, 현종11)에 홍문록(弘文錄)에 들어갔다. 신해년(1671, 현종12)에 복(服)을 마치고 사헌부 지평(司憲府持平)에 제수되어 진휼청 당상(賑恤廳堂上)이 기민(飢民)을 구제하지 못한 일과 통제사(統制使) 유여량(柳汝亮)과 용인 현감(龍仁縣監) 이건(李騫)이 재물을 탐하여 불법을 자행한 일을 논계하였는데, 한 번의 계사에 임금이 모두 윤허하였다. 또 상소를 올려 시정(時政)을 논하였는데, 기민(飢民)을 구휼할 것, 기강을 확립할 것, 사치를 금할 것, 당론(黨論)을 억제할 것이었고, 임금 마음을 바로잡는 것을 네 가지 폐단의 근본으로 삼았다. 그 끝에 이르기를, "오늘날 조정의 신하들은 당론(黨論)을 첫 번째 일로 여기고, 국가의 일을 두 번째 일로 여깁니다."라고 하니, 현묘(顯廟)가 우악한 비답을 내렸으나 권세를 잡은 신하들은 싫어하였다. 이어 옥당(玉堂)으로 옮겨서 수찬(修撰)에 제수되었고, 지제교(知製敎)로 발탁되었다가 교리(校理)로 승진하였다. 8월에 암행어사의 임무를 띠고서 호서 지역을 염문(廉問)하고, 10월에 복명(復命)하였는데, 감사 이홍연(李弘淵)이 정사에 흠이 많고 추한 비방이 많음을 논계하였다. 또 연로에서 들은 것[187]들을 진달하고, 이어 산림(山

187 들은 것 : 원문에는 '求' 자로 되어 있는데, 《녹문유고》의 부록에 실린 언행록(言行錄)에 의거하여 '聞' 자로 수정하여 번역하였다.

林)[188]의 문도(門徒)들이 여염에서 권세를 빙자하여 자행하는 행태를 말하였다. 이에 송시열의 무리가 대관(臺官)을 사주하여 부군이 친구의 집에서 음식을 요구하고 신분을 엄밀히 감추지[189] 않았다는 이유로 파직하기를 청하였다. 여러 차례 계사가 올라간 뒤에야 윤허하였으나 얼마 지나지 않아 서용하라고 명하였는데, 이는 대관이 허위로 날조하여 무함한 자취가 드러났기 때문이다.

임자년(1672, 현종13) 정월에 다시 수찬에 제수되고 이어 소명이 내렸는데, 부군이 봉사(奉使)[190]를 잘못하여 거가대족(巨家大族)에게 죄를 얻었다는 이유로 스스로 사양하였으나 임금이 받아들이지 않아서 부득이 나가서 사은숙배하였다. 이보다 앞서 공이 복(服)을 벗고 벼슬에 나아가니 화려한 명성이 크게 드러났다. 이조에서 공의(公議)에 밀려 전랑(銓郞)의 자리에 통망(通望)하려고 했는데, 봉사(封事)에서 논한 암행어사의 서계(書啓)를 보고 말하기를, "만약 관원을 전형(銓衡)하는 자리에 둔다면 반드시 동창귤피(東窓橘皮)의 계책[191]에 장애가 될 것이다."라고 하고서, 부군이 노쇠했다는 핑계로 전랑이 되는

188 산림(山林) : 우암(尤庵) 송시열(宋時烈)을 가리킨다.

189 감추지 : 원문에는 '莊' 자로 되어 있는데, 《녹문유고》의 부록에 실린 언행록(言行錄)에 의거하여 '藏' 자로 수정하여 번역하였다.

190 봉사(奉使) : 원문에는 '奉' 자만 있는데, 《녹문유고》의 부록에 실린 녹문공의 묘갈명과 묘지명에 의거하여 '使' 자를 넣어서 번역하였다.

191 동창귤피(東窓橘皮)의 계책 : 간신이 충신을 해치려고 모의하는 일을 가리킨다. 송나라 진회가 충신 악비(岳飛)를 죽이고자 할 때에 부인 왕씨(王氏)와 동창(東窓) 아래에서 귤을 가지고 장난하면서 음모를 꾸몄던 데에서 유래한 말이다. 《西湖游覽志餘 佞倖盤荒》

것을 막아버렸다. 얼마 뒤에 교리에 제수되고, 연이어 옥당에 있었다. 6월에 세자시강원 필선(世子侍講院弼善)으로 승진하였고, 그 정사(政事)에서 헌납에 제수되었는데, 추함(推緘)이 마감되지 않았다는 이유로 피혐하여 체직되었다. 곧이어 사간(司諫)에 제수되어 별시(別試)의 무시(武試)를 감독하고 나서 병 때문에 체직되었다. 태복시 정(太僕寺正)에 제수되었다가 열흘이 못되어 보덕(輔德)으로 옮겼다. 이후로는 옥당에 수망(首望)으로 의망하는 일이 있어도 임금이 오랫동안 낙점을 하지 않았다. 연신(筵臣)이 간혹 그 까닭을 물으면 임금이 "주연(胄筵)의 권강(勸講)하는 책임은 가볍지 않고 무거우므로 다른 직책으로 옮기지 않는 것이다."라고 하였다. 2월에 전시(殿試)의 참고관(參考官)을 맡았다.

계축년(1673, 현종14)에 고관(考官)으로서 사마시(司馬試) 회시(會試)의 시원(試院)에 들어갔고, 또 수찬으로 옮겼다. 이때 지평 조창기(趙昌期)가 만언소(萬言疏)를 올려 당론(黨論)의 폐단을 크게 논하면서 그 말이 권신(權臣)에게까지 미쳐서 세상 사람들의 미움을 받았으나 현묘(顯廟)께서 우악한 비답(批答)을 내리셨다. 그러나 전형을 잡은 신하가 시세(時世)에 아부하지 않는 것에 대해 노해서 마침내 청망(淸望)에 오르는 것을 막아버렸다. 이에 부군이 등대(登對)하여 아뢰기를, "조창기의 말이 매우 강직해서 헌신(憲臣)의 풍모가 있는데 조정에 있는 신하들이 미워해서 금고(禁錮)하니, 성상께서 곧은 신하를 우대하는 도리가 아닙니다."라고 하니, 주상께서 머리를 끄덕이셨다. 이튿날 다시 정사를 열었으나 대망(臺望)에 의망하지 않았다. 주상께서 가망(加望)하라고 명하시어 특별히 조창기에게 정언을 제수하고 전관(銓官) 이익상(李翊相)을 파직하였다. 부군이 물러나와 직소

(直所)로 돌아오니 당시에 권세를 부린 자들이 크게 화를 내었다. 곧 이어 보덕(輔德)에 제수되고, 다시 수찬으로 옮겨졌다.

이때 영릉(寧陵)의 석물(石物)이 갈라져서 틈이 생긴 변고가 있었는데, 당로자(當路者)들과 삼사(三司)가 유사(有司)를 죄주라는 하교가 있을까 염려하여 그 전에 봉심(奉審)한 자들이 숨기고 아뢰지 않았었다. 그런데 뜻밖에 종실(宗室)인 영림령(靈林令) 이익수(李翼秀)가 상소하여 숨기지 않고 모두 말하자 현종대왕이 크게 놀라서 능을 조성하는 일을 감독했던 신하들을 신문하여 다스렸다. 이때 부군이 상소하였는데, 그 대략에, "신이 삼가 듣건대, 영릉(寧陵)을 봉심(奉審)한 공경(公卿)과 대시(臺侍)가 돌아와서 이익수(李翼秀)의 상소가 빈말이 아니라고 아뢰자, 상께서 '능상(陵上)의 사면 팔방 어느 곳 하나 완전한 데가 없다.'는 하교를 하셨다고 합니다. 영릉에 봉안한 지 지금 15년밖에 되지 않는데도 이런 결과가 빚어졌고 보면 만세토록 모실 교산(喬山)[192]에 대한 염려가 어찌 끝이 있겠습니까?

옛날 송 인종(宋仁宗)을 영소능(永昭陵)에 장사지낼 때에 황당(皇堂)의 마룻대가 파손되었는데 제사(諸使)가 덮어두려 하자 한기(韓琦)가 정색하고 말하기를 '파손되었으면 바꿔야 마땅하다. 장사지낼 기

192 교산(喬山) : 교산은 전설상의 임금인 황제(黃帝)를 장사 지냈다는 곳으로, 임금의 무덤을 뜻한다. 황제가 수산(首山)의 동을 캐 형산(荊山)의 아래 정호(鼎湖)에서 솥을 주조하여 완성하자, 하늘에서 용이 내려와 황제를 태우고 승천하였는데, 이때 신하와 후궁 70여 명이 용을 타고 함께 하늘로 올라가고, 나머지 사람들은 용의 수염을 잡으니 수염이 뽑혀 떨어지면서 황제의 활과 검이 함께 땅에 떨어졌다. 이에 남은 백성들이 활과 검을 끌어안고 통곡하였다고 한다. 여기에서는 조선 효종(孝宗)의 능인 영릉(寧陵)을 가리킨다. 《史記 卷28 封禪書》

일을 어기는 것이나 비용을 더 쓰는 데 따른 책임이야 그래도 감당할 수 있지만, 만약 구차하게 덮어두었다가 뒤에 무너지는 일이라도 생겨 임금이 의심하는 결과를 빚게 되면, 신하로서 어떻게 그 책임을 당하겠는가?'라고 하였습니다. 그런데 애석하게도 그때 감독했던 신하들이 뒤에 무너질 걱정은 염두에 두지도 않고 그저 일을 마치는 것만 힘썼으니, 한기의 말과 비교해 볼 때 어떻다 하겠습니까.

따라서 공사를 감독한 관원이야 물론 죄가 있습니다만, 봉분과 배설(排設)한 석물(石物)에 이상이 발생했다고 보고한 뒤로부터 전후로 봉심(奉審)한 신하들이 그저 틈이 벌어진 곳에 회를 바르는 것만 일삼았을 뿐 사면 팔방이 염려스러운 형세에 대해서는 상께 아뢰지 않았습니다. 유심히 살펴보고서도 그런 사실을 몰랐다면 그래도 혹 괜찮을 수 있지만 만약 알고서도 아뢰지 않았다면 그 죄는 실로 공역을 감독한 관원보다 큽니다. 능침(陵寢)을 봉심하는 일은 국가에 있어 얼마나 중대한 일입니까. 그런데도 앞뒤를 재어보고 주저하며 사실대로 보고드리지 않았으니, 이런 일이 계속될 경우 장릉(長陵)의 흙 한 줌을 훔친 자가 있더라도[193] 전하께서 듣지 못하게 될까 신은 염려됩니다. 전하의 효심을 체념하지 않고 감히 함부로 속였으니, 이보다 큰 일이 있겠습니까. 그리고 능침이 완전치 못한 실상이 드러난 지

193 장릉(長陵)의……있더라도 : 장릉은 한 고조(漢高祖)의 능이다. 문제(文帝) 때 종묘 의 옥환(玉環)을 훔친 도둑에 대해 당시의 판관인 장석지(張釋之)가 기시형(棄市刑)을 내리자, 문제는 그에 대해 삼족(三族)을 멸하지 않는다고 노하였다. 이에 장석지는 "종묘의 그릇을 훔쳤다고 삼족을 멸한다면 장릉의 흙 한 줌을 훔친 경우 무슨 죄로 다스리겠습니까."라고 하여, 문제의 노기를 풀었다고 한다. 《史記 卷102 張釋之列傳》

이미 오래되었는데 양사(兩司)가 침묵만 지키면서 그동안 부실하게 봉심한 잘못을 거론하지 않았으니, 그 의도가 무엇이었단 말입니까. 참으로 의아스럽습니다. 어리석은 신이 근심스럽고 개탄스러운 마음 금할 수 없어 사리에 어두운 말을 감히 진달하였으니, 광망한 행동에 대한 주벌을 어찌 감히 사양하겠습니까? 게다가 신이 전에 외람된 말을 진달하였다가 큰 소란을 일으켜서 칩거하면서 죄가 내려오기를 기다리고 있는데, 또 위험스러운 말을 꺼냈으니 신의 전도되고 어리석음이 심하다고 할 수 있을 것입니다."라고 하니, 상이 비답(批答)하기를, "그대의 상소를 살펴 보건대, 분개하는 뜻과 임금에게 충성하고 나라를 사랑하는 정성이 말 속에 넘쳐 흘렀으니 매우 가상하다. 지금 선왕께서 서거하신 뒤에 능침의 의물(儀物)에 완전한 곳이 없어 장차 부득이한 일을 하게 되었으니 내 마음이 어떠하겠는가? 나도 모르게 심장과 간이 찢어지는 것 같다. 그간에 봉심한 신하들이 만약 있는 일을 없다고 보고하고 큰 것을 작다고 보고하였다면 그 죄를 참으로 피하기가 어려울 것이니, 내가 실상을 조사한 뒤에 조처하겠다. 근일 대각의 신하들이 앞뒤를 재며 주저하는 자가 많으니, 누가 기꺼이 나라를 위해 분발해서 이런 이야기를 하겠는가. 정말 개탄스럽다. 그대는 사직하지 말고 속히 직무를 살피도록 하라." 하였다.

원소(原疏)가 입계(入啓)되었으나 여러 날 동안 비답이 내리지 않자 함묵(含默)했다는 지적을 받은 양사(兩司)의 관원들 중에 인피(引避)한 자들이 부군을 공격하는 말을 많이 했으나 내린 비지를 보니 성상의 뜻이 엄명(嚴明)했기 때문에 다시는 감히 독랄한 말을 하지 못하였다. 현묘가 부군의 상소를 받아들이고 나서 크게 깨달아 봉심할 때에 임금을 속이고 사실을 덮은 자를 조사하여 대신 김수항(金壽

恒) 등 여러 사람을 잡아들여 처벌하였다. 이에 김수항의 무리가 기필코 부군을 해치려고 하였는데, 그 중에 이선(李選)[194]이라는 자가 나서서 소장을 올려 문간공이 예를 논했던 상소와 부군이 봉심했던 신하들을 죄주기를 청한 일을 낱낱이 들먹이며 온갖 말로 헐뜯어서 조금도 꺼리는 것 없이 기를 쓰고 죄를 씌우려고 하였으나 말이 사리에 맞지 않았다.

부군이 다시 상소를 올려 변론해서 해명하려고 했는데 미처 소장을 올리기 전에 김수항의 앞잡이가 등대(登對)하여 조모(趙某)는 정세가 편안키 어려워 공무를 행할 수 없으니 우선 체직시키라고 하니, 주상이 허락하였다. 이는 부군이 변론한 상소가 임금께 들어가면 그들이 임금을 속인 실상이 반드시 남김없이 드러날 것이기 때문에 서둘러 체직시키기를 청한 것이다. 그 후로 두 차례나 북평사(北評事)에 수망(首望)으로 의망(擬望)되었으나 임금이 환히 꿰뚫어 보고 그것이 저들이 부군을 해치려는 수작임을 알고 끝내 낙점하지 않았다.

194 이선(李選) : 1632~1692. 본관은 전주(全州)이고, 자는 택지(擇之)이며, 호는 지호(芝湖)·소백산인(小白山人)이다. 아버지는 우의정 이후원(李厚源)이며, 송시열(宋時烈)의 문인이다. 1664년(현종5) 춘당대문과에 병과로 급제하여, 1667년 정언, 1668년 교리·이조좌랑 등을 역임하고, 1673년 응교로 재직중 노산군(魯山君)의 묘소에 시제(時祭)하고, 황보인(皇甫仁)·김종서(金宗瑞) 등의 신원을 상소하였다. 1675년(숙종1) 형조참의로 있다가 송시열이 쫓겨나고 남인이 득세하자 사직하였으며, 다시 개성유수가 되어 정충신(鄭忠信) 등에게 시호를 주고 그들의 자손을 벼슬에 등용할 것을 청하였다. 예조참판이 되어 사신으로 청나라에 다녀와 이조참판이 되었다가 1689년 대간의 탄핵을 받고 기장(機張)에 귀양가 배소에서 죽었다. 1694년 복관되어 왕의 사제(賜祭)를 받았다. 저서로는 《芝湖集》이 있으며, 편서로는 《황강실기(黃岡實記)》·《시법총기(諡法摠記)》 등이 있다.

부군이 계축년에 화를 면한 것은 실로 우리 현묘께서 명철하신 덕분이었다.

공이 벼슬에서 물러나 선영 아래로 돌아와 여러 해 동안 세상사에 대해 뜻을 접었다. 갑인년(1674, 현종15) 여름에 사복시 정(司僕寺正)에 제수되었는데, 부군이 나아가 숙배하지 않으려고 하였으나 조정에서 이미 능(陵)을 옮기기로 결정하고 옮길 날짜가 박두하여 백관들이 분주하였기 때문에 부군이 부득이 궐에 들어가 사은하였다. 대례(大禮)가 끝나자마자 인선왕후(仁宣王后)가 갑자기 세상을 떠났으므로 감히 병이 있어서 벼슬하지 못한다는 말을 하지 못하고 할 수 없이 벼슬하였다. 8월에 현종대왕이 붕어하자 부군은 생전의 지우(知遇)에 대해 감회가 깊어 부모상을 당한 것처럼 슬퍼하고, 졸곡(卒哭) 때까지 소식(素食)을 하며 외당(外堂)에서 거처하였다.

10월에 능주 목사(綾州牧使)를 맡았다. 이때 금상(今上)이 새로 즉위하였는데, 부군이 금상이 세자 때 주연(冑筵)에서 보좌했던 옛 은혜가 있었기 때문에 권신들이 임금이 공을 등용할까 염려하여 외직으로 보내 도성에서 먼 고을에 보임시킨 것이다. 부군이 부임하여 백성을 다스리는 여가에 문간공의 문집(文集)을 정사(淨寫)하였다. 금상이 현묘(顯廟)가 나라의 예법을 바로잡으려는 뜻을 계승하여 권간(權奸)을 내치고 선조(先朝)의 명류(名類)를 불러들였다. 을묘년(1674, 숙종1) 정월에 부군이 홍문관 응교로서 맨 먼저 부름을 받았다. 도성에 들어가 이선(李選)이 무함한 실상을 대략 아뢰니, 임금이 비답하기를, "음흉하고 간사한 자의 말이니 무슨 꺼릴 것이 있겠는가."라고 하였다.

부군이 전후로 거상(居喪)하느라 몸이 상했었는데 이것이 점점 담화(痰火)의 병증이 되어 노년이 되어서는 점점 고질병이 되었다. 2월에 갑자기 동료 관원에 결원이 생겨서 병을 무릅쓰고 입직(入直)했다가 갑자기 숨이 막히는 증상이 있었다. 승정원에서 체직(替直)하기를 계청(啓請)하자 임금이 어의(御醫)를 보내서 간병하라고 특별히 명을 내렸으니, 실로 세상에 드문 특별한 은총이었다. 부군이 병이 조금 나아지자 소장을 올려 사례하고, 세 차례나 체직시켜 주기를 청하였다. 3월에 임금이 이조에 전한(典翰)과 직제학(直提學)을 차출하라고 명하니, 정관(政官)이 아뢰기를, "지금 이 옥당의 두 직임은 청명한 조정에게 지극히 신중하게 선발해야 하는 자리이므로 아무나 의망할 수 없습니다. 지금 인망(人望)을 받고 있는 사람은 병세가 위중할 뿐만 아니라 아직 해유(解由)가 나오지 않았으니, 우선 후일의 정사(政事)를 기다리소서." 하니, 임금이 윤허하였다. 인망을 받고 있는데 중병이 있다고 한 사람은 부군을 지목하여 한 말이다.

이때에 병이 위독해지자 부군은 일어나지 못하리라는 것을 스스로 알고서 불초들에게 유언으로 경계하기를 "집안이 본래 한미하고 벼슬이 당상관(堂上官)에 이르지 못했으니 염(斂)을 할 때에 무늬 있는 비단을 쓰지 말고, 선산 안의 한 곳을 잡아 묘를 쓰라."라고 하셨다. 임종에 이르러 상국 목내선(睦來善)과 판중추부사 유명천(柳命天)이 와서 영결하니 부군이 말씀하시기를, "어리석은 자식들이 나이가 어리고 배우지 못했으니 제공들은 부지런히 가르쳐서 죽은 벗의 뜻에 부응해주기 바란다."라고 하셨다. 마침내 5월 17일 을해일(乙亥日)에 세상을 떠나셨으니, 실로 불초들의 죄가 매우 무거워 하늘에 죄를 얻었기 때문이다. 통곡하고 또 통곡한다. 부고가 주상께 보고되자 주상께서 애석해하셨고, 사림(士林)들은 탄식하면서 말하기를, "풍부한 재능과 학식을 갖추었는데 청명한 시대에 펴지 못하였다."라고 하였다. 유명을 따라 습(襲)을 할 때 심의(深衣)와 복건(幅巾)을 사용하였고, 그 해 7월에 포천현(抱川縣) 북쪽 녹문산(鹿門山)에 있는 문간공의 묘 왼쪽 임좌(壬坐)의 언덕에 장사지냈다. 통곡하고 또 통곡한다.

부군은 타고난 자품(資品)이 매우 고절(高絶)하여 유속(流俗)을 뛰어넘었다. 겨우 젖을 뗄 나이에 마음가짐과 일을 행하는 것이 한결같이 효제(孝悌)를 근본으로 하였고, 품은 뜻이 담박하여 화려한 것을 좋아하지 않았다. 독서를 할 때에 이르러서는 전일하고 독실하게 하여 환히 꿰뚫지 못하는 것이 없었고, 경전(經傳)의 심오한 뜻을 마음속에서 분명하게 이해하였다. 지은 글로 말하면 문조(文藻)와 사한(詞翰)이 정교할 뿐만이 아니었고, 집안을 다스리는 것과 조정에 나아가서 관직 생활을 하는 것이 모두 경학(經學)에 근거한 것이었다.

어버이를 섬기는 것으로 말하면, 뜻을 봉양하는 것을 으뜸으로 삼아 부모가 사랑한 것을 사랑하고 부모가 미워한 것을 미워하여 한결같이 문간공의 마음으로 자기의 마음을 삼았다. 그러므로 문간공이 오랫동안 전형의 자리에 있었지만 끝내 일가나 친구 사이의 사적인 일로 여쭌 적이 없었다. 그러므로 문간공이 '부자간의 지기(知己)'라는 말씀을 하셨다. 맛있는 음식을 봉양할 때에도 만약 옳지 않은 데에 가까운 것이면 상에 올린 적이 없었다. 의관(衣冠)이나 복식(服飾)과 수레 등도 반드시 문간공의 소박한 마음을 받들어 감히 화려하게 하지 않고 오직 날씨에 알맞게만 하였다. 문간공 또한 그 뜻을 어기지 않는 것을 가상하게 여겼다. 부군이 여러 차례 자녀를 잃었지만 슬픈 표정으로 부모를 뵌 적이 없었고, 문간공이 조금이라도 편찮으시면 근심하는 빛이 얼굴에 드러나서 약을 반드시 직접 맛보고 저녁에도 띠를 풀지 않고서 차가운 방에서 지내며 밤새도록 잠을 자지 않았다. 참지(參知) 이후정(李后定)[195]이 일찍이 말하기를, "사람이 누군들 부모를 섬기지 않겠는가마는 외숙처럼 지극한 정성으로 섬겨 남들이 이의를 제기할 수 없는 사람은 예로부터 듣지 못했다."라고 하였다. 참판공이 지은 부군의 제문(祭文)에, "가형(家兄)이 어버이를 섬기는 정성은 옛사람도 미치지 못하는 점이 있다. 이것은 내가 직접 본 일로서 털끝만큼도 감히 친척이라서 좋게 말하는 것이 아니다."라고 하였고, 미수(眉叟) 허(許)선생[196] 또한 "조모(趙某)는 나이와 관작이 높고 현달하였으나 오히려 연소한 자제의 모습이 있었다. 조모 같은 지극한 행실은 오늘날 세상에서 볼 수 없다."라고 하였다. 문간공이 치사(致仕)하고 물러난 뒤로 20년 동안 가세가 빈한하였으나 지푸라기 하나도 남에게 받지 않았는데, 집안에서 부모를 봉양하는 데에는 극진히 하여 유감이 없게 하였으므로 일가(一家)가 감화되고, 향

195 이후정(李后定) : 1631~1689. 본관은 연안(延安)이고, 자는 정숙(定叔)이며, 호는 만안당(晩安堂)이다. 아버지는 이돈림(李惇臨)이며, 어머니는 조경(趙絅)의 딸이다. 1675년(숙종1) 식년문과에 병과로 급제하였다. 지평(持平)을 거쳐 정언(正言)이 되고, 이어서 부수찬·헌납(獻納)을 지냈다. 1689년 병조 참의로 있을 때 기사환국 직전에 인현왕후(仁顯王后)의 폐위가 부당하다고 상소하였으나 용납되지 않자 격분하여 죽었다. 뒷날 청백리에 선록(選錄)되었다.

196 미수(眉叟) 허(許)선생 : 1595~1682. 조선 중기의 문신이자 학자로, 이름은 허목(許穆)이고, 자는 문보(文甫) 또는 화보(和甫)이며, 미수는 그의 호이다. 효종이 죽은 뒤에 그 복제를 정하는 문제로 송시열과 대립하여 복제논쟁을 펼쳤는데, 송시열(宋時烈)의 체이부정설(體而不正說)을 반박하여 정체전중설(正體傳重說)을 내세워 효종에 대한 조대비(趙大妃)의 자최삼년상(齊衰三年喪)을 주장하였다. 저서에 《동사(東事)》, 《방국왕조례(邦國王朝禮), 《경설(經說)》, 《경례유찬(經禮類纂》, 《미수기언(眉叟記言)》이 있다.

리(鄕里)가 감화되고, 벼슬아치들도 모두들 크게 칭찬하였다. 이것은 불초들의 사적인 얘기가 아니라 온 세상 사람들이 공공연히 하는 말이다.

임금을 섬김에 있어서는 조정에서 벼슬한 기간이 겨우 5, 6년이었으나 논열(論列)함에 있어 임금으로 하여금 대체(大體)에 나아가도록 인도하는 데에 힘썼고, 항상 임금의 잘못된 행위나, 당론(黨論)이 서로 뒤엉킨 것과 백성들이 곤궁하고 초췌한 것과 인재를 쓰고 버림이 전도된 것을 나라의 큰 병통을 여겼다. 여기에 세상의 형세를 곁들이고, 경학(經學)으로 구제하여 간곡하게 장주(章奏)를 올리면서 격렬하고 솔직하게 말하는 것을 위주로 하고 세속의 나약한 습속이 전혀 없었다. 그렇기 때문에 현종대왕께서 숨김없이 솔직한 정성을 살피시어 매번 우악한 비답을 내리시고, 항상 옥당에 두어 임금의 자문에 대비하게 하셨으니, 은혜롭게 대우하고 아끼는 것이 열경(列卿)과 차이가 없었다. 현 임금 때에 이르러서는 어의(御醫)를 보내 병을 살피게 하는 은총을 내리시기까지 하였으니, 이것은 세상에 드문 일이었다. 임금 앞에 나아가 일을 아뢸 때에 경서(經書)를 인용하고 의리에 의거하여 임금에게 도움되는 것이 매우 많았으나 임금 앞에서 했던 말을 외부 사람에게 누설하지 않았다. 주장하는 의론은 공평하고 솔직하였고, 지은 글은 간략하고 사리에 타당하였으니, 저 김수항(金壽恒),[197] 김만기(金萬基),[198] 이선(李選)이 비록 사방에 깔려 있었으나

197 김수항(金壽恒) : 1629~1689. 본관은 안동(安東). 자는 구지(久之), 호는 문곡(文谷)이다. 1651년(효종2) 알성문과에 장원으로 급제하여, 병조좌랑·사서(司書)·경기도사·지평(持平)·정언(正言)을 거쳐, 1653년 동지사의 서장관으로 청

감히 사리에 어긋나거나 모욕하는 말을 하지 못하였다.

나라에 다녀왔다. 1659년(현종 즉위년) 효종릉비(孝宗陵碑)의 전서(篆書)를 쓴 공로로 가선대부(嘉善大夫)에 오르고, 1662년 왕의 특명으로 예조판서에 발탁되었다. 1672년 44세의 나이로 우의정에 발탁되고, 좌의정에 승진해 세자부(世子傅)를 겸하였다. 1674년 갑인예송(甲寅禮訟)에서 서인이 패해 영의정이던 형 김수흥(金壽興)이 쫓겨나자, 대신 좌의정으로 다시 임명되었다. 숙종 즉위 후 허적(許積)·윤휴(尹鑴)를 배척하고, 종실(宗室) 복창군 정(福昌君楨)·복선군 남(福善君柟) 형제의 처벌을 주장하다가 집권파인 남인의 미움을 받아 영암에 유배되고, 1678년(숙종4) 철원으로 이배되었다. 1680년 경신대출척이 일어나 남인들이 실각하자 영중추부사(領中樞府事)로 복귀, 영의정이 되어 남인의 죄를 다스리는 한편, 송시열(宋時烈)·박세채(朴世采) 등을 불러들였다. 1689년 기사환국(己巳換局)이 일어나 남인이 재집권하자, 진도에 위리안치(圍籬安置)되었다. 뒤이어 예조 판서 민암(閔黯) 등의 공격과 사헌부·사간원의 합계(合啓)로 사사(賜死)되었다. 1694년에 신원(伸寃)되었고, 1886년(고종23)에는 현종의 묘정(廟庭)에 배향되었다. 저서로는 《문곡집(文谷集)》이 있고, 시호는 문충(文忠)이다.

198 김만기(金萬基) : 1633～1687. 본관은 광산(光山)이고, 자는 영숙(永淑)이며, 호는 서석(瑞石)·정관재(靜觀齋)이다. 송시열(宋時烈)의 문인이다. 1653년(효종4) 별시 문과에 급제해 예조와 병조의 낭관, 지평·문학을 거쳐, 수찬·정언·교리 등을 역임하였다. 1659년 5월 효종이 죽고 자의대비(慈懿大妃)의 복상(服喪) 문제로 논란이 일자, 기년설(朞年說)을 주장해 삼년설을 주장하는 남인 윤선도(尹善道)를 공격하였다. 1671년 딸을 세자빈으로 들여보내고, 1673년 영릉(寧陵)을 옮길 때에 산릉도감(山陵都監)의 당상관이 되었다. 1674년 7월 병조 판서로서 다시 자의대비의 복제(服制)에 대해 소(疏)를 올려 삼년상을 주장하였다. 그 해 숙종이 즉위하자 국구(國舅)로서 영돈녕부사(領敦寧府事)에 승진되고 광성부원군(光城府院君)에 봉해졌다. 총융사(摠戎使)를 겸관해 병권을 장악했고, 김수항(金壽恒)의 천거로 대제학이 되었다. 1680년(숙종6) 경신환국(庚申換局) 때 훈련대장으로서 끝까지 굽히지 않고 남인과 맞섰다. 그리고 강만철(姜萬鐵) 등이 허적(許積)의 서자 허견(許堅)과 종실인 복창군(福昌君)·복선군(福善君)·복평군(福平君) 등이 역모를 꾀한다고 고발하자 이를 다스려 보사공신(保社功臣) 1등에 책록(策錄)되었다. 노론의 과격파로서 1689년 기사환국(己巳換局)으로 남인이 정권을 잡자 삭직되었다가

집에서 지낼 때에는 화순(和順)하고 화락하여 사람들과 격의가 없었다. 멀리서 목소리를 들으면 엄한 면이 있으나 가까이 다가가면 온화하여 사람들이 즐거이 교유하지만 함께 있는 자리에서 감히 농담을 하지 못하였다. 과부가 된 누이 두 사람이 자녀가 많이 있었는데 과부로 궁핍하게 살자 데려다 함께 살면서 양육하여 교육시켜 제때에 혼인을 시켰다. 부군은 해진 베옷에 거친 밥을 면치 못하였으나 조카들을 입히고 먹이는 것은 모두 알맞게 하였으므로 조카들이 부군 보기를 자기 집의 부모처럼 여겼다. 종제인 참판공과도 한 집에 살면서 친형제처럼 대하니, 참판공 역시 부군을 친형처럼 여겼다. 부모께 효도하는 정성은 하늘에서 타고났는데, 부모의 제사 때를 만나면 그 달 초하루부터 소식(素食)을 하며 슬퍼하고 그리워하는 기색이 감추려고 해도 절로 드러나서 옆에 있는 사람들도 그것을 보고 감동하였다. 제사를 지낼 때가 되면 눈물로 옷이 흥건히 적시도록 종일 눈물이 그치지 않아서 사람들이 그 점은 미치기 어렵다고 여겼다.

문학(文學)으로 말하면, 어려서부터 세상을 떠날 때까지 단 며칠도 손에서 책을 놓은 적이 없었고, 경전(經傳)과 자서(子書)를 머리속에 환히 기억하고 있어서 사람들이 가르침을 청하면 입으로 외서 가르쳐주었다. 글을 지을 때에는 붓을 잡자마자 그 자리에서 완성하였는데 문장과 담긴 뜻이 그 실상을 극진히 구현하여 저절로 장구(章句)를 이루었다. 그러나 문장(文章)으로 자임(自任)하지는 않았다. 사람들이 묘도문(墓道文)을 지어달라고 청하면 매번 다른 핑계를 대서 사

뒤에 복직되었다. 현종의 묘정에 배향되었고, 시호는 문충(文忠)이다. 저서로는 《서석집(瑞石集)》이 있다.

양하였으니, 이는 영릉(寧陵)의 일이 있은 뒤로 글을 잘 짓는다는 칭송이 크게 일어나서 후대에 사실을 전하는 글을 짓는 것을 지극히 어렵게 여겼기 때문이다. 글씨 또한 필력이 있어서 안로공(顏魯公)[199]의 필체를 깊이 터득하였기 때문에 참판공이 일찍이 말하기를 "내가 글씨를 잘 쓰려고 노력을 기울였으나 필법이 뛰어나고 예스러운 점은 감히 가형(家兄)을 따라가지 못한다."라고 하였으니, 대수롭지 않은 작은 기예 또한 이와 같았다.

부군은 벼슬을 하기 전에는 술을 마시는 경우가 드물었고, 신축년(1661, 현종2) 이후로 세도(世道)의 변란(變亂)을 겪고 나서는 벼슬에 뜻을 접고 술로써 세월을 보냈으나 관직을 맡아 일을 할 때에는 전혀 술을 마시지 않았다. 때로 옛 친구를 만나면 양껏 마셨으나 옳지 않은 사람을 보면 말이나 안색에 드러내지는 않았지만 반드시 잔을 놓고서 수작하지는 않았다. 평생의 뜻과 사업이 잘 입고 잘 먹는 데에 있지 않아서 옷과 갓이 헤지고 거친 음식마저 떨어질 때가 많았으나 태연히 지냈다. 친구들이나 동료 관원 중에 화려한 옷을 입고 좋은 음식을 먹는 자가 부군을 보면 부끄러워서 오랫동안 앉아 있지 못하

199 안로공(顏魯公) : 이름은 안진경(顏眞卿)이고, 자는 청신(淸臣)이며, 시호는 문충(文忠)이다. 당나라 때의 충신이자 서예가이다. 안녹산(安祿山)의 난 때 평원 태수(平原太守)로 있으면서 그 지역을 온전히 지켰고, 의병을 모집하여 토벌하면서 하삭(河朔) 제군(諸郡)의 맹주(盟主)로 추대되었다. 뒤에 이희열(李希烈)이 반란을 일으키자 초유(招諭)하러 갔는데, 그의 회유를 듣지 않고 역적이라고 꾸짖다가 목이 졸려 죽었다. 벼슬은 시어사(侍御史)·호부시랑(戶部侍郞) 등을 거쳐 상서우승(尙書右丞)에 이르렀고, 특히 글씨에 뛰어났다. 저서에는 《안노공집(顏魯公集)》이 있다. 《舊唐書 卷128 顏眞卿列傳》

였다. 부군이 탄식하기를 "사대부가 의식(衣食)에 마음을 쓰면 다른 것들은 더 이상 볼 것도 없다."라고 하였으니, 오호라 부군의 언행과 지조와 조정에서 일을 처리하는 것이 모두 가정 교육에서 얻은 것이었다.

전(前) 부인 이씨(李氏)는 왕가의 후손으로 아름다운 덕과 행실이 묘지문(墓誌文)에 실려 있는데, 묘지문은 부군이 지은 것이다. 그 글에 이르기를, "부친은 이명웅(李命雄)인데 경상도 관찰사를 지냈고, 조부 이유징(李幼澄)은 완흥군(完興君)이고, 증조부 이성중(李誠中)은 호조 판서를 지냈다. 어머니 유씨(柳氏)는 청도 군수(淸道郡守)를 지낸 유조(柳稠)의 따님이다. 신유생(辛酉生: 1621, 광해13)으로, 17세에 나에게 시집와서 숭정(崇禎) 을유년(1645, 인조23)에 세상을 떠났으니 향년 25세이고, 포천현(抱川縣) 북쪽 가채리(加采里)[200] 조씨의 선영 곁 손향(巽向)의 언덕에 장사지냈다. 숙인(淑人)은 효성과 공경이 돈독하고 삼갔으며, 몸가짐을 반드시 예에 맞게 하였다."라고 하였다.

두 번째 부인 초계 정씨(草溪鄭氏)는 고려 때 시종신(侍從臣)을 지낸 휘 정배걸(鄭倍傑)의 후손이다. 고조는 선묘조(宣廟朝)의 명신으로 치사(致仕)한 팔계군(八溪君) 휘 정종영(鄭宗榮)이고, 증조는 양주 목사(楊洲牧使)를 지낸 휘 정약(鄭爚)이며, 조부는 병조 참판을 지낸 팔천군(八川君) 휘 정기광(鄭基廣)이다. 부친은 동몽교관(童蒙教官)을 지낸 휘 정석규(鄭錫圭)인데, 형조 참판 변삼근(卞三近)의 따님에게 장

200 가채리(加采里) : 원문에는 '加次里'로 되어 있는데, 〈承旨公系譜〉 및 부록의 〈鹿門公墓碣銘〉, 〈鹿門公墓碣文〉, 〈鹿門公墓誌銘〉에 의거하여 '加采里'로 바로잡아 번역하였다.

가들어 천계(天啓) 기사년(1629, 인조7)에 숙인(淑人)을 낳았다. 19세에 부군께 시집와서 기묘년(1699, 숙종25)에 세상을 떠났으니, 향년이 71세이다. 전산(前山)의 산운(山運)이 좋지 않아 옆 산기슭 오향(午向)에 임시로 묘를 썼다가 을유년(1705, 숙종31) 12월 7일에 전산 병향(丙向)의 언덕에 격장(隔葬)하였다. 오호라. 숙인은 천성이 유순하고 언행이 법도가 있어서 문간공 부군이 처음에 숙인을 보고 어진 며느리라고 칭찬하였다. 경인년(1650, 효종1)에 청나라가 화를 낸 변고[201]를 당하여 곁에서 응대할 때에 이치에 맞지 않은 것이 없었고, 정경부인 김씨의 상을 당해서는 상을 치르고 슬퍼하는 것이 극진하니, 사람들이 모두 감탄하였다. 문간공이 신묘년(1651, 효종2)에 벼슬에서 물러난 뒤부터 선영 아래에서 살았고, 당로자(當路者)들의 미움을 받아 겸손하고 조용히 살았는데, 제사지내는 일과 의복과 음식을 봉양하는 행실과 사람을 대하고 사물을 접하는 행실에 대해 아무도 흠을 잡는 사람이 없었다. 전 부인의 소생으로는 누님 한 분만 있었

201 경인년(1650, 효종1)……변고 : 1650(효종1)에 청나라 사신이 나와서, 왜정(倭情)에 대해 주문(奏文)한 것과 조제(弔祭)에 대해 사례하지 않은 것에 대에 대해 사문(査問)한 일이 있었는데, 김상헌(金尙憲)과 김집(金集) 및 문간공(文簡公)이 조사 대상이었다. 이때 정명수(鄭命壽)가 청나라 사신의 역관을 맡았는데, 그 전에 정명수가 문간공에게 앙심을 품고 있었기 때문에 이때에 그 앙심을 풀기 위해 문간공을 백마산성에 위리안치하게 하였다. 조정에서는 그들이 사형하라 하지 않고 단지 안치하라 한 것만을 다행으로 여겨, 곧바로 금오랑(金吾郎)을 차출하여 의주(義州)에 있는 백마산성으로 압송해 위리안치(圍籬安置)하게 하였다. 그날 바로 문간공과 이경석이 경성(京城)의 문 밖으로 나오자, 상이 중사(中使)를 보내 위로하면서 몰래 백금(白金)과 표피(豹皮)와 약물(藥物)을 하사하였으며, 연로(沿路)의 감사(監司)들로 하여금 잘 호송하게 하라고 명하였다. 《龍洲年譜 卷1》

는데 거두어 기르기를 자기가 낳은 자식과 다름이 없게 하니, 누님이 의지하기를 친어머니와 다름없이 하였다. 을묘년(1675, 숙종2)에 부군이 돌아가신 뒤로 불초들에게 경계하기를 가법(家法)을 보존하고 수립하며, 검약(儉約)에 힘쓰라고 하였다. 사리를 변별할 때에는 매번 《소학(小學)》과 《내훈(內訓)》의 말을 따랐으며, 지방관에 제수되어 봉양할 때에도 가문의 절개와 지조를 실추시키지 말도록 경계하였다. 불초들이 혹시라도 화려한 옷을 입으면 반드시 꾸짖어 벗도록 해서 선대의 유풍을 지키게 하였다. 슬하에 자손이 상당히 많았는데 치우치게 사랑하거나 미워하지 않고 모두 올바른 도리로 가르쳤기 때문에 일가(一家)의 사람들이 그것을 본보기로 삼았다. 불초들은 부군으로 보면 늦게 낳은 것이다. 부군의 관력(官歷)과 언행을 대략 서술했으나 효제(孝悌)가 천성에 근본을 두고 있고, 학문(學文)이 독실한 면은 실로 소략하고 빠뜨림을 면치 못하였다. 삼가 입언(立言)하는 군자는 불초들의 죄를 용서하고 후세에 길이 남을 글을[202] 지어주기를 삼가 바란다.

불초 아들 구로(九輅) 등이 피눈물을 흘리며 쓴다.

202 글을 : 원문에는 '宀字'로 되어 있는데, 《녹문유고》의 부록에 실린 언행록(言行錄)에는 '文' 자로 되어 있어, 문맥에 따라 '文字'의 의미로 번역하였다.

자형(姊兄) 이윤적(李允迪)[203]의 묘에 드리는 제문(祭文)[204]

祭李姊兄允迪墓文

오호라. 공이 병들었을 때에 내가 한 번 찾아가 병문안한 적이 없고, 공이 세상을 떠났을 때에 한 번 찾아가 곡한 적이 없고, 공의 장례 때에 가서 상여끈을 잡아끄는 예를 행한 적이 없었으니, 공의 생전에나 사후에나 도리를 저버린 것이 아니겠습니까? 공이 광릉(廣陵)에서 부친의 시묘살이를 할 때에 내가 지방관이 되어 남쪽으로 내려가시는 가군(家君)을 모시고 가느라 남산에서 헤어졌으니 석별의 정이 피차가 같았습니다. 공은 내가 먼 길을 가느라 혹시 몸이 상하지 않을까 염려하였고, 나는 공이 슬픔으로 몸이 지나치게 수척해지는 것을 염려하여 한편으로는 애기를 하고 한편으로는 슬퍼하면서 떠났었습니다.

능주(綾州)에 도착해서 여러 차례 편지를 받아보고 매번 병이 걸릴까 염려하기는 하였지만 신병(身病)을 근심하지는 않았고, 신명(神明)

203 이윤적(李允迪) : 녹문공의 첫째 사위이다. 본관은 경주(慶州)이고, 부친은 이상겸(李象謙)이다.

204 작품 해설 : 이 제문은 1676년 이후에 지은 것으로 보인다. 녹문공이 능주 목사로 재직하던 때가 1674년 10월부터이고, 1675년 5월 17일에 세상을 떠나 그 해 7월에 장례를 지냈으므로 1675년 7월 이후에 지었음을 짐작할 수 있다. 이윤적의 생년은 알 수 없으나 몰년은 이 제문을 근거로 보면 1674년 10월 이후 1675년 5월 이전임을 알 수 있다. 그리고 본문에 "묵은 풀이 있으면 곡하지 않는다."라는 말이 있는 것으로 보아, 1676년 이후에 지은 글임을 알 수 있고, 저자가 부친의 상기를 마치고 나서 지었다면 1677년 6월 이후에 지었다고 짐작할 수 있다. 따라서 이 글은 빠르면 1676년, 늦어도 1677년에 지어진 것임을 알 수 있다.

의 보호가 있으리라 생각했습니다. 어찌 잠깐 사이에 갑자기 참담한 슬픈 소식을 들을 줄을 생각했겠습니까? 즉시 말을 타고 서울에 올라가서 관을 붙잡고 회포를 풀고 과부가 된 누님과 어린 조카를 보고 돌아오고 싶었지만 마침 그 때에 부친의 병이 위중하셔서 멀리 떠날 수 없기에 슬픈 마음을 품고서 날을 보내고 있었습니다. 그런데 뜻밖에 가군께서 소명(召命)을 받아 상경하셨는데, 천 리 먼 길을 추위를 무릅쓰고 서리와 이슬을 맞고 올라오신 것이 빌미가 되고 저의 죄가 매우 많아서 갑자기 세상을 떠나셨으니, 하늘이 우리 두 집안에 화(禍)를 내리는 것이 혹독하다 하겠습니다.

나는 어리석고 우둔한 자질인데도 지금까지 죽지 않고 살아있는데 공은 예(禮)를 행하다가 몸이 수척해진 것을 감당하지 못해서 돌아가셨을 것이니 부끄럽고 부끄럽기 그지없습니다. 오호라. 공은 명상(名相)의 후손으로 재능과 학문을 하늘로부터 타고났는데 성상께서 선비를 구하는 때에 끝내 발휘해보지 못했으니, 하늘이 그렇게 만든 것입니까? 사람이 그렇게 만든 것입니까? 아, 애통합니다. 아, 애통합니다. 옛사람이 말하기를, "묵은 풀이 있으면 곡하지 않는다."[205]라고 하였지만, 내가 공의 묘에 차마 눈물을 참고 울음을 삼킬 수 없습니다. 한 잔 술에 한 자루 향을 피우고 제문을 지어 곡합니다. 공께서는 아십니까, 모르십니까? 오호라. 흠향하소서.

205 묵은……않는다 : 증자(曾子)가 이르기를, "붕우의 묘에 숙초가 있으면 곡하지 않는다.〔朋友之墓 宿草不哭〕"라고 하였는데, 여기에서 숙초란 묘를 쓰고 나서 첫 번째 해에 난 풀이 아니라 두 번째 해 이후에 난 풀을 가리킨다. 이 말대로 따른다면 소상(小祥)이 지난 뒤에는 붕우의 묘에 가서 곡을 하지 않는다는 의미가 된다.《禮記 檀弓上》

참판 강세귀(姜世龜)[206]에 대한 제문 계미년(1703, 숙종29)

祭姜參判世龜文

영령께서는	惟靈
진산(晉山)의 대성(大姓)이고	晉山大家
복천(復泉)선생[207]의 손자로서	復泉一胄

206 강세귀(姜世龜) : 1632~1703. 조선 후기의 문신으로, 본관은 진주(晉州)이고, 자는 중보(重寶)이며, 호는 삼휴당(三休堂)이다. 1660년(현종1)에 진사가 되고, 1676년(숙종2) 강릉 참봉(康陵參奉)에 기용되었으며, 1678년 증광문과에 을과로 급제하여, 승문원정자・정언・수찬을 역임하였다. 이듬해 교리로 문과중시(文科重試)에 장원하여 동부승지가 되고, 1689년 호조 참의를 거쳐, 충청도 관찰사를 역임하고, 1692년에 예조 참의 등을 역임하였다. 1693년 대사간이 되어 이듬해 왕의 유행(遊幸)을 간하다가 파직되었다. 1698년에는 공조 참판이 되었다. 1701년 장희빈(張禧嬪)을 사사(賜死)하려 하자 이를 극력 반대하다가 홍원(洪原)에 유배되어 그곳에서 죽었다. 뒤에 복관되고, 회덕(懷德)의 용호서원(龍湖書院)에 제향되었다. 시호는 문안(文安)이다.

207 복천(復泉)선생 : 이름은 강학년(姜鶴年: 1585~1647)이고, 자는 자구(子久)이며, 호는 복천(復泉)・자운(紫雲)이며, 본관이 진주(晉州)이다. 1623년(인조1) 학행(學行)으로 천거되어 연기 현감에 임명되었으나 나가지 않았다. 1626년 사어(司禦)가 되고, 이듬해 신령 현감(新寧縣監)에 임명되어 부임하려 할 때 후금(後金)이 침입하여 조정에서 화의(和議)를 논한다는 말을 전해 듣고 돌아와 오랑캐와 화의할 수 없음을 상소하였다. 1632년 사예(司藝), 이듬해 사업(司業)으로 지평을 겸하였고, 1634년 장령이 되어 공신들에 의한 정치의 폐단을 상소하여 파직당하고 은진(恩津)으로 유배되었다가 뒤에 풀려났다. 그 뒤 1654년(효종5)에 홍명하(洪命夏)의 상소로 신원되었다. 대사헌에 추증되었다. 초서에 뛰어났으며, 청빈하였고 의를 내세워 선비들의 추앙을 받았다.

조부께 누를 끼치지 않고	無忝乃祖
평소 학식이 풍부하였네	素業寔富
일찍이 학문을 익혔으나	早肆餘力
늦게야 벼슬자리에 기용되어	晩入羅收
사액(詞掖)[208]에서 벼슬하다가	棲身詞掖
잠시 곤궁한 생활을 하였네	囊儲暫卬
외직으로 나가 지방관이 되어서는	外典府臬
세운 계책이 자못 성대하였고	猷爲頗茂
탐천(貪泉)의 물을 마시고도 상쾌함을 느끼니[209]	酌貪覺爽
온 나라 사람이 신복하였네	國人咸服
늙은 소 한 번 나가자	老牛一出
주나라 뜰의 풀 파랗게 되고	周庭草綠
백사의 장주(章奏)에	白蛇封章
충심(忠心)을 모두 쏟았네	輸盡忠赤
그 말에 힘입어 세자가 안정되었으니	賴安貳極

208 사액(詞掖) : 승문원(承文院)의 별칭이다.

209 탐천(貪泉)의 물을 마시고도 상쾌함을 느끼니 : 《진서(晉書)》 제90권 〈양리열전(良吏列傳) 오은지(吳隱之)〉에 "조정에서 영남(嶺南)의 폐단을 개혁하고자 융안(隆安) 무렵에 오은지를 용양장군(龍驤將軍) 광주 자사(廣州刺史)로 임명하였다. 소재지를 20여 리 앞두고 석문(石門) 지역에 탐천이라는 샘이 있었는데, 그 물을 마시면 매우 탐욕스러워진다고 하였다. 오은지가 부임하여 탐천을 찾아가 물을 마신 다음 시를 지었는데, 그 시에 '고인이 말하기를, 이 샘물은 한번 마시면 천금을 생각한다고 하네. 백이와 숙제에게 마시게 한다면 끝내 마음을 바꾸지 않으리.〔古人云此水 一歃懷千金 試使夷齊飮 終當不易心〕'라고 하였다. 여기에서는 강세귀가 청렴하여 재물에 대한 욕심이 없다는 의미로 사용하였다.

어찌 한 번 귀양가는 것을 꺼리겠는가	何憚一謫
곧은 말을 하다가 세상에 미움을 받았고	矢口忤世
이어서 집안이 쓸쓸해졌네	繼乃家躅
임금을 부추기려는 계책에	助瀾之計
공이 가장 심한 해독을 당하여	中公最毒
귀양에서 풀어주는 명이 내리기는 했으나	恩環雖下
환수하라는 논의가 마침내 이루어졌네[210]	寢議竟遂
북쪽 변방에서 세상을 떠나	委命塞北
시신을 거두고 살피는 사람 아무도 없으니	無人斂視
돌아오지 못한 정령은	未歸精靈
구름과 어울리는 처지 되었네	雲相爲類
더군다나 불민한 나는	況余不敏
삼세(三世) 동안의 세의(世誼)가 있으니	三世重誼
그대의 덕을 흠모하는 마음이	戀德之忱
어찌 남들보다 뒤지리오	豈後於人
선영 아래로 돌아온 뒤로	自歸壟下
산중 사람이 되어	便作峽民
서신을 왕래하지 않은 지가	闕然竿尺

210 임금을……이루어졌네 : 1701년 10월 8일에 장희빈을 사사(賜死)하라는 명이 내려 장희빈이 곧바로 사사되었다. 10월 23일에 호군(護軍) 강세귀가 장희빈을 자진하게 하라는 명을 내린 것이 부당하다는 상소를 올렸는데, 10월 27일 이 일로 인해 강세귀가 귀양가게 된다. 1702년 6월 25일 석방하라는 명을 내렸다가 윤6월 16일 석방하라는 명을 환수하였다. 1703년 11월 19일 교리(校理) 박필명(朴弼明)과 수찬(修撰) 이집(李㙫)이 차자(箚子)를 올려 강세귀가 귀양지에서 죽었으므로 사면하자는 건의를 하였으나 숙종이 거부하였다. 1706년 9월 10일 사면하고 복관하라는 명이 내려졌다.

거의 십여 년이 되었으니	迨幾十霜
공의 관을 실은 수레가	豈料○櫬
지금 고향을 지나갈 줄을 어찌 생각했으랴	今過○鄕
멍하니 영여(靈輿)를 쳐다보고	空瞻靈輀
세 번을 부르짖으며 목이 쉬었네	三呼失聲
공이 만약 지각이 있다면	公若有知
반드시 한숨쉬며 눈물을 흘리시리라	必噱涕橫
공의 평생을 살펴보건대	○公平生
명경지수(明鏡止水)처럼 맑으시어	止水若清
고관대작을 외물(外物)로 여기고	軒冕外物
부귀를 초개처럼 여기셨네	千駟芥視
인간 세상의 슬프고 기쁜 일을	人世悲歡
마음에 담지 않으셨으니	不作心累
시속 사람들의 속된 말이	俗子俚語
어찌 귀에 거슬리겠는가	寧容挂耳
한탄하신 것은 우리의 도(道)가 없어지는 것이었으니	所嗟道喪
오호라 애통하도다	嗚呼痛矣
변변찮은 제물과 술로[211]	隻鷄漬酒
감히 옛 정을 표합니다	敢致古意

211 변변찮은 제물과 술로 : 원문의 '척계지주(隻鷄漬酒)'를 번역한 것이다. 척계(隻鷄)는 닭 한 마리라는 뜻이고, 지주(漬酒)는 솜에 적신 술이라는 뜻이다. 후한(後漢)의 서치(徐穉)는 남주(南州)의 고사(高士)라 일컬어졌던 사람인데, 그가 먼 곳으로 문상(問喪)하러 갈 때 술을 솜에 적셔서 햇볕에 말리고 구운 닭을 싸서 가지고 간 다음 솜을 물에 적셔 술을 만들고 닭을 앞에 놓아 제수를 올린 뒤 떠났던 데서 나온 말이다. 《後漢書 卷53 周黃徐姜申屠列傳 徐穉》

참봉 이정관(李正觀)[212]에 대한 제문 갑술년(1694, 숙종20)

祭李參奉正觀文

슬프다. 정유(貞孺)여	吁嗟貞孺
어찌하여 이 지경에 이르렀는가	胡至此極
나와 정유는	余與貞孺
나이 열두 살 차이가 났네	年差一甲
약관의 나이에 서로 뜻이 맞아	弱冠相得
이십 년간 서로 어울렸는데	廿年徵逐
나는 물정에는 어두우면서 뜻만 컸고	余踈而狂
그대는 굳세면서도 곧았지	子剛而直
그 뜻을 비교해 보면	較其志意
서로 맞지 않을 것 같은데	若不相合
어찌하여 아교나 옻칠처럼	胡膠胡漆
서로 간격이 없었던가	莫之相隔
내가 그대를 보지 못하면	余不見子
마음이 휑하여 뭔가 잃은 것 같았고	缺然如失
그대가 나를 보지 못하면	子不見余
허전하여 그리워하였지	惄焉思射

212 이정관(李正觀) : 1655~1694. 본관은 우계(羽溪)이고, 자는 정유(貞孺)이며, 부친은 통훈대부(通訓大夫) 행사간원정언(行司諫院正言)을 지낸 이서우(李瑞雨)이다. 1675년(숙종1)에 생원시에 급제하였다.

내가 호서에서 돌아온 뒤에	余自湖還
그대는 한강 남쪽으로 돌아가서	子歸漢南
만나는 대신 편지를 주고받은 것이	替面竿尺
일천 통도 넘었지	不啻千尺
사람들이 말하기를 그대가 오는 것은	人言子來
병이 깊어졌기 때문이라고 하여	盖以病深
서둘러 달려가서 병문안해보니	趣駕牖手
병이 이미 깊어져 있었네	二竪沈沈
내가 속으로 생각하기를	余自心語
이 친구는 나이가 젊고 어진 사람이니	是友富仁
하늘이 반드시 보우하여	天必祐之
병이 사람을 죽이지는 않을 것이라 여겼는데	病不殺人
마침내 이지경에 이르렀으니	竟至於斯
이것은 꿈이지 현실이 아닌 듯하네	若夢非眞
도(道)가 이미 어긋나버렸는가	道已非歟
어찌하여 이 사람을 죽게 하는가	胡喪斯人
하늘이 이미 늙어버렸는가	天已老歟
보응하는 것이 형평에 맞지 않네	報施不均
내가 그대를 생각해 보건대	余懷于子
어버이께 효도하였고	而孝於親
내가 그대를 생각해 보건대	余懷于子
사람들과 사귈 때 정성스럽고 신의가 있었으며	與人誠信
내가 그대를 생각해 보건대	余懷于子
개결(介潔)하고 인색하지 않았으며	介潔不吝

내가 그대를 생각해 보건대	余懷于子
성정이 돈후(敦厚)하고 문아(文雅)하였는데	樹敦而文
지금은 세상에 없으니	今也則亡
만사를 누구와 의논할까	萬事誰論
노친(老親)이 살아계시니	鶴髮在堂
효심이 이미 어긋났고	孝心已違
친지들 와서 곡을 하니	親知來哭
들보에 비친 달빛에 그대의 얼굴인가 의심하네[213]	樑月猶疑
깨끗한 성정으로 말하면	皎潔之性
그대 말고 이 세상에 다시 누가 있겠는가	此世復誰
독실한 문장과 덕행을	文行之篤
아는 사람 아무도 없네	人莫有知
재능을 품고 있으면서도 사용해보지 못한 것이	抱才不試
진실로 운수 때문이니	寔緣數奇
슬프다. 운명이 그러하니	嗟哉命矣
애통해한들 이미 늦었구나	呼痛曷追
오호 통재라	嗚呼痛哉
그릇이 깨끗하면 흠이 생기는 것이	器潔則缺
혹시 이 경우와 흡사한 것일까	或類於斯
여러 차례 자식을 잃은 것이	屢哭西河

213 들보에……의심하네 : 당나라 두보(杜甫)가 이백(李白)을 그리워하며 지은 〈몽이백(夢李白)〉 시에 "달빛이 들보에 가득 비추니, 그대 낯빛인가 의심하네.〔落月滿屋樑 猶疑照顏色〕"라는 구절을 인용한 것으로, 고인을 회상하는 의미로 사용된다.

혹시 빌미가 된 것일까	或祟於斯
사십 년의 세월이	四十光陰
순식간에 지나갔으니	隙駒之忙
우연히 왔다가 우연히 가는 것[214]	適來適去
이 또한 저 하늘의 뜻인가	亦由彼蒼
오호 통재라	嗚呼痛哉
돌아보건대 못난 나만	顧余不佞
홀로 천지간에 서 있으니	獨立天壤
좋은 벗을 보내며 통곡을 하고	哭盡良友
눈물을 흘리며 방황하고 있네	泣涕彷徨
문을 나가서는 어디로 갈까	出門何適
마음이 심란하여 미친 사람 같구나	怱怱如狂
술잔 가득 국화주를	滿盃黃花
이제 누구와 함께 맛볼까	誰與共嘗
관 앞에서 울부짖으며	柩前三呼
술 한 잔으로 영결하고	永訣一觴
세모에 곤궁한 집에서	歲暮窮廬
백아(伯牙)의 거문고 줄을 끊노라[215]	絃斷峩洋

214 우연히 왔다가 우연히 가는 것 : 우주의 운행에 순응하여 왔다 가는 것으로, 지극한 도를 가진 사람의 생사를 형용한 것이다. 노담(老聃)이 죽었을 때 그의 벗인 진실(秦失)이 말하기를, "우연히 오는 것은 그가 때맞춰 오는 것이요 우연히 가는 것은 그가 조화에 순응하여 가는 것이니, 때에 편안하고 조화에 순응하여 슬픔과 즐거움이 그의 마음에 들어갈 수 없다.〔適來 夫子時也 適去 夫子順也 安時而處順 哀樂不能入也〕" 한 데서 온 말이다. 《莊子 養生主》

중제(仲弟) 정언(正言)[216]에 대한 제문[217] 경인년(1710, 숙종36)
祭仲弟正言文

네가 세상을 떠난 뒤로 나는 마치 내 몸의 반쪽을 잃고 마음을 잃은

215 백아(伯牙)의……끊노라 : 춘추 시대 금(琴)의 명인 백아(伯牙)가 마음속에 높은 산을 생각하고 연주하면, 친구인 종자기(鍾子期)가 "아, 훌륭하다. 험준하기가 태산과 같다.〔善哉 峨峨兮若泰山〕"라고 하고, 백아가 마음속에 흐르는 물을 생각하고 연주하면 종자기는 "아, 훌륭하다. 광대하기가 강하와 같다.〔善哉 洋洋兮若江河〕"라고 평하였다. 종자기가 죽고 나서는 백아가 더 이상 세상에 지음(知音)이 없다고 탄식하며 거문고 줄을 끊어 버린 고사가 전한다. 여기에서는 저자가 자신을 백아에 비유하고 이정관을 종자기에 비유하여, 종자기 같은 이정관이 죽고 없으므로 이제 세상이 지기(知己)가 없음을 한탄하는 의미로 사용하였다. 《列子 湯問》《呂氏春秋 本味》

216 중제(仲弟) 정언(正言) : 이름은 조구원(趙九畹: 1656~1710)이고, 자는 난성(蘭成)이다. 녹문공의 둘째아들이고, 아산공의 아우이다. 24세 때인 1679년(숙종5) 기미(己未) 식년시(式年試)에서 진사(進士)에 합격하였고, 36세 때인 1691년(숙종17) 신미(辛未) 증광시(增廣試)에서 문과(文科)에 급제하였다. 1680년(숙종6) 박성의(朴性義)등과 성혼(成渾)과 이이(李珥)의 문묘출향(文廟黜享)에 대한 상소를 올렸다가 파직당하고 송추(松楸)로 돌아와 독서로 자적(自適)하였다. 1692년(숙종18)에 다시 등용되어 설서(設書)·정언(正言) 등을 역임하고, 정랑(正郎)·사예(司藝)에 이르렀다

217 작품 해설 : 이 글은 아산공 57세 때인 1710년에 지은 것이다. 이 제문의 내용으로 보면 조구원은 순천 부사를 두 번 지낸 것으로 보인다. 처음 순천 부사가 되었을 때는 부친 녹문공이 돌아가셨고, 두 번째 순천 부사를 역임한 뒤로 그곳에서 장기(瘴氣)에 몸을 상해 8년 동안 병을 앓다가 결국 세상을 떠난 것이다. 그러나 그가 굳이 이 지역을 두 번 씩이나 맡은 이유가 조부 문간공의 문집을 간행하기 위해서였음을 피력하였고, 가난 때문에 병을 제대로 치료하지 못한 것에 대해 더욱 슬퍼하였다.

것처럼 입에서는 말이 나오지 않고 손으로는 일을 할 수 없었다. 며칠이 지나 영결을 고하는 글을 지으려 하니 가슴이 먼저 막히고 눈물이 절로 나와서 붓을 잡았다가 도로 놓은 것이 여러 차례였으니, 오호라 애통하도다. 너는 선친의 둘째 아들이다. 선친께서 일찍이 말씀하시기를, "이 아이는 자질이 지나치게 깨끗하고 마음이 지나치게 어지니, 장수하지 못할까 염려된다."라고 하셨는데, 지금 네가 죽은 나이가 겨우 중년을 넘었다. 선친의 선견지명이 이정도까지 들어맞았으니, 어찌 슬프지 않겠는가.

너와 내가 기미년(1679, 숙종5) 사마시(司馬試)에 함께 급제하여 비록 부친이 살아계실 때에 벼슬하여 봉양하지 못한 아픔은 있지만 어머니를 봉양하면서 선친의 유훈(遺訓)을 실추시키지 않을 수 있었다. 그러나 어려운 시대를 만나 선영 아래에 살면서 가난을 면하지는 못하였지만 또한 부족하나마 화락한 즐거움이 있었고, 가난을 면하기 위해 우연히 벼슬에 들어선 지가 여러 해가 되었다. 어느덧 네가 대과에 급제하여 세상의 기대가 매우 컸는데 너는 스스로 대단하게 여기지 않고 굳이 예문관 벼슬을 사양하니, 춘방(春坊)과 양사(兩司)와 병조 등의 직책이 네 몸에 집중되었다. 스스로 대대로 국록(國祿)을 받은 가문의 후손이라는 생각에 궂은일을 마다하지 않고 고귀한 직위나 미천한 직위를 모두 사양하거나 피하지 않았다. 그러나 선친께서 일찍이 문간공의 문집을 간행하지 못한 것을 무궁한 한으로 여기셨기 때문에 만약 큰 지방의 지방관이 되어서 문간공의 문집을 간행할 수 있다면 혐의쩍은 단서가 있고 도성에서 멀리 떨어진 지방이라도 피하지 않겠다는 것이 너의 마음이었다. 그러나 순천부(順天府)가 끝내 원수 같은 땅이 될 줄을 누가 알았으랴. 처음 이 부(府)를 맡았을 때에 선친이 돌아가셨고, 그 후로 이 부를 맡아서는 장기(瘴氣)에 몸을 상해 8년 동안 앓다가 마침내 이 지경에 이르렀다. 만사가 이미 끝나버렸으니, 통곡하고 통곡한다.

오호라. 승평(昇平)[218] 땅은 사면이 바다로 둘러 있어서 그 기운이 증울(蒸鬱)하니, 병에 걸리기 쉬운 지역임을 어찌 모르겠으며, 누군들 기꺼이 부임하려고 하겠는가. 오직 문간공의 문집을 간행하여 선친의 뜻을 이룰 수 있다면 지하에서 선친을 떳떳하게 뵐 수 있기 때문에 세상 사람들의 조소(嘲笑)를 피하지 않고 한 몸의 이해를 생각지 않고 천 리 먼 곳에 부임하여 그 일을 이루었으나 오늘날 이지경이 될 줄은 생각지 못했으니, 통곡하고 통곡한다.

그리고 임금에게 충성하고 부모에게 효도하며 형제간에 우애하고 종족간에 화목한 것으로 말하면 오늘날 세상에 실로 견줄 사람이 없다. 선친께서 말씀하신 "자질이 지나치게 깨끗하고 마음이 지나치게 어질다."라고 하신 데에서 그 한평생을 더욱 볼 수 있다. 하늘이 너에게 부여한 것은 풍부하였는데 사용하는 것은 박하게 하고 수명에 인색하여 끝내 그 부여받은 재능을 펴지 못한 것은 무슨 이치란 말인가.

슬프다. 네가 이 병에 걸렸을 때부터 계속해서 도성에 있으면서 직접 병구완을 하여 조금 운신할 수 있게 되었고 음식 또한 크게 줄지 않았으므로 평상시 병이 없는 사람만은 못하더라도 수명을 연장시켜서 선(善)을 행한 데 대한 보응을 받을 수 있었다. 그런데 자손이 쇠락하고 살림이 곤궁하여 재능이 있으나 당세(當世)에 이름을 날리지

218 승평(昇平) : 전라남도 순천(順天)의 고려 때 이름이다.《新增東國輿地勝覽 卷40 全羅道 順天都護府 建治沿革》

못하였고, 조섭하는 방도가 허술하여 병을 치료하는 비용을 스스로 조달하지 못하였으니, 안연(顔淵)이 끼니를 자주 굶고[219] 검루(黔婁)[220]의 이불이 짧았던 것[221]과 무엇이 다르겠는가.

오호라. 초경(初更) 3점(點)에 급보를 듣고 초경 4점에 가서 보았는데, 이미 지각이 없고 말을 하지 못하였다. 눈물을 억누르고 대문을 나와서 하늘을 부르며 가슴을 쳤으니, 오호라 끝났도다. 오호라 끝났도다. 세 아들과 딸 하나가 정성을 다했으나 살리지 못하였다. 한 아우는 남쪽 지방에 있어서 와서 영결하지 못하였다. 아득한 이 세상에 다시 무슨 말을 하겠는가. 오호라. 만약 남은 자식들이 다시 성가(成家)한다면 이 몸이 장차 구천에 돌아가서 소식을 알리겠지만 다시 지하에 가서 함께 노니는 것 또한 장차 무궁한 훗날의 기약이 될 것이다. 다만 지하에서 노니는 것이 지금 세상에서 노니는 것과 같을지 다를지 모르겠다. 오호라 통곡하노라. 오호라 통곡하노라.

219 안연(顔淵)이 끼니를 자주 굶고 : 공자가 이르기를, "안연은 도(道)에 가까웠고 끼니를 자주 굶었다."라고 하였다. 《論語 先進》

220 검루(黔婁) : 원문에는 '黔屢'로 되어 있는데, 《고사전(高士傳)》에 의거하여 '黔婁'로 바로잡아 번역하였다.

221 검루(黔屢)의 이불이 짧았던 것 : 검루는 춘추(春秋) 시대 제(齊)나라의 고사(高士)이다. 노공공(魯恭公)이 그의 어짊을 듣고 사신을 보내어 예를 갖추어 정승을 삼으려 하였으나 사양하였고, 제왕(齊王)도 예를 갖추어 초빙하여 경(卿)을 삼으려 하였으나 또한 나아가지 않았다. 매우 가난하여 죽은 뒤에 베이불이 작아서 시체를 다 덮을 수 없었다. 어떤 사람이 삐뚤게 덮으면 되겠다고 하자, 그의 아내는 "삐뚤게 덮어 남는 것보다는 반듯하게 하여 모자라는 것이 낫다."라고 하였다. 《高士傳 卷中 黔婁先生》《古烈女傳 卷2 魯黔婁妻》

중제(仲弟)의 대상일(大祥日) 제문 신묘년(1711, 숙종37)

仲弟祥日祭文

오호라. 네가 세상을 떠난 것이 어제 같은데 삼년상이 훌쩍 지나버렸으니, 이 몸이 눈물을 흘리고 가슴이 막히는 것은 이미 말할 겨를이 없다. 슬프다. 나와 너는 나이가 2년 터울이라 함께 놀고 함께 지내며 서로 떨어진 적이 없었는데, 이제는 영원히 떨어지게 되었으니 오호라 애통하도다. 지난 무오년(1678, 숙종4)에 내가 병들어 위독했을 때 네가 밤낮으로 찬 방에서 지내며 두 달을 간호하여 나로 하여금 다시 일어나서 사람이 되게 하였는데, 네가 병들었을 때에는 내가 처음부터 끝까지 구호하지 못하여 마침내 이지경에 이르렀다. 이는 모두 내가 우애롭지 못하고 무식한 소치 아닌 것이 없지만 지금 통곡한들 무슨 보탬이 되겠는가. 그나마 다행인 것은 세 아들이 아직은 어리지만 상례를 예에 맞게 잘 치루었고 학문을 좋아하고 가업을 계승하고 있으니, 뒤에 남은 나의 책임이 이 일에서 벗어나지 않을 것이다. 내가 이 세상에 태어나 어느덧 60세가 되었으니, 앞으로 명부(冥府)에서 만날 날이 멀지 않을 것이다. 그만 두어야지, 그만 두어야지. 다시 무엇을 말하겠는가. 오호라. 한 잔 술을 올리며 영결을 고하노라.

장인 목상국(睦相國)[222]에 대한 제문 갑신년(1704, 숙조30)

祭聘君睦相國文

사천(泗川)의 명망있는 가문이고	泗上望族
영가(永嘉)의 외손이네[223]	永嘉外派
타고난 자품이 뛰어났고	資稟英發
훌륭한 가정에서 교육을 받았네	詩禮傳家
병자년 호란(胡亂)[224] 때에	赤鼠有寇
유생(儒生) 신분으로 왕을 호종(扈從)하여	青衿扈王

222 장인 목상국(睦相國) : 아산공의 장인인 목내선(睦來善: 1617~1704)이다. 본관은 사천(泗川)이고, 자는 내지(來之)이며, 호는 수옹(睡翁)·수헌(睡軒)이다. 아버지는 지중추부사 목서흠(睦敍欽)이며, 어머니는 증병조판서 권탁(權晫)의 딸이다. 허목(許穆)의 문인이다. 1650년(효종1) 증광문과에 병과로 급제하여 지평, 교리, 판결사 등을 역임하였다. 그 뒤 1672년 동지부사(冬至副使)로 청나라에 다녀왔다. 1675년(숙종1) 형조 판서가 되고, 이듬해 대사헌을 거쳐 예조·호조의 판서를 역임하였다. 남인인 관계로 1680년 경신대출척(庚申大黜陟) 때 삭직되었다. 그 뒤 우참찬이 되고, 1689년 우의정에 이르렀다. 이 해의 기사환국(己巳換局)에서 서인(西人)을 제거하는 데 앞장서 좌의정에 올랐다. 1694년 남인이 몰락하는 갑술옥사(甲戌獄事)가 일어나 6월에 절도(絶島)에 위리안치(圍籬安置)되었고, 1699년에 풀려나 전리(田里)에 돌아왔다. 글씨에 뛰어났는데, 특히 해서(楷書)와 초서를 잘 썼다.

223 영가(永嘉)의 외손이네 : 영가는 안동(安東)의 고호인데, 외조부가 안동 권씨 권탁(權晫)이다.

224 병자년 호란(胡亂) : 원문의 적서(赤鼠)를 번역한 것이다. 적(赤)은 십간(十干)에서 병(丙)과 정(丁)에 해당하고, 서(鼠)는 십이지(十二支)에서 자(子)에 해당하므로 적서(赤鼠)가 병자(丙子)가 된다.

왕이 관작을 내리려 하였으나	王酬以爵
굳게 거절하고 상을 받지 않았네	羌不受賞
부모를 효로 섬기는 여가에	孝事之暇
사장(詞章)에 독실히 노력하여	餘篤詞章
삼십세에 과거에 급제해서	而立闡科
화려한 명성 크게 드날렸네	華聞大揚
서액(西掖)[225]에서 붓을 잡고	秉筆西掖
역사를 기록하는 것이 법도가 있었으니	陽秋有法
그 글을 보는 자는 깊이 뉘우치고	窺者深嚌
정론을 말하는 자는 그 직필(直筆)을 인정하였네	正論許直
간신들이 득세하고	伾文旁午
충신들이 퇴출되니	陸韓退斥
곤궁한 때를 당하여	時當固窮
여러 차례 귀양살이를 하였네	屢栖枳棘
간혹 관직을 제수받으면	或被簡拔
찾을만한 흠이 없었고	無疵能覓
군자의 도가 펴지자	君子道長
벼슬길이 크게 열렸네	進途大闢
형조 판서를 역임하고	試手爽鳩
예조 판서를 지냈으며	展學宗伯
정승의 자리에서 정성을 다하였고	冢宰懸鏡
호조에서 부세(賦稅)를 고르게 하였네	度支益下

225 서액(西掖) : 승정원의 옛이름이다.

북문에서 비바람 맞으며[226]	北門風雨
전야(田野)에 은둔한 지가	遯荒于野
어느덧 십 년이 되어	荏苒十年
천도가 다시 돌아와서	天道周星
훌륭한 인재들 함께 조정에 나와	彙征有吉
옛 신료들 다시 조정에 가득하였네	舊庭盈庭
한산한 관직에서 재상을 임명하는 것까지	散地大拜
왕이 모두 위임하여 그 의견을 들어주었네	委任以聽
국가의 일에 온 힘을 다하여	盡瘁王事
자신이 위태로운 것을 꺼리지 않으니	不憚危身
온 나라에 원망하는 말이 없고	邦無怨言
모두들 적임자를 얻었다고 하였네	相號得人
전대의 어진 이들과 비교해 보아도	默數前輩
견줄 사람 드무네	厓梧其倫
희풍(熙豐)의 내란[227]으로	熙豐內鼠

226 북문에서 비바람 맞으며 : 북문은《시경(詩經)》〈패풍(邶風)〉의〈북문(北門)〉 시를 가리킨다. 어진 신하가 난세를 만나 어리석은 군주를 섬기다 뜻을 얻지 못함을 노래한 시이다. 여기에는 1680년 경신대출척 때 목래선이 삭직된 일을 가리킨다.

227 희풍(熙豐)의 내란 : 희풍은 송 신종(宋神宗)의 연호인 희령(熙寧)과 원풍(元豐)이다. 희령은 1068~1077년이고, 원풍은 1078~1085년으로, 신종이 왕안석의 신법을 쓰면서 간쟁하는 신하와 원로들을 몰아내고 전통적인 양법(良法)을 없앤 결과 인심이 흉흉해져 화란이 날로 일어났다. 신종의 뒤를 이은 철종이 처음에는 신법을 혁파했다가 뒤에 다시 부활시키면서 소위 군자들을 모두 내쫓아 당적(黨籍)의 화(禍)가 일어나게 하였다. 여기에서는 1694년 남인이 몰락하는 갑술옥사(甲戌獄事)를 가리킨다.《宋史 卷16 · 18》

부자가 도성을 떠나며	父子去國
손을 붙잡고 이별하니	握手相別
지나는 사람들도 눈물을 흘렸네	行路亦泣
문요(文饒)가 배척을 당하고[228]	文饒見斥
태부(太傅)가 옥에 갇혔네[229]	太傅就獄
유감 때문에 돌을 던졌으나[230]	石因憾下
인주(人主)의 성스러움으로 인하여 풀려났네	主由聖釋
만리 먼 변방에서	厓州萬里
도깨비와 함께 노닐었다가	罔兩與遊
임금이 성은을 내려	慶霈覃恩
함께 고향으로 돌아왔네	幷歸松楸
성문에 화가 미쳐	城門火及
시랑이 남쪽으로 유배되니	侍郎南流
늙은 노인의 눈에	黃耇老眼
자식 그리워하는 눈물 흘리다가	思子淚懸

228 문요(文饒)가 배척을 당하고 : 문요는 당나라의 명재상 이덕유(787~850)의 자이다. 문장에 뛰어나 목종(穆宗) 때 조정에 들어가 많은 조서를 기초하였고, 무종(武宗) 때에 정승이 되었다. 선종(宣宗) 때 우승유(牛僧孺)와 이종민(李宗閔) 등의 무함을 받아 애주 사호(崖州司戶)로 좌천되어 죽었다. 여기에서는 목내선을 이덕유에 비유한 것이다. 《古今事文類聚 續集 卷9 居處部 平泉莊》

229 태부(太傅)가 옥에 갇혔네 : 갑술옥사 때 실각하여 사사되거나 유배된 민암(閔黯), 권대운(權大運), 김덕원(金德遠) 등을 가리킨다.

230 유감 때문에 돌을 던졌으나 : 평소에 유감을 품고 있다가 남이 위태로운 상황에 빠졌을 때에 위해를 가한다는 뜻으로, 갑술옥사 때에 서인이 남인들에게 위해를 가한 일을 말한 것이다.

사면의 은혜를 받아　　環及湘潭
색동옷 입고 서쪽으로 돌아왔네　　斑衣西旋
남극성[231]이 정채를 띠어　　南極星精
무탈하게 빛을 발하니　　無恙映輝
임금의 덕택을 노래하며　　歌咏德澤
아버지와 아들이 서로 의지하였네　　慈孝相依
현인이 세상을 떠나시니[232]　　木稼報災
온 조정이 깜짝 놀랐네　　大寢蘧蘧
진(秦)나라의 승상은 거두어졌으나　　秦相雖撤
한(漢)나라의 은혜는 펴지 못하였네　　漢恩莫舒
현자는 슬퍼하고　　賢者慽焉
어질지 않은 자는 기뻐하였으며　　不賢者喜
나라가 정책을 자문할 원로를 잃으니　　國乏龜蓍
세상은 여우와 삵쾡이가 호령하였네　　世號狐狸
옛 일을 추억하니　　追懷往昔
내 마음이 슬프도다　　我心悲矣

231 남극성(南極星) : 사람의 수명을 주관하는 별로 남극노인성(南極老人星)을 가리킨다. 일반적으로 축수(祝壽)할 때에 주인을 칭송하는 말로 사용된다. 《史記 天官書》

232 현인이 세상을 떠나시니 : 원문의 목가(木稼)를 번역한 것이다. 목가는 목개(木介)의 별칭으로 추위가 심하여 나무에 얼음이 얼어붙어 갑옷의 형상을 이룬 것인데 현인(賢人)이 죽을 조짐이라 한다. 우리말로는 상고대라고도 한다. 송(宋)나라 왕안석(王安石)이 지은 한기(韓琦)의 만사에 "목가가 생기자 고관이 두려워 떨었다는 말 들었는데 산이 무너진 오늘 철인이 죽었도다.〔木稼曾聞達官怕 山頹今見哲人萎〕"라고 하였다. 여기에서는 목내선의 죽음을 가리키는 말로 사용하였다. 《山堂肆考 卷153 木稼》

공의 벗으로는　惟公執友

우리 선친뿐이셨는데　寔我先子

파주의 명문가로　坡谷名門

백씨와 중씨가 혼인을 하였고　伯仲委禽

함께 공부를 하며　筆硯同業

술을 마시며 마음을 전하였네　杯觴傳心

앞뒤로 과거에 급제하고　先後登朝

혼인하여 서로 의지하니　瓜葛相倚

관중(管仲)과 포숙아(鮑叔牙)처럼　惟管與鮑

두 마음이 화살처럼 곧았네　兩腔卽矢

불초의 악이 쌓여[233]　不肖惡積

곤경에 처한 것을 불쌍히 여기시고　少泣枯魚

나를 사랑하고 나를 어루만져주었으며　愛余撫余

나를 가르치고 나를 경계시키셨네　教余警余

사위라서가 아니라　非謂半子

선인(先人)의 자식임을 생각해서니　念先人餘

돌아가신 분과 살아있는 이의 정의(情誼)로 말하면　死生交情

옛사람 중에 이만한 이 없었네　古人蔑如

소자가 불민하여　小子不敏

한 가지도 이룬 것이 없고　一無所成

중년에 배우자를 잃고　中歲喪耦

백수의 나이에 몸소 농사를 짓고 있네　白首躬畊

233 불초의 악이 쌓여 : 아산공의 부친인 녹문공이 일찍 돌아가신 일을 가리킨다.

집안에서는 가업(家業)을 실추시켰고	在家墜業
어른을 섬김에는 정성이 부족하였으며	事長乏誠
병이 드셨을 때는 와서 모시지 못하였고	病不來侍
염(斂)을 할 때에 와서 돕지도 못하였네	含不助擎
이 몸을 돌아보건대	環顧此身
살아계신 때나 돌아가신 때에 모두 도리를 저버렸네	竟負幽明
한 잔 술에 한 자루 향으로	單盃瓣香
영영 이별을 고하노니	千秋永訣
영령이 계신다면	不昧者存
한 번 와서 흠향하소서	能不一格

참봉 이택(李澤)에 대한 제문 계사년(1713, 숙종39)

祭李參奉澤文

영령께서는 자애롭고 선량한 성품을 타고난 데다 시서(詩書)와 육예(六藝)의 글을 익혀 제사를 받들고 붕우와 사귈 때에 모두 이것으로 준칙을 삼으셨네. 제사지낼 때에는 공경히 하고, 붕우와 사귈 때는 신의로써 하여, 종족(宗族)과 향당(鄕黨)에서 추대(推戴)하고, 친구들은 본보기로 삼으며, 사림(士林)은 존숭하여 동경(東京)의 통덕(通德)[234]과 같을 뿐만이 아니었는데, 이제는 끝났도다. 덕을 본받고 의문을 묻는 것을 누구에게 의지할까? 오호라 애통하도다. 일찍이 봉마(蓬麻)의 의리를 맺었고,[235] 만년에 주진(朱陳)의 우호[236]에 의탁하

234 동경(東京)의 통덕(通德) : 후한(後漢)의 대학자 정현(鄭玄)을 가리키는 말이다. 정현(鄭玄)이 태어난 고밀현(高密縣)을 당시에 국상(國相)으로 있던 공융(孔融)이 예찬하여 정공향(鄭公鄕), 또는 통덕문(通德門)이라고 부른 데서 유래되었다. 여기에서는 이택이 정현처럼 뛰어난 학자임을 칭송하는 말로 사용되었다.《後漢書 卷35 鄭玄列傳》

235 봉마(蓬麻)의 의리를 맺었고 : 친구로서의 의리를 맺었다는 뜻이다. 봉마(蓬麻)란 "쑥이 삼 가운데 나면 붙들어주지 않아도 저절도 곧아진다〔蓬生麻中 不扶自直〕"라는 의미로 좋은 친구가 옆에 있으면 자신도 저절로 바르게 된다는 의미이다.《荀子 勸學》

236 주진(朱陳)의 우호 : 주진은 중국 서주(徐州) 고풍현(古豐縣)에 있는 마을 이름이다. 당(唐)나라 백거이(白居易)의 시 〈주진촌(朱陳村)〉에, "서주의 고풍현에, 주진촌이라는 마을이 있으니……한 마을에 오직 두 성씨가 살면서, 대대로 혼인하였네〔徐州古豐縣 有村曰朱陳……一村唯兩姓 世世爲婚姻〕"라고 하였는데, 양쪽 집안 사이에 대대로 혼인을 맺은 세의(世誼)가 있을 경우를 뜻한다. 여기에서는 아산공과

였는데, 백수(白首)가 된 노년에 세상에 버림을 받고 혼자서 외롭게 짝이 없어서 문을 나가도 갈 곳이 없으니, 그만 두어야지, 그만 두어야지. 훌륭한 말과 지극한 이론은 귀로 들은 것이 있고 마음에 얻은 것이 있으나 누가 그것을 연역(演繹)하고 완성하여 영원히 없어지지 않게 하리오. 오호라 애통하도다.

이택의 집안이 대대로 혼인하는 세의가 있음을 가리키는 말로 사용되었다.《白氏長慶集 卷11 朱陳村》

큰 누이에 대한 제문[237]

祭伯姊文

영령께서는	惟靈
정숙하고 아름다운 자품을 받고 태어나	姿禀貞嘉
재상가(宰相家)의 증손부가 되었네	漢相曾婦
선고의 사랑을 받고	先考所嬌
선현의 가르침을 배웠네	古訓是受
일찍 모친을 잃었으나	早失所恃
유순하고 한아(閒雅)한 모습은 변함이 없었네	柔閑自有
좋은 배필을 만나	蘭玉相遇
화목한 가정을 이루었고	琴瑟友之
훌륭한 세 아들이	三箇鸞鵠
슬하에 모여 있건만	停峙離披
갑자기 남편을 잃었으니	遽躔崩城
누군들 한탄하지 않겠는가	孰不嗟咨
그러나 세 아들들이	惟伯仲季
선친의 덕을 더욱 아름답게 이어	趾美尤奇
낭관이 된 사람도 있고 수령이 된 사람도 있어	或郎或縣

237 작품 해설 : 이 제문은 아산공의 첫 번째 누이인 경주 이씨 이윤적(李允迪)에게 시집간 누이를 가리킨다. 녹문공의 첫 번째 부인인 전주 이씨 소생이다. 제문에 나오는 세 아들은 이복인(李復仁), 이택인(李宅仁), 이석인(李錫仁)이다.

능히 봉양을 잘하였네	能以色養
그러나 자손이 많지 않아	子姓頗鮮
손자를 기다리는 마음 간절하였는데	念切扶床
하늘이 도와주지 않아서	于天不吊
낫기 어려운 병에 걸리셨네	病在膏肓
내가 선영 아래에서	余自先壟
밤을 도와 도성에 들어가 뵈니	不夜入城
오래 사는 것을 좋아하지 않고	無樂久視
죽고 사는 것에 흔들리지 않으셨네	不動死生
내 나이 칠십이라	曰余七十
건강하게 오래 살았으니	得壽康强
지금 죽는다 한들	今歸泉臺
헤어졌다 다시 만나는 것과 무엇이 다르랴 하시며	何異延津
태연스럽게 말하고	語言自若
웃으며 돌아가셨으니	含笑歸眞
임종에 하신 몇 마디 말씀은	臨訣數語
후세에 전할만 하였네	宜垂彤傳
오호라 나의 누이는	嗚呼吾姊
여인 가운데 군자셨도다	女中君子
나 소제는	惟予小弟
누님을 어머니 섬기듯 하여	事若慈氏
일이 있으면 반드시 묻고	有事必問
의문이 있으면 반드시 의논하였으니	有疑必議
내가 매우 어리석어	余甚愚騃

반드시 누님의 지적을 받아야 했네	必受砭醫
이제 궤연에 절을 하게 되니	今拜几筵
만사가 끝났도다	萬事已矣
상막(喪幕)에서 통곡하며	嗷嗷堊室
겨우겨우 대사를 치르니	艱營大事
사람이 이 세상에서	人生此世
누군들 이와 같지 않으리오마는	孰不如是
돌아보건대 지금 내가 백발이니	顧今皓髮
얼마 살지 못할까 두렵구나	恐不長年
말이 여기에 미치니	言及于斯
모두가 하늘의 뜻 아닌 것이 없도다	罔非由天
한 잔 술에 한 자루 향을 피우니	單杯瓣香
눈물이 끝없이 흐르네	有淚澈泉
오호라 애통하도다	嗚呼痛哉

생질 이복인(李復仁)에 대한 제문[238]

祭李甥復仁文

나와 너는 외삼촌과 생질간이다. 네가 어렸을 때에 타고난 자품이 선량하고 화평하여 선친께서 가장 사랑하시고 너는 아침저녁으로 선친의 슬하에서 떠나지 않았었다. 우리 형제들과 너는 함께 자고 함께 공부하며 함께 성장하고 함께 놀아서 동기간이나 다름이 없었다. 그런데 하늘이 우리를 보살펴주지 않아 함께 혹독한 재앙을 당하여 삼년간 피눈물을 흘렸으나 마침내 죽지 않고 살았다. 만년에 조정에서 음직으로 녹봉을 받은 것은 특별히 선인(先人) 때문이었다. 지난날 아우의 상을 당해 마음이 칼로 에이는듯하였으나 누님 덕택에 너와 여생을 보존할 수 있었다. 지방관으로 나갔다 돌아오자마자 생기가 사그라져 병이 낫지 않다가 마침내 이 지경에 이르렀다. 하늘이 보응이 없어 선을 한 사람에게 보답이 없으니 이것이 무슨 이치인가? 사람이 누군들 죽지 않으리오마는 양세(兩世)가 모두 거상(居喪) 중에 세상을 떠났고, 네가 또 후사가 없어 제사를 맡길 사람이 없으니, 길가는 사람이라도 이 말을 들으면 반드시 눈물을 흘릴 것이다.

238 작품 해설 : 이복인은 경주 이씨 이윤적에게 시집간 큰누이의 장남이다. 1689년에 진사시에 급제하였다. 아산공보다 5세 연하이다. 어려서부터 아산공 형제들과 함께 자고 함께 공부하여 친동기간과 다름이 없이 자랐으므로 그의 죽음에 아산공이 특별히 슬퍼한듯하다. 내용 중에 "늙은 나는 덩그러니 홀로 남아 있는데 골육(骨肉)들이 모두 세상을 떠나니 남아 있는 나의 마음이 어떠하겠는가."라고 한 것으로 보아 아산공이 노년에 생질의 상을 당한 것으로 보인다.

더구나 늙은 나는 덩그러니 홀로 남아 있는데 골육(骨肉)들이 모두 세상을 떠나니 남아 있는 나의 마음이 어떠하겠는가. 애통하고 애통하도다. 한 잔 술에 한 자루 향으로 영영 이별을 고하노라.

진사 홍중원(洪重遠)[239]에 대한 제문[240]

祭洪進士重遠文

오호라. 국가에서 인재를 기르지 못한 지가 오래되었다. 호걸스런 선비들이 뜻을 펴지 못하고 집안에 있는 것은 이미 논할 것이 못되지만, 어찌 치중(致仲)이 여기에서 그친단 말인가? 치중 같은 외모에, 치중 같은 행실에, 치중처럼 기개가 많고, 치중처럼 언론을 좋아하는 사람이 끝내 포부를 펼치지 못하고 유백륜(劉伯倫)처럼 삽을 매고 다니면서[241] 곤궁하게 살다가 세상을 마쳤으니 "헤아릴 수 없는 것이 인간의 일"이라는 말이 어찌 참말이 아니겠는가. 치중은 우리 집안의 사위로서 반평생을 같은 집에서 지내어 정이 친형제와 같았는데, 백도(伯道)는 자식이 없고, 원헌(原憲)은 오래도록 빈곤하게 살아서 홀

239 홍중원(洪重遠) : 1665~?. 본관은 풍산(豐山)이고, 자는 치중(致仲)이며, 첨지중추부사(僉知中樞府事) 홍만최(洪萬最)의 여섯째 아들이다. 1691년(숙종17)에 진사시에 급제하였다.

240 작품 해설 : 홍중원은 녹문공의 넷째 사위로, 아산공보다 11세 연하이다. 반평생을 같은 집에서 살아서 친형제와 같았으므로 그가 큰 뜻을 품고도 출세하지 못하고 죽은 것에 대해 슬픔이 컸던 것 같다. 제문의 내용으로 보건대 아산공 노년의 일로 보인다.

241 유백륜(劉伯倫)처럼 삽을 매고 다니면서 : 유백륜은 진(晉)나라 때 죽림칠현(竹林七賢)의 한 사람인 유령(劉伶)인데, 백륜은 그의 자이다. 그는 주호(酒豪)로서 술을 매우 즐겨 마셨고 〈주덕송(酒德頌)〉을 지어서 술을 극구 예찬하였다. 항상 녹거(鹿車)를 타고 술 한 병을 휴대하고 다니면서, 사람을 시켜 삽(鍤)을 메고 따라다니게 하면서 말하기를 "내가 죽거든 그 자리에 묻어 달라.〔死便埋我〕"라고까지 했다고 한다. 《蒙求 中 劉伶解酲》

로 양자를 시켜 그 집안을 보전하게 하고서 세상을 떠났으니, 이른 바 "헤아릴 수 없는 것이 인간의 일"이라는 것인가. 매번 막내 여동생이 통곡하는 소리를 들을 때마다 내 가슴은 무너지는 듯하고 내 마음은 불에 타는 듯하였으니, 아득한 저 하늘이여 이것이 무슨 꼴이란 말인가. 세상의 어리석고 후안무치한 무리들은 높은 벼슬에 올라 도로에서 수레를 타고 다니고, 어떤 자는 지방관으로 나가서 나라의 녹을 많이도 받아먹으니, 조물주를 미워하고 권세 잡은 자를 꺼리는 것이 이렇게도 심하단 말인가. 내가 병으로 시골에 칩거하고 있어서 타고 갈 말도 없고 병석에 누워 있기 때문에 아이를 보내 삼가 한 잔 술을 올리니, 만사가 이미 끝났도다. 오호라 애통하도다.

녹문산기[242]

鹿門山記

사군자(士君子)가 이 세상에 태어나 임금을 만나서 정치를 보좌하면 붉은 관복을 입고 푸른 띠를 매고서 명성을 떨치고 은택을 널리 베풀지만 세도(世道)가 쇠퇴한 때를 만나 나이가 많으면 일을 사퇴하고 산수간(山水間)에서 소요하는 것은 이치가 참으로 그러하다. 옛날 나의 조부이신 문간공(文簡公)께서는 세 임금을 두루 섬겨서 지위가 상경(上卿)에까지 이르렀으나 청나라의 사문(査問)[243]이 있은 뒤로 치사(致仕)하고 돌아와 견성(堅城)의 선영 아래에서 사셨는데, 자갈밭을 일구고 모옥(茅屋)에 살면서 담담하게 지내셨다. 이때에 선친께서 조비(祖妣)의 묘를 이장할 계획을 세우시어 산 좋고 물 맑은 터를 잡으셨는데 그곳이 바로 녹문산이다. 나의 선친께서 정결한 터를 잡으시자 문간공께서 남녀(藍輿)를 타시기도 하고, 느린 말을 타시기도 하고, 지팡이를 짚고 가시기도 하여 소요하며 노니셨는데, 물고기와 새를 보며 초탈한 경지를 만끽하고 날마다 그곳에서 시를 읊조리시

242 작품 해설 : 이 글은 아산공 48세 때인 1701년에 지은 것이다. 이곳은 처음에 녹문공이 조비의 묘를 이장하려고 이 터를 잡았는데 나중에는 선영이 되고 후손이 사는 터전이 되었다. 전체적이 내용은 이 터를 잡게 된 배경과 이 터의 위치와 이 터의 경치와 심어진 나무들을 일일이 열거하고, 마지막으로 이곳의 원래 이름은 다암(多岩)이었는데, 양사언(楊士彦)이 녹문이라고 부른 것으로 인하여 녹문으로 이름한다는 내용을 기술하였다.

243 주201 참조. 경인년(1650, 효종1)……변고.

다가 끝내 만세의 유택(幽宅)이 되었고, 지금은 자손들이 사는 곳이 되었다. 훗날 이곳을 흠모하는 자가 송(宋)나라의 독락원(獨樂園)[244]이나 무이(武夷)[245]에 비유하였다. 이 산은 견성현 북쪽에 있는데, 북쪽에서부터 폭이 좁아져서 서쪽으로 10여 리쯤 되는 곳에 석우담(石隅潭)이 있고, 석우담을 따라 5리쯤 내려가다가 노주(潞州) 경계까지 7리 되는 지점에 기암(奇岩)이 우뚝 서 있고 아름드리 송백(松栢)이 우거지고 큰 냇물이 가로질러 흐르며 계곡물이 콸콸 흐르는 것이 바로 녹문의 대략적이 모습이다.

대체로 돌산이 서북쪽에 우뚝 서 있고, 좌우에는 무덤들이 빙 둘러 있으며, 그 가운데는 넓게 트여 있고 그 땅은 평평한데, 소나무와 회나무와 가죽나무와 상수리나무가 빽빽이 하늘까지 솟아 있다. 이에 그 나무를 베고 그 땅을 개간하였는데, 띠를 베어내고 집을 지어서 살아갈 수 있게 하였으니, 생계를 꾸리는 것은 엉성하지만 그윽한 경치는 사람을 기쁘게 하였다. 이곳에 있는 것들을 살펴보면, 석간에서 나오는 물은 달고 차가운데 날이 가물어도 마르지 않고, 논은 넓어서 열 말의 씨앗을 뿌릴 수 있으며, 설리(雪梨)가 20여 주(株)이고, 잣나무가 50주이고, 밤나무가 10여 주이고, 뽕나무가 10여 주이고, 복숭아가 8주이고, 가래나무가 1주이고, 내금(來禽)이라는 나무가 2주이고, 호도(胡桃)라는 나무가 1주이고, 산포도(山葡萄)와 오미

244 독락원(獨樂園) : 송(宋)나라 사마광(司馬光)이 재상 자리에서 물러난 뒤에 낙양현(洛陽縣) 남쪽에 세운 원명(園名)이다. 《宋史 卷336 司馬光傳》

245 무이(武夷) : 산 이름으로, 중국 복건성(福建省) 숭안현(崇安縣) 남쪽에 있다. 주자(朱子)가 이곳에 무이정사(武夷精舍)를 짓고 지내면서 학문을 강론하였다.

자(五味子)가 곳곳에 덩굴져 있고, 벽라(碧蘿) 떨기와 잎 붉은 단풍이 곳곳에 숲을 이루고 있다. 한 가운데에 여덟 기둥의 기와집이 있는데, 구조가 정밀하여 여름에는 시원하고 겨울에는 따뜻하다. 방의 크기는 작으나 팔베개를 하고 눕는 것은 면할 수 있다. 이 집의 이름을 봉선재(奉先齋)라고 하였으니, 이는 사시(四時)에 제사 올리는 것을 반드시 그 집에서 하기 때문이다. 이것이 땅의 소유일 수도 있지만 대부분은 인력(人力)으로 그렇게 만든 것이다.

사방을 조망(眺望)해 보면 산 위에 층층의 봉우리와 절벽에 온갖 물상(物象)이 다 있는데, 누워 있는 것, 앉아 있는 것, 서 있는 것, 흰 것, 검은 것, 푸른 것, 붉은 것, 날고 달리는 것, 걸터앉은 것, 휘감아 도는 것, 넓적한 것, 사람 형상을 한 것, 짐승 형상을 한 것 등 각각 그 자태를 다하고 있어 마음과 눈이 함께 놀라고 조화가 일정하지 않음에 더욱 감탄하게 된다.

봄이 되어 들에 농사 일이 시작되면 그 흥취가 또 작지 않고, 온갖 꽃이 다투어 피어 맑은 향기가 코에 닿으며 새소리가 경쾌하고 물고기가 한가로이 헤엄친다. 여기에서 일원(一元)이 유행(流行)하여 천지의 기운이 교통(交通)하는 것을 알 수 있으니, 이것이 산중살이의 봄이다.

남풍이 훈훈하게 불고 단비가 제때에 내리면 심기(心氣)가 저절로 안정되고, 녹음이 무성하게 우거지고 방초(芳草)가 무성하게 자라며 보리를 베어 밥을 짓고 밭의 채소를 곁들여 먹는다. 여기에서 천지가 기운을 불어내어 만물이 자라는 것을 알 수 있으니, 이것이 산중살이의 여름이다.

하나의 기운이 하늘로 올라가 가을바람이 일어나서 들에는 누런 구름이 덮이고 산에는 붉은 단풍이 들면 예전처럼 소쇄(蕭灑)하게 세속을 벗어난 듯한 마음이 든다. 때로 촌 늙은이와 시냇가 노인과 함께 새로 난 음식을 맛보고 술잔을 기울이면서 함께 농사를 잘 지었음을 즐거워하니, 이것이 가을의 산중살이이다.

천지의 기운이 닫혀서 눈이 때로 내리고 들에서 쌀을 거두어들이고 산에서 계수나무를 베어다가 그것으로 따뜻하게 지내고 배불리 먹을 수 있다. 일과 욕심이 모두 고요해져서 화로 옆에서 시를 지으며 적막한 회포를 표현하니, 이것이 겨울의 산중살이이다.

그리고 동산에서 수확한 것은 자루에 담아 돌아가서 사당에 올릴 것을 제하고 또 모친께 올려서 손자들과 증손자들이 차지하려고 다투는 것을 보노라면 산중살이의 흥미가 그다지 적막하지는 않다. 어찌 벼슬에 연연하여 고관대작에게 아부한 뒤에야 마음에 통쾌하겠는가. 오호라. 하늘이 만들고 땅이 감추어서[246] 일만 년이 지나는 동안 세상을 등지고 은거한 사람으로서 이곳을 거쳐간 사람이 얼마나 많았겠는가. 그런데도 귀신이 아끼고 감추었다가 반드시 우리 집안의 차지가 되게 하였다. 처음에는 만년에 노니는 장소로 삼았는데 나중에는 후손의 고향땅이 되어 제사상에 올리는 제수가 여기에서 나오고 제기를 이곳에 진설하였다. 태산(泰山)처럼 우뚝한 기색이 강직한 절의에 부합되고 맑은 물과 푸른 나무의 경치가 늙어서 은거하기에 적당하니, 한유(韓愈)가 이른바 "진짜 임자에게 준 것이다."[247]라고 한

246 하늘이 만들고 땅이 감추어서 : 원문에는 '天作地莊'으로 되어 있는데, 한유(韓愈)의 〈연희정기(燕喜亭記)〉에 의거하여 '天作地藏'으로 고쳐서 번역하였다.

247 한유(韓愈)가……것이다 : 한유(韓愈)의 〈연희정기(燕喜亭記)〉에 "이곳은 하늘

말이 어찌 맞는 말이 아니겠는가.

이 산의 이름을 세상에서는 다암(多岩)이라고 불렀는데, 양봉래(楊蓬萊)[248]선생만이 홀로 녹문(鹿門)이라고 부르고 시를 지어 칭송하였다. 봉래 양씨는 신선 같은 사람이니 반드시 옛 자취를 조사해보고 그렇게 말했을 것이므로 지금 녹문이라고 한다. 오호라. 불초 같은 사람은 벼슬길에 나갔다가 뜻을 접고 전야에서 늙고 있어서 진정으로 은거한 것이 아니니 어찌 외람되지 않겠는가. 삼가 이를 기록하여 우리 집안의 제사를 잇는 자에게 보인다.

신사년(1701, 숙종27) 가을

이 만들고 땅이 감추어 두었다가 진짜 임자에게 준 것이다.〔凡天作而地藏之 以遺其人乎〕"라고 한 말을 인용한 것이다.《韓昌黎集 卷13》

248 양봉래(楊蓬萊) : 양사언(楊士彦, 1517~1584)으로, 본관은 청주(淸州), 자는 응빙(應聘), 호는 봉래·완구(完邱)·창해(滄海) 등이다. 부친은 주부 양희수(楊希洙)이다. 조선 전기 4대 서예가로 일컬어지며, 형 양사준(楊士俊), 아우 양사기(楊士奇)와 함께 문장에 능하여 중국의 '미산삼소(眉山三蘇)'에 견주어졌다고 한다.

천서(天敍)가 가지고 있는 한석봉(韓石峯)이 쓴 등왕각서(滕王閣序)에 대한 기문[249]

天敍韓石峯滕王閣序記

이것은 나의 막내 천서가 아끼는 것이다. 천서의 장인 호은공(壺隱公)[250]이 천서에게 준 것인데, 그 글씨를 보니 한석봉의 글씨였다. 한석봉의 글씨가 뛰어나서 온 나라에 명성을 떨쳤고, 천하에 이름이 날렸다. 김공이 나의 아우에게 준 것은 그 사위를 아껴서이고, 내가 기문을 쓰는 것 또한 내 아우를 아껴서이다. 오호라, 나의 아우여. 노력해서 글씨를 완성하여 아우의 장자에게 전한다면 한석봉의 글씨가 그 정신을 전할 수 있을 것이고, 김공(金公)이 선물로 준 뜻을 저버리지 않을 수 있을 것이며, 우리 집안의 필세(筆勢)를 이을 수 있을 것이다. 나는 천서의 백씨(伯氏)이고, 백씨의 이름은 모(某)이고, 호는 화봉(華峰)이다.

249 작품 해설 : 이 글은 아산공의 막내 아우 구주(九疇)가 자기 장인 김준상(金儁相)에게 선물받아 가지고 있던 한석봉의 글씨로 된 등왕각서(滕王閣序)에 대한 기문이다. 이 서문을 잘 간수하여 본인의 글씨를 완성시키고, 또 아들에게 전해서 글씨를 익히게 하여 집안의 필법이 계승될 수 있게 하라는 당부를 하고 있다.

250 호은공(壺隱公) : 이름은 김준상(金儁相 : 1640~?)이고, 본관은 선산(善山)이며, 자는 거경(巨敬)이고, 호은은 그의 호이다. 1678년(숙종4)에 문과에 급제하였고, 벼슬은 공조 참의(工曹參議)를 지냈다.

유자나무 목판으로 만든 책상 뒤에 쓰다[251]

題柚板冊床後

내가 아산(牙山) 수령이 된 지 2년 되던 해에 휴가를 청하였는데 서울에 사는 매제 홍치중(洪致仲)이 마침 나에게 용호구(龍虎搆)를 빌려갔다가 평범해 보이는 목판 하나를 톱으로 켜놓았다. 내가 장난삼아 훔쳐서 싣고 남쪽으로 돌아와서 나무를 아는 사람에게 보이니, 그가 말하기를 "이것은 제주도에서 나는 산유자나무 목판인데, 이것으로 책상을 만들면 책을 읽지 않아도 박식하게 되고 생각하지 않아도 깨닫게 된다."라고 하였다. 나는 본래 게으른 사람인지라 그 말을 듣고 기뻐서 즉시 목수 김귀일(金貴一)을 시켜 길일을 잡아 책상을 만들게 하여 앉는 자리 아래에 놓아두었다. 그러나 태수(太守)의 문서만 쌓아둘 뿐 박식해지고 깨달아진다는 것이 무엇인지는 모르겠다. -이하 원문 빠짐-

251 작품 해설 : 이 글은 아산공이 아산 현감으로 재직 중이던 1692년에 지은 글이다. 막내 매제인 홍중원의 집에 갔다가 유자나무 목판을 하나 훔쳐 와서 책상을 만들고 그 책상에 대해 기문을 쓴 것이다. 그런데 아쉽게도 뒷부분이 망실되어 내용을 알 수 없다.

고성(高城)에 부임하는 한태수(韓太叟)를 전송하는 서문[252]

送韓太叟赴高城序

해산정(海山亭)에 주인이 없어 관동의 경치가 공허하니 누가 -원문 빠짐- 관인(官印)을 차고 동쪽으로 돌아올까. 듣건대 나의 벗인 상당(上黨)[253] 한태수가 얻어 -원문 빠짐- 하직하였다. 내 생각에 태수는 병든 신선이 아니니 분수가 혹시 때가 되지 않아서 그런 것인가.-원문 빠짐- 깨끗한 모래 일백 리와 일만이천봉이 태수가 아니면 누가 주인이 되겠는가. 얼마 지나지 않아 그 병이 깨끗이 나을 것이다. 현감의 행차가 동쪽으로 와서 나에게 문안하기에 내가 여관으로 달려가니, 신을 거꾸로 신고 달려나와 반갑게 맞이하며 한바탕 웃고 말하기를 "내가 관동의 제일가는 풍경을 얻었으니, 늙은이의 흥취이지만 작지가 않다."라고 하였다.

내가 빙그레 웃으며 말하기를, "그대가 바다와 산의 경치로써 한때의 구경거리로 삼았는데, 산과 강이 아름답기는 하지만 어찌 외물(外物)이 아니겠는가. 나처럼 노쇠한 사람은 반걸음 밖을 나가지 않

252 작품 해설 : 이 글은 친구인 한태수가 고성 현감으로 부임할 때 써 준 글이다. 같은 제목의 글이 이형상(李衡祥)의 《병와집(甁窩集)》에 〈송한태수지임고성(送韓太叟之任高城)〉이라는 시로 실려 있는데, 병와집의 시가 연대순으로 배열되어 있는 것으로 볼 때 한태수가 고성 현감으로 나간 시기는 1711년에서 1713년 사이인 것으로 보인다. 따라서 이 글 역시 같은 시기에 지어졌다는 것을 알 수 있다. 다만 아쉽게도 본 유고의 보관 상태가 좋지 않아 앞부분에 결락된 부분이 많다.

253 상당(上黨) : 청주의 옛 이름이다.

더라도 마음속에 무한한 풍경이 절로 있으니, 외물을 빌려서 기쁨으로 삼고 싶지 않다. 참으로 이른바 청운(靑雲)과 백운(白雲)이 구별이 있다는 것이니, 태수가 한 번 웃지 않겠는가"라고 하였다. 오호라. 태수는 나의 40년 된 벗이다. 하루아침에 반천리(半千里) 멀리 이별하게 되니 어찌 근심하는 마음이 없겠는가. 이에 등잔 아래에서 장난스런 말을 쓴다.

미옹(眉翁)[254]의 수필첩(手筆帖) 뒤에 쓰다[255]

書眉翁手筆帖後

이 필첩으로 말하면, 내가 관례(冠禮)를 할 때에 영광스럽게도 미옹이 왕림해주셨다. 왕고(王考) 문간공께서 살아계실 때에 불초가 미옹의 문하에서 수학하였는데, 미옹이 당시에 숙빈(肅賓)의 일을 기억하시고 이 일로 인하여 노인을 봉양하는 도리를 말씀하셨으니, 이는 후생을 가르치시는 말씀이었다. 불초가 그 말씀을 받들어 배우고 이로 인하여 선생께서 보시던 글을 얻어서 자루에 담아 보관해두었다.[256] 신미년(1691, 숙종17)에 외람되게 아산 수령을 맡고 있었는데 둘째아들 수인(守仁)[257]이 나이가 어린데도 이 글씨를 좋아하는 것이 다른 사람과 달라서 필첩을 만들어 잘 보관하였다.[258] -원문 빠짐- 해에

254 미옹(眉翁) : 미수(眉壽) 허목(許穆)을 가리킨다. 주196 참조. 미수(眉叟) 허(許) 선생.

255 작품 해설 : 이 글은 미수 허목의 글씨를 서첩으로 만들고 그 뒤에 쓴 글이다. 1691년에 아산공이 아산 현감으로 있을 때에 둘째아들 수인(守仁)이 이 글씨를 좋아해서 필첩으로 만들어 보관했었다. 그 후 수인이 1718년에 세상을 떠나고 나서 이 필첩이 다른 책들 사이에 섞여 있었는데, 우연히 발견하고는 둘째 아들 생각이 나서 이 글을 써서 손자에게 남긴 것이다. 이 글이 지어진 정확한 시기는 알 수 없지만 1718년 이후에 쓰여진 것은 확인할 수 있다. 다만 아쉽게도 본 유고의 보관 상태가 좋지 않아 뒷부분에 결락된 부분이 많다.

256 보관해두었다 : 원문에는 '莊'으로 되어 있는데, 문맥에 따라 '藏'으로 고쳐서 번역하였다. 옮겨 쓰는 과정에서 오류가 발생한 것으로 보인다.

257 수인(守仁) : 1679～1718. 아산공의 둘째아들로 자는 안중(安仲)이다.

258 보관하였다 : 원문에는 '莊'으로 되어 있는데, 문맥에 따라 '藏'으로 고쳐서 번역하였

하늘이 큰 재앙을 내려서 수인 부자가 함께 요절하여 간장이 마디마디 끊어지는 듯한 세월을 보냈다. 지금 집안에 있는 옛 책들을 보다가 이 필첩이 눈에 띄어 나도 모르게 눈물이 흘러내렸다. 오호라. -원문 빠짐- 어버이에게 효도하는 것이 그의 문학적 재능보다 더하였는데, 이제는 끝나버렸으니 늙은 나의 심사가 장차 -원문 빠짐- 해에 또 유복자(遺腹子)가 있으니, 더럽히지 말고 잘 보관하여 네 조부의 뜻을 지키도록 해라. -원문 빠짐-

다. 옮겨 쓰는 과정에서 오류가 발생한 것으로 보인다.

정철선(鄭哲先) 전(傳)[259]

鄭哲先傳

우리 마을에 정철선이라는 사람이 있는데 만호(萬戶) 정창국(鄭昌國)의 아들이다. 같은 성씨들이 -원문 빠짐- 병자년(1636, 인조14) 가을에 죽었고, 그의 어머니 유씨(兪氏)는 병자년의 난리에 절개를 지키다 죽었고, 그의 형은 포로가 되어 -원문 빠짐- 간 곳 -원문 빠짐- 계유년(1633, 인조11)에 태어나 어린 나이에 부모를 모두 잃고, 성인이 되기 전에 우리 집에 와서 공부하였으나 이루지 못하고 떠났다. 무예로 향시(鄕試)에 여러 차례 합격하였으나 이 또한 뜻을 이루지 못하여 동네의 어부나 나무꾼과 어울리는 것으로 일을 삼았다. 시랑(侍郞) 유창(兪瑒)[260]이 외척(外戚)으로서 그가 고용살이 하고 있는 것을 알고

259 작품 해설 : 이 글은 아산공과 같은 마을에 사는 정철선이라는 사람에 대한 이야기이다. 정철선이 어려서 고아로 자랐는데 늙어서도 매우 건강하고 정력이 왕성한 것이 남달랐기 때문에 아산공이 특별히 전(傳)을 지은 것이다. 이 글이 지어진 시기는 정철선의 나이로 추정해 보면 아산공의 나이 64세 때인 1717년이다. 다만 아쉽게도 본 유고의 보관 상태가 좋지 않아 앞부분과 뒷부분에 결락된 부분이 많다.

260 유창(兪瑒) : 1614~1690. 본관은 창원(昌原)이고, 자는 백규(伯圭)이며, 호는 추담(楸潭)·운계(雲溪)이다. 1650년(효종1) 증광문과에 급제하였고, 1653년 세자시강원 설서를 거쳐 이듬해에 지평(持平)이 되었다. 1655년 통신부사로 일본에 다녀오고, 동부승지·충청도관찰사에 이어 1662년(현종3) 우부승지에 임명되었다. 다음해 좌승지를 지내고 광주 목사(廣州牧使)로 나갔다. 1666년 승지를 거쳐 수원부사에 재임 중 진상물을 병조판서 홍중보(洪重普)에게 임의로 주었다가 발각되어 파직, 철원의 풍전역에 유배되었다. 뒤에 풀려나와 병조참판이 되고, 1674년 고부사(告訃使)로 청나라에 다녀왔다. 이때 서장관(書狀官)이었던 권해(權瑎)와 사감(私

는 그에게 시위(侍衛)의 일을 맡겼다. 유창이 청나라에 사신 갈 때와 일본에 통신사로 갈 때에 모두 따라갔었는데, 맡은 일을 실수 없이 잘 수행하니 사람들이 많이 칭찬하였다. 평소 집안 살림이 넉넉하지는 않지만 아침저녁의 끼니는 그럭저럭 마련할 수 있었고, 연로해서도 남에게 구걸하지는 않았다. 성품이 관대하고 부드러우며 도량이 커서 평생 남과 다투는 일도 없고 눈을 흘기는 일도 없었다. 지금 나이가 85세인데, 마을 사람들이 모두 좋은 부로(父老)라고 말한다. 아직까지 이가 빠지지 않아서 말린 고기를 이로 끊을 정도이고, 걷는 것도 젊은이와 다름이 없어서 우리집까지 거리가 5리나 되는데 지팡이를 짚지 않고 왕래한다. 이따금 큰 잔에 술을 마시는데 술을 잘 마시는 사람도 그의 주량을 따라가지 못한다. 또한 부인을 -원문 빠짐- 때가 있는데 이는 백부(白傅)가 하지 못했던 것이다.[261] 아들 셋이 있는데, 모두 좋은 사람이고, 장자는 일찍이 만호를 지낸 사람이다.

憾)으로 불화하였다는 탄핵을 받고 파직당하였다. 얼마 있지 않아 다시 등용되어 1679년 승지가 되었다. 1689년(숙종15)에 개성부유수가 되었다. 저서로는 《추담집(秋潭集)》이 있다.

261 백부(白傅)가……것이다 : 백부는 태자 소부(太子小傅)에 임명되었던 당나라 시인 백거이(白居易)를 가리킨다. 백거이가 무기(舞妓)이자 애첩이었던 소만(小蠻)을 몹시 사랑하였으나, 자신이 늙자 다른 사람을 만나 편안히 살라고 하면서 소만을 보내 주었다. 여기에서는 정철선이 늙어서도 정력이 왕성하였다는 의미를 나타내는 뜻으로 사용되었다. 《新唐書 卷119 白居易列傳》

이당암유고 二當菴遺稿 부록

행업 언행록
行業 言行錄

부군의 본관은 한양(漢陽)이다. 효종 갑오년(1654, 효종1) 정월 15일에 부군이 포천(抱川)의 전장(田庄)에 있는 집에서 태어났다. 당시에 문간공(文簡公)이 회양(淮陽)의 임소(任所)에 계셨는데, 부군의 이마에 구로(九輅)라는 글자가 있는 꿈을 꾸셨기 때문에 이것으로 이름을 지은 것이다. 또 용과 호랑이의 징조가 있었다.-문간공이 직접 쓴 첩자(帖子)에 이 일이 기록되어 있다.- 부군이 태어났다는 소식을 듣고 기쁨을 기록한 시에 "용과 범이 현몽한 기이한 꿈에 감응하여, 돌기린[262] 같은 아이가 총명하게 태어났네〔感應夢呈龍虎異 聰明生降石獜奇〕"라는 시가 있다.-문집에 실려 있다.[263]- 어려서부터 문간공이 항상 곁에 두었

262 돌기린 : 재주가 뛰어난 유아(幼兒)에 대한 미칭이다. 남조(南朝) 양(梁)의 문인(文人)인 서릉(徐陵)이 어렸을 적에, 고승(高僧) 보지(寶誌)가 그의 정수리를 어루만지면서 '천상(天上)의 석기린(石麒麟)'이라고 칭찬한 고사에서 유래한 것이다. 《陳書 卷26 徐陵列傳》

263 문집에 실려 있다 : 《용주유고》 제4권 〈六十九歲始得男孫 喜吟長律二首〉을 가리킨다.

고, 글을 막 배울 때부터 《소학(小學)》 등의 책을 직접 가르쳤다.-문간공이 직접 쓴 서도(書徒)[264]가 있다.- 부군이 글을 외고 읽을 때에 의심스럽고 어려운 대목에 대해 이미 그 대의(大意)를 이해하였다. 무신년(1668, 현종9)에 관례(冠禮)를 하였는데 계단을 오르내리고 절하고 읍(揖)하는 것이 이미 성인의 풍도가 있었다. 미수(眉叟) 허(許)선생이 빈(賓)으로 왕림하였는데,-선생이 직접 관례절목(冠禮節目)를 지어서 관례를 행하였다.- 크게 칭찬하며 "용옹(龍翁)에게 손자가 있다."[265]라고 하였다.

기유년(1669, 현종10)에 문간공이 세상을 떠나자 녹문공이 상을 치루면서 과도하게 예를 행하여 몸이 수척해져서 목숨을 보존하기 어려운 지경에 이르자 부군이 슬피 울며 모시면서 할 수 있는 모든 도리를 다하였다. 을묘년(1675, 숙종1)에 녹문공이 능주(綾州) 임소에서 소명(召命)을 받고 조정에 돌아오다가 도중에 병에 걸렸다. 부군이 밤낮으로 마음을 졸이며 곁에서 모셨는데, 모든 약과 미음 달이는 것을 관청의 하례(下隷)나 노복에게 맡기지 않고 반드시 직접 달이는 것을 감독하고 직접 맛을 본 뒤에 올리니 문안하러 온 연로(沿路)의 수령들이 그 효성에 감탄하지 않는 사람이 없었다. 그 해 여름에 마침내 녹문공이 세상을 떠나셨다. 장사를 지내고 난 뒤에도 수시로 가슴을 치며 통곡하여 거의 몸을 보존하기 어려웠는데 대부인(大夫人)

264 서도(書徒) : 읽은 글을 기록해 두는 장부이다.

265 용옹(龍翁)에게 손자가 있다 : 용옹은 아산공의 조부인 용주(龍洲) 조경(趙絅)이다. 손자가 있다는 말은 조부를 계승할만한 훌륭한 손자가 있다는 칭찬이다.

이 눈물을 흘리며 제지하여 겨우 목숨을 잃는 것은 면하였다. 그러나 거상(居喪)하는 예는 녹문공이 기유년에 용주공의 상 때에 했던 예를 그대로 따르고 조금도 고친 것이 없었다.

기미년(1679, 숙종5)에 생원시에 급제하였다. 고관(考官)은 부군을 장원에 올리려고 하였으나 필격(筆格)이 규정에 어긋나서 그만 두었다.-이때 사관(寫官) 중에 과장(科場)에 들어온 자가 있어서 시권(試券)을 대신 쓰게 하였다.- 경신년(1680, 숙조6)에 당인(黨人)들이 문간공을 출향하는 일[266]로 온 조정이 다투고 있었기 때문에 부군이 도성에 있기가 편치 않아 마침내 과거를 포기하고 대부인을 모시고 포천의 선영 아래에 와서 우거(寓居)하였다. 기사년(1689, 숙종15)에 사산감역(四山監役)에 제수되었다.-이때 이조(吏曹)에 친족이 있다는 혐의가 있어 이 직임에 제수된 것이다.- 경오년(1690, 숙종16) 봄에 동궁책례도감 낭청(東宮冊禮都監郎廳)을 겸직하여 옥(玉)을 캐기 위하여 왕명을 받들고 남양(南陽)에 갔다가 작은 일 때문에 대신(大臣)이 왕에게 아뢰어 파직되었다. 가을에 서용(敍用)되어 빙고 별검(氷庫別檢)에 제수되었다. 신미년(1691, 숙종17) 봄에 전설사 별검(典設司別檢)으로 자리를 바꾸었고, 여름에 의금부 도사(義禁府都事)로 승진하였다가 곧이어 공조 좌랑(工曹佐郎)으로 옮겼다. 이때에 숙묘(肅廟)가 장릉(章陵)[267]에 행행(行幸)

266 문간공을 출향하는 일 : 문간공이 1676년(숙종2)에 현종대왕의 묘정(廟廷)에 배향(配享)되었는데, 1680년(숙종6)에 당인(黨人)들의 배척을 받아 출향(黜享)되었다.

267 장릉(章陵) : 인조의 생부(生父)인 원종(元宗)의 묘로 김포(金浦)에 있다. 원종의 묘는 본디 양주(楊州) 군장리(群場里)에 있었는데, 1627년(인조5)에 이곳으로 옮겨 와 부인과 합장하고는 흥경원(興慶園)이라고 하였으며, 1632년(인조10)에 정원대원군을 원종으로 추존하고 능호(陵號)를 장릉이라고 하였다.

하는 일이 있었다. 본조(本曹)가 나루터와 배를 꾸미는 일 등을 담당하였는데 임금이 한강 밖으로 행행하는 일이 오랫동안 있지 않았기 때문에 상하 관리들이 모두 어찌할 바를 몰랐다. 판서 이지익(李之益)[268]이 임금께 아뢰어 부군을 해색(該色)으로 차출하였다. 부군이 일에 서툴다는 이유로 여러 차례 사양하였으나 받아들여지지 않았다. 이에 강가로 달려가 점검하고는 상황에 알맞게 지휘하고 안배하였는데 조리와 순서가 매우 적절하였다. 어가(御駕)가 무사히 강을 건넌 뒤에 이공(李公)이 여러 재상들에게 말하기를, "조모(趙某)는 과연 일을 잘 주선하였으니, 내가 사람을 얻었다고 할만하다."라고 하였다.

봄에 삼일제(三日製)[269]에 입격(入格)하였다.-여러 고관들은 모두 부군이

268 이지익(李之益) : 1625~1694. 본관은 함평(咸平)이고, 자는 여휘(汝輝)이며, 호는 계촌(桂村)이다. 1652년(효종 3) 증광문과에 급제하였다. 정언으로 있을 때 한 대신의 뇌물문제를 탄핵하여 호남의 막좌(幕佐)로 쫓겨나 있다가 남구만(南九萬)의 구론(救論)으로 다시 대직(臺職)에 돌아왔으며, 서해도의 감사로 내려가 크게 치적을 올렸다. 1674년 인선대비(仁宣大妃)가 죽자 다시 예론이 일어나 송시열(宋時烈)에 대한 처벌문제가 일어났는데, 대사헌으로서 그는 송시열의 예론을 반대하였다. 이듬해 사은부사로 청나라에 다녀왔다. 1676년에는 예조 판서로 승진하고, 이어 대사헌·참찬·지중추부사를 거쳐 형조 판서, 개성 유수·한성 판윤·함경 감사·전라 감사·비변사 당상·평안 감사 등을 역임하고, 원접사(遠接使)로 네 차례나 의주를 왕래하였으며, 지돈녕부사가 되었다가 기로소(耆老所)에 들어갔다.

269 삼일제(三日製) : 성균관의 원점 유생(圓點儒生)을 대상으로 3월 3일에 보이는 제술 시험이다. 특교(特教)가 있을 경우에만 방외 유생(方外儒生)까지 통틀어 시험하였다. 의정부, 육조(六曹), 홍문관·예문관·성균관의 당상이 성균관에 가서 시취(試取)하고 나서 왕에게 아뢰는 것이 일반적인 규례이고, 특명(特命)을 내려 시취하게 되면 대제학과 승지가 어제(御題)를 가지고 성균관으로 가서 시험을 보인 뒤

지은 글이 장원이 되어야 한다고 하였으나 문형(文衡)을 맡고 있는 민암(閔黯)이 자기가 아는 사람이 합격자 명단에 있는 것을 보고는 그 사람을 장원으로 뽑았다.- 가을에 아산 현감(牙山縣監)에 제수되었다. 고을이 호수와 바다 사이에 끼어 있고 토호(土豪)들이 터를 잡고 세력을 떨치고 있어서 백성들이 그 피해를 많이 보고 있었다. 부군이 강하게 억제하며 조금도 관대하게 하지 않으니 백성들은 모두 편안해 하였으나 토호들은 싫어하는 자가 많았다. 농간을 부려 백성을 괴롭히는 간사한 서리들 또한 법으로 다스리니 아전은 농간을 그치고 백성들은 좋아하였는데, 4년을 한결같이 이렇게 하였다. 갑술년(1694, 숙종20)에 벼슬을 버리고 서울 집으로 돌아왔다. 을해년(1695, 숙종21)에 별시(別試)에 급제하였다.

기묘년(1699, 숙종25)에 대부인의 상을 당하였다. 이때 부군의 춘추가 이미 많았는데 상례를 허물이 없게 행하고 그대로 선영 아래에 거주하셨다. 신사년(1701, 숙종27)에 복(服)을 마쳤다. 이때부터 더욱 세상사에 뜻이 없었고, "종전에 과거에 응시했던 것은 모친이 계셨기 때문이다. 이제는 양친이 모두 세상을 떠나시고 나이도 이와 같은데 무슨 마음으로 다시 벼슬에 나아가기를 도모하겠는가."라고 하였다. 과거에 응시하라고 권하는 사람이 많았으나 끝내 흔들리지 않았다. 을유년(1705, 숙종31)에 한 재상이 부군께서 오랫동안 시골집에 있으면서 담박하게 지낸다는 것을 알고서 익위사 익찬(翊衛司翊贊)에 수망

시권(試卷)을 거두어 대궐로 와서 과차(科次)하였다. 대책(對策), 표(表), 전(箋), 잠(箴), 송(頌), 제(制), 조(詔), 논(論), 부(賦), 명(銘) 중 1편을 시험하였으며, 하교에 따라 전시(殿試)나 회시(會試)에 곧바로 응시할 자격을 주기도 하고 소정의 분수(分數 점수)를 주기도 하였다.

(首望)으로 의망(擬望)하여 낙점을 받았기 때문에 서울에 들어가서 사은숙배하였다. 병술년(1706, 숙종32) 여름에 고창 현감(高敞縣監)에 제수되었는데, 그 곳 다스리기를 아산현을 다스릴 때와 같이 하였다. 정해년(1707, 숙종33)에 수세차사원(收稅差使員)으로 차출되어 법성창(法聖倉)에 갔는데, 10여 고을의 공세(貢稅)가 모두 이곳으로 모였다. 이전의 차사원들은 대부분 과도하게 징수하여 열읍(列邑)의 아전과 백성들의 원망이 매우 심했었는데, 부군은 오직 조령(朝令)에 의거하여 간소하게 거두었고, 말질을 하고 남은 곡식은 모두 돌려주니 여러 고을 사람들이 송축해 마지않았다.

한 친지(親知)가 노비를 본읍(本邑)에 추천했다가 사나운 종에게 능멸당한 일이 있었다. 부군이 평소에 남쪽 지방의 교활한 습속을 미워했는데, 이때에 엄하게 다스려 징계하였다. 유씨(柳氏) 성을 가진 토호가 전에 법에 어긋난 송사를 했다가 부군에게 죄를 받았는데, 이때에 이르러 남의 사나운 종을 다스린 일을 들어서-온갖 거짓말을 꾸며냈다.- 영문(營門)에 비방하니, 감사 이광좌(李光佐)[270]가 실상을 살피지

270 이광좌(李光佐) : 1674~1740. 본관은 경주(慶州), 자는 상보(尙輔), 호는 운곡(雲谷)이다. 이항복(李恒福)의 현손이다. 1694년(숙종 20) 별시문과에 장원급제했다. 1697년 부수찬이 되었다. 1703년 수찬 · 부교리 · 교리를 거쳐 사헌부헌납 · 이조좌랑 등을 역임하였다. 1708년에는 전라도관찰사로 나갔다가 중앙으로 돌아와 이조참의가 되었다. 1721년(경종1)에 호조 참판을 거쳐 사직(司直)에 있으면서 왕세제인 연잉군(延礽君)의 대리청정을 적극 반대하여 경종으로 하여금 이를 취소하게 하는 등 경종의 보호에 명분을 가지고 적극적으로 나섰다. 신임사화로 노론이 제거되고 소론이 정권을 잡게 되자 예조 판서, 병조 판서, 우의정을 거쳐, 1725년(영조1)에는 영의정에 이르렀으나 노론의 등장으로 파직당하고 말았다. 1728년에 정미환국으로 소론정권이 다시 등장하게 되자 영의정에 올라 실록청 총재관(實錄廳摠裁

않고서 부군의 고과(考課)를 하고(下考)로 매겼다.-"청탁이 많이 행해져서 폐단이 곤궁한 백성들에게까지 미쳤다."라는 것으로 폄목(貶目)을 삼았다.- 그 후에 간사한 백성에게 속았다는 것을 알고서, 남의 말을 잘못 듣고서 포폄(褒貶)을 잘못한 것을 후회했다고 한다.-계부공(季父公)과 계종형(季從兄) 석인(錫仁)이 이광좌에게 직접 들었다.-

기축년(1709, 숙종35)에 조식(趙湜), 이식(李栻), 정사신(丁思愼)이 책자 하나를 출간하여 스스로 발문을 써서 문간공을 비방하였다. 이는 정사신의 조부 정호관(丁好寬)이 광해군 계축년(1613, 광해군5)에 영창대군(永昌大君)을 안률(按律)하자는 계사(啓辭)를 맨 처음 제기하였기 때문에 문간공이 한음(漢陰 이덕형)의 비문을 지을 때 당시의 일에 이르러 특별히 쓰기를 "사나운 개가 쌀겨를 다 먹고 나면 반드시 쌀을 먹으려고 하는 법이다. 정조(鄭造)·윤인(尹訒)·정호관(丁好寬) 등이 송사를 일으켜 모후(母后)를 유폐(幽閉)시키자는 논의를 함께 제기하였다."라고 하였는데, 조식과 이식 무리가 정가(丁家)의 사주를 받아 여러 사람의 일기(日記)를 날조해 합쳐서 공공연하게 무함하고 능멸하였던 것이다. 부군이 상소를 올려 그 사실을 모두 아뢰니 숙묘(肅廟)께서 온화한 비답을 내리기를, "정호관의 죄악은 정조(鄭造)나 윤인(尹訒)과 차이가 없는데 조식과 이식 무리가 시비를 어지

官)이 되어 《경종실록》·《숙종실록》 보유편의 편찬을 담당하였다. 1730년에 소론의 거두로 영조에게 탕평책을 상소하여 당쟁의 폐습을 막도록 건의하였고, 왕의 간곡한 부탁으로 노론 민진원(閔鎭遠)과 제휴, 노론과 소론의 연립 정권을 수립하여 재임기간 동안에는 비교적 격심한 당쟁이 없도록 하는 데 힘썼다. 1740년에 영의정으로 재직중 박동준(朴東俊) 등이 중심이 되어 삼사의 합계로 호역(護逆)한 죄를 들어 탄핵을 해오자 울분 끝에 단식하다가 죽었다.

럽힌 것은 참으로 통탄스럽다. 사악한 무리에 편당(偏黨)한 죄를 속히 바로잡고, 판본은 본도(本道)로 하여금 훼판(毁板)하게 하겠다."라고 하셨다.

신축년(1721, 경종1) 이후로 전조(銓曹)가 검의(撿擬)한 것이 여섯 차례였다.-함창(咸昌), 태창(太倉), 장악원(掌樂院), 종부시(宗簿寺), 계방(桂坊)에 두 번 의망되었는데, 모두 부방(副望)과 말망(末望)이었다.- 갑진년(1724, 경종4) 7월에 광흥창 주부(廣興倉主簿)에 제수되었다. 부군이 말씀하시기를, "내가 이 나이에 어찌 벼슬하고 싶은 마음이 있겠는가. 다만 성상께서 동궁(東宮)에 계실 때에 궁료(宮僚)로서 여러 해 가까이서 모셨는데, 지금 부망으로 낙점을 받았으니, 아마도 성상께서 미천한 신하를 기억해서 그렇게 하셨을 것이다. 내가 비록 쇠약하고 병들었으나 감히 한 번 사은하고 오지 않을 수 있겠는가."라고 하고, 8월에 서울에 들어가서 숙배하였는데, 겨우 열흘 만에 경묘(景廟)가 붕어하였기 때문에 인산(因山)에 참여하기 위해 부득이 벼슬을 계속하였다. 이듬해 봄에 사옹원 주부(司饔院主簿)로 옮겨지자 사은한 뒤에 즉시 체직(遞職)되어 고향 집으로 돌아왔다.

정미년(1727, 영조3) 여름에 집에 전염병이 있어서 읍내 마을로 피접(避接)하였는데, 숙환으로 설사가 더욱 심해져서 8월 7일에 우거(寓居)하던 집에서 돌아가셨다. 10월에 영평현(永平縣) 동쪽 토요동(土饒洞)에 임시로 장사지내고, 전배(前配)를 이장해 와서 합부(合祔)하였다.-갑인년(1734, 영조10) 겨울에 가평(加平)으로 이장하려고 했는데, 봉분에 변고가 생겨서 포천(抱川) 한암(閑巖)의 녹문공 묘 왼쪽 능선 간좌(艮坐)의 언덕에 이장하였다.-

오호라. 애통하도다. 부군은 타고난 자품이 인후(仁厚)하고 기국과 풍도가 차분하였다. 일찍이 문간공을 통해 가정의 교육을 받았고 녹문공으로부터 의로움으로 몸가짐을 바르게 하는 가르침을 받았다. 천륜(天倫)에 돈독하고 문학(文學)에 부지런하였으며, 자기 자신에 대해서나 남을 대하는 데 있어서나 거칠 것이 없이 진솔하게 하였고 세속의 수식하는 세태를 좋아하지 않았다. 평생 살림 일구는 일을 하지 않았고 항상 "사대부가 입고 먹는 것으로 마음을 삼으면 나머지는 볼 것이 없다."라고 하였다. 모든 음란한 소리나 여색이나 좋은 물건에 대해서는 더욱 담박하였다. 저속한 말은 입에서 내지 않았고 좋아하거나 성낸 기색을 밖에 드러내지 않았으며, 고금의 좋은 말과 훌륭한 행동에 대해 반드시 장황하게 얘기하기를 좋아하였고, 천리와 인정에 절실한 대목에 이르러서는 항상 목이 매여 목소리가 나오지 않았다.

효도와 우애의 행실은 천성에 근본하였다. 지난 경술년(1670, 현종11)에 대부인이 관격증(關膈症)을 앓아 열흘 동안 위독하여 앉거나 눕거나 하는 기거를 반드시 몸소 부축하였다. 어느날 대부인이 측간에 갈 때 부군이 따라갔는데, 대부인이 처음에는 부군이 옆에 있는지 모르다가 홀연 부군이 옆에서 대변을 맛보며 전혀 어려워하는 기색이 없는 것을 보고는 대부인이 갑자기 눈물을 쏟아내며 손을 내저어 중지시켰다. 병이 낫고 나서 자녀들에게 말하기를, "내가 그 때 인사불성이었는데 홀연 큰아이가 이런 일을 하는 것을 보고 나도 모르게 몹시 슬펐다."라고 하였다.-불초가 막내 고모에게 직접 들은 것이다.-

을묘년(1675, 숙종1)[271] 이후에 부군이 집안일을 주관하였다. 대부

271 을묘년(1675, 숙종1) : 이 해 5월 17일에 녹문공이 세상을 떠났다.

인을 모시고 서울로 가거나 고향으로 갈 때에 곁에서 봉양하며 반드시 공경히 하고 반드시 정성스럽게 하여 대부인의 마음을 즐겁게 해드리고 주무시고 기거하시는 것을 편안케 해드렸다. 모든 집안의 대소사를 처리할 때에 여쭙지 않은 것은 행하지 않았고, 조상을 받드는 예는 문간공이 정한 절목을 한결같이 준수하고 조금도 흔들림이 없었다. 매번 불초 등에게 당부하기를, "제례는 정성과 공경을 근본으로 하고, 제물을 차리는 것은 정결함을 위주로 해야 한다."라고 하였다. 노년이 된 이후로 간혹 어버이의 기제(忌祭) 때에 근력이 부족하여 예를 행할 수 없으면 침석(寢席)에서 제사가 끝나도록 곡을 하였다. 갑신년(1704, 숙종30) 봄에 하루는 갑자기 새벽에 일어나서 눈물을 흘리며 곁에 있는 사람까지 슬프게 하였다. 곁에 있던 사람이 그 까닭을 묻자 대답하기를, "꿈에 양친을 모시고서 평소처럼 기뻐하였는데, 꿈을 깨고 나니 서글픈 마음을 금할 수 없었다."라고 하고, 꿈을 기록한 시 10여 운(韻)을 지었다.-당시에 자형 이만흠(李萬欽)이 곁에 있었는데 불초들에게 이 일을 얘기하였다. 그 시가 유고(遺稿)에 있다.[272]-

경인년(1710, 숙종36) 봄에 중씨(仲氏) 정언공(正言公)이 세상을 떠나자 부군이 염을 하고 전에 머물던 곳에 돌아와 문을 닫고 통곡하며 오래도록 그치지 않았다. 불초 등이 진정하시라고 말씀드리자 부군이 눈물을 거두며 말하기를, "모(某)는 나의 어진 아우이자 또한 익우(益友)[273]이다. 이제는 잃었으니 내가 누구를 의지하겠느냐?"라고 하

272 그 시가 유고(遺稿)에 있다 : 갑신년(1704, 숙종30)년에 지은 〈정월초오(正月初五)〉라는 시를 가리킨다. 이 시의 소주에 "밤에 꿈속에서 고비(考妣)를 평소처럼 모시는 꿈을 꾸고 감격하여 울고서 감회를 적다."라고 하였다.

였다. 누이가 있었는데 형제 서열에서 맏이가 된다.-한음(漢陰)의 손자인 처사 이윤적(李允迪)에게 시집갔다.- 사랑하고 공경하기를 극진히 하여 어버이 섬기듯이 하여 의심나는 일이 있으면 반드시 물었다. 막내 동생 노주공(鷺洲公)과 막내 누이는 -진사 홍중원(洪重遠)에게 시집갔다.- 어린 나이에 고아가 되었으므로 부군이 매번 녹문공께서 이들이 성장한 것을 보시지 못한 것을 애통해하였다. 이들을 다른 형제들보다 더 사랑하고 가르치기를 게을리하지 않았으며, 그들의 뜻을 따라주고 거스르는 일이 없었다. 넉넉하지 못한 것이 있으면 모두 마음을 다해 도와주고 털끝만큼도 아까워하는 마음이 없었다.

병술년(1706, 숙종32)에 고창 현감(高敞縣監)으로 부임했는데, 이때 장마를 만나서 길을 가기가 매우 어려웠으나 충청도로 길을 돌아서 수성(隋城)에 들러 막내 누이를 방문하고, 예산(禮山)에 사는 재종씨(再從氏) 참봉공(參奉公)을 방문하였다. 가림(嘉林)에서 막내 동생을 만나서 말하기를, "지친(至親)을 만나 얼굴을 보니 여행이 힘든 줄을 모르겠다."라고 하였다. 판서 김공(金公) 찬(瓚)은 녹문공의 외조부이다. 후손이 아산(牙山)에 있는데 매우 곤궁하게 살고 있고, 사당마저 무너져 있었다. 이 고을에 수령으로 있을 때에 재력(財力)을 도와주어 종자(宗子)가 사당을 중건할 수 있게 해주자 김씨 종인(宗人)들이 모두들 감탄하였다.

273 익우(益友) : 공자가 "유익한 것이 세 가지 벗이요, 손해되는 것이 세 가지 벗이니, 벗이 곧으며, 벗이 성실하며, 벗이 문견(聞見)이 많으면 유익하고, 벗이 한쪽만을 잘하며, 벗이 유순하기를 잘하며, 벗이 말을 잘하면 손해(損害)된다.〔益者三友 損者三友 友直友諒友多聞益矣 友便辟友善柔 友便佞損矣〕"라고 한 말에서 인용한 것이다.《論語 季氏》

문학을 좋아하는 것은 그 천성이었다. 겨우 학문에 뜻을 둘 나이인 15세 때에 경서(經書)와 사서(史書)를 꿰뚫었고, 약관(弱冠)이 되기 전에 학자들 사이에 명성이 자자하였다. 선배인 승지 박세견(朴世堅)[274]과 매산(梅山) 이공(李公)이 자주 칭찬하면서 저술의 재능이 있다고 하였다. 계축년(1673, 현종14)에 별과(別科)가 있었는데 시제(試題)가 "동지날에 관문을 닫다〔至日閉關〕"로 부(賦)를 지으라는 것이었다. 부군이 나이가 아직 어리고 사부(辭賦)를 아직 익히지 않았는데 생각나는대로 써서 시권(試券)을 제출하였다. 다음날 고관(考官)인 참판 이연년(李延年)[275]이 그 시권을 소매에 넣어가지고 와서 녹문공에게 말하기를, "현랑(賢郎)이 몇 번째로 뽑혔으나 낙방하였으니 애석하다. 그러나 연소한 나이에 과거에 급제하는 것을 옛사람이 불행(不幸)이라고 하였으니,[276] 이것은 안타까워할 필요가 없다."라고 하

274 박세견(朴世堅) : 1619~1683. 본관은 반남(潘南)이고, 자는 중고(仲固)이며, 호는 단애(湍厓)이다. 1639년(인조17) 진사시에 장원으로 합격하였다. 1644년에 사산감역(四山監役), 1646년 세자익위사(世子翊衛司)의 시직(侍直)·위수(衛率)·익찬(翊贊)을 거쳐 사어(司禦)에 이르렀다. 1648년 흡곡현령(歙谷縣令)을 거쳐 공조정랑·마전군수(麻田郡守)를 역임하였다. 1654년(효종5) 춘당대정시(春塘臺庭試)에 급제하고, 이듬해 직강(直講)·장령(掌令)을 제수받은 뒤 대각(臺閣)에 출입하였다. 그 뒤 정언, 문학(文學), 집의(執義), 청풍 군수(清風郡守), 강원도사(江原都事), 통진 현감(通津縣監)을 역임하였다. 1669년(현종10) 세자시강원 보덕(世子侍講院輔德)이 되고, 동부승지, 병조 참의, 좌부승지를 지냈다.

275 이연년(李延年) : 1620~1672. 본관은 한산(韓山)이고, 자는 자익(子益)이며, 호는 탄은(灘隱)이다. 1646년(인조24) 진사(進士)에 합격하고, 1650년(효종1) 증광시(增廣試)에 급제하여 이조 좌랑(吏曹佐郎), 예조 참판(禮曹參判)을 역임하였다. 1672년(효종13)에 함경도 함흥부의 정화릉(定和陵)에 있는 정자각(丁字閣)에 불이 나 이를 살피러 가다가 안변(安邊)의 남산역(南山驛)에서 병사(病死)하였다.

였다. 여기에서 부군의 문장이 숙성했다는 것을 볼 수 있다.

부군이 항상 이르기를, "과거 공부를 면할 수 없으니, 의당 성공해야 한다."라고 하면서 많은 노력을 하였다. 비록 낭서(郎署)에서 일이 몹시 바쁜 때나 호서에서 수령으로서 업무를 보는 여가에 손에서 지필묵을 놓은 적이 없었고, 높은 점수를 받은 적이 한두 번이 아니었으나 끝내는 급제하지 못하였다. 기묘년(1699, 숙종25)[277] 이후에는 과거 공부를 그만두었으니, 어찌 운명이 아니겠는가?

경전과 자서(子書)를 읽지 않은 책이 없었고, 《중용(中庸)》은 1천여 번을 읽어서 노년에도 장구(章句)를 모두 외웠다. 글을 지을 때에는 전아하고 담박하여 경지가 평범하지 않았고, 세속 선비들처럼 억지로 꾸미는 버릇이 없었다. 저술한 산문은 예스럽고 노련하면서 힘이 있었으며 시문은 자신의 심사를 표현하기만 할 뿐 억지로 짜내는 것을 일삼지 않고 옛사람의 시를 답습하는 것을 좋아하지 않았다. 종이를 펴고 입으로 시를 부르면, 깊이 생각하지 않고 짓는 것 같은데도 평담하고 단아하여 자연스럽게 읊어지는 점이 있었다. 만년에 정절(靖節)[278]과 향산(香山)[279]의 시를 몹시 좋아하여 마음에 맞는 시가

276 연소한……하였으니 : 이천(伊川)선생이 말하기를, "사람에게 세 가지 불행한 일이 있으니, 소년으로 장원급제하는 것이 첫 번째 불행한 일이요, 부형의 세력을 힘입어 좋은 벼슬에 오르는 것이 두 번째 불행한 일이요, 높은 재주가 있어 문장을 잘하는 것이 세 번째 불행한 일이다.〔人有三不幸: 少年登高科, 一不幸; 席父兄之勢爲美官, 二不幸; 有高才能文章, 三不幸也.〕"라고 한 데서 온 말이다.《御定小學集註 卷5 嘉言》

277 기묘년(1699, 숙종25) : 공의 나이 46세 되는 해로, 이 해에 모친이 초계 정씨가 돌아가셨다.

있으면 그 때마다 써서 벽에 붙여 놓고 앉으나 누우나 읊조렸다.

남들과 교제할 때에는 외면을 꾸미지 않고 한계를 정하지 않고 흉금을 터놓고 조금도 막힘이 없었다. 귀천(貴賤)과 친소(親疎)를 막론하고 한결같이 성신(誠信)으로 미덥게 대하였으므로 관직에 있을 때나 집에 있을 때나 사람들이 옳지 않은 일로 대하는 자가 없었으며, 고을의 노소(老少)나 원근의 친속들이 좋아하지 않은 사람이 없었다. 평소에 부리는 아랫사람이 꽤 많았으나 처벌할 때 무거운 죄를 주는 데까지는 이르지 않았고, 함부로 매질하는 일이 없었으며, 말로 꾸짖어 보냈다. 어떤 사람이 엄하게 하라고 말하면, "나의 타고난 성품이 그러하다."라고 대답하였다. 아산 현감으로 있을 때에 하루는 죄를 범한 아전이 있었다. 부군이 크게 화를 내며 엄한 벌을 내릴 듯이 하다가 조금 뒤에 감옥에 가두었다. 옆에 있던 사람이 말하기를, "공이 심하게 화를 내는 것을 보고 즉시 감죄(勘罪)할 것이라고 생각했는데, 그냥 가둔 것은 무슨 이유입니까?" 하자 부군이 말하기를, "내가 지금 화가 나 있어서 형벌이 도를 넘기 쉬우므로 우선 하옥시키게 했다가 내 화가 풀리거든 평정한 마음으로 처리하기 위해서이다."라고 하였으니, 그 신중함이 대부분 이와 같았다.-불초가 계부공(季父公)께 직접 들은 것이다.-

평소에 주사(酒邪)가 꽤나 있었는데 크게 취하면 반드시 무릎을 모

278 정절(靖節) : 진(晉)나라 도잠(陶潛)의 사시(私諡)이다.

279 향산(香山) : 당나라 백거이(白居易)가 형부 상서(刑部尙書)로 있다가 치사(致仕)한 뒤에 향산으로 들어가서 향산거사(香山居士)라고 자호하고, 승려 여만(如滿) 등과 함께 향화사(香火社)를 결성하고 만년을 보냈기 때문에 백거이를 향산이라고 한다.《舊唐書 卷166 白居易列傳》

으고 꿇어 앉아서 말을 더욱 조심하였기 때문에 집안에서나 교유할 때에나 술 때문에 실수한 적이 없었다. 노년이 된 후로는 곤궁한 집에서 검소하게 지내며 왕래하는 사람이 매우 적었고, 헤진 옷에 거친 밥을 먹으면서도 여유롭게 지내며 한적한 방에서 오직 독서로 낙을 삼았다. 간혹 좋은 절기를 만나면 자질(子姪)들과 마을의 친구들과 함께 지팡이를 짚고 소요(逍遙)하고 술을 마시고 시를 읊으며 세속을 초탈하여 돌아가는 것을 잊었다. 만년에 안촉(顔斶)이 "느지막히 밥을 먹는 것으로 고기 먹는 것을 대신하고 여유롭게 거니는 것으로 수레를 타는 것을 대신한다."[280]라고 한 말의 뜻을 취하여 사는 집에 이당암(二當庵)이라는 편액을 걸었으니, 고량진미를 먹고 수레를 타고 다니는 것을 원치 않는다는 뜻을 여기에서도 볼 수 있다.

오호라. 애통하도다. 부군은 일찍부터 가정의 가르침을 받았고, 중년에는 사림(詞林)의 중망(重望)을 받았으며, 벼슬에 나간 초기에 요직에 있는 사람들이 인척이나 친구 아닌 사람이 없었다. 그런데도 자신을 엄히 단속하는 지조가 있어 시속을 따라서 남이 알아주기를 구하지 않았고, 높은 벼슬에 오르려는 마음을 끊고, 명리(名利)를 추구하는 데에서 초연하였다. 그렇기 때문에 벼슬의 지위가 미천하고, 낮

280 안촉(顔斶)이……대신한다 : 안촉은 전국시대 제(齊)나라 은사(隱士)이다. 제나라 선왕(宣王)이 안촉을 접견했을 때, 안촉은 선비가 왕보다 존귀하다고 주장하며 선비를 잘 대우하도록 선왕을 설득하였다. 이에 공감한 선왕이 안촉을 스승으로 모시고자 최고의 의식(衣食)과 수레를 제공할 것을 약속하니, 안촉은 이를 사절하면서 "느지막히 밥을 먹는 것으로 고기 먹는 것을 대신하고 여유롭게 거니는 것으로 수레를 타는 것을 대신하겠습니다.〔晩食以當肉 安步以當車〕"라고 하였다.《戰國策 齊策》

은 지위에 머물렀으니, 여기에서 보면 부군의 마음속에 보존하고 있는 것이 무엇인지 알 수 있을 것이다.

부군은 마음이 화락하고 화평하여 남들과 다투는 일이 없었고, 지극한 행실과 두터운 덕이 있었으므로 의당 큰 복을 누렸어야 하는데, 몸은 현달하지 못하였고, 운명이 또 기구하여 여러 자식을 잃고 자손이 번성하지 못하였다. 만년에는 가세가 곤궁하여 거친 음식도 자주 떨어져서 우환과 곤궁함을 면치 못하고 생애를 마쳤으니, 이것이 특히 불초가 하늘을 부르고 울면서 그칠 줄을 모르는 이유이다. 숙부들과 고모들 중에 살아 계신 분이 얼마 되지 않고, 여러 형들 또한 불행히 일찍 세상을 떠났다. 불초는 가장 늦게 태어나 부군의 평소 언행을 고증할 수 없으므로 세계(世系)와 이력을 대략 쓴다. 또 가정에서 들은 것과 만년에 직접 겪은 것을 기록하여 입언(立言)하는 군자가 채택하는 데에 대비할 뿐이지 감히 털끝만큼이라도 말을 부풀려 지하에 계신 부군의 마음을 어겨서 불효의 죄를 더하지 못한다.

전 부인은 사천 목씨(泗川睦氏)로 좌의정 휘 내선(來善)의 따님이다. 3남1녀를 낳았고, 정묘년(1687, 숙종13)에 돌아가셨다.-부군이 지은 행장이 있다.- 장남은 수원(守元)이고, 차남은 수인(守仁)인데, 무술년(1718, 숙종44)에 전염병이 돌아 함께 죽었다. 아들 한 명은 어려서 죽었다. 딸은 생원 이만흠(李萬欽)에게 시집갔다. 후 부인은 전주 이씨(全州李氏)로 의금부 도사 휘 민좌(敏佐)의 따님이다. 3남1녀를 낳았고, 을축년(1745, 영조21)에 돌아가셨다.-언행록이 있다.- 아들 수의(守誼)는 을묘년(1735, 영조11)에 생원시에 급제하였고, 아들 두 명과 딸 1명을 낳았는데 어려서 죽었다. 수원이 감사 이윤수(李允脩)의 따님에게 장가들어 3남5녀를 낳았다. 아들 당(戇)은 을축년(1745, 영조21)

에 참봉에 제수되었는데, 사은숙배를 미처 하지 못하고 승중복(承重服)을 입었다. 딸은 장령 이시희(李時熙), 선비 이용화(李用和)·이서의(李瑞宜)·이권(李權)에게 시집갔다. 2남1녀는 일찍 죽었다. 수인은 참봉 이택(李澤)의 따님에게 장가들어 3남1녀를 낳았는데, 아들 유(愈)는 장가간 이듬해 요절하였고, 2남1녀는 일찍 죽었다. 수의는 진사 홍중경(洪重經)의 따님에게 장가갔는데 아들이 없어서 종형 수홍(守弘)의 아들 숙(憓)으로 후사를 삼았다. 이만흠이 3남1녀를 낳았는데, 아들은 지일(之一)·지강(之綱)·지붕(之鵬)이고, 딸은 선비 정박모(鄭博模)에게 시집갔다. 각각 자녀가 있다. 당(戇)이 선비 이제우(李齊宇)의 따님에게 장가들어 2남5녀를 낳았는데, 아들 두명은 일찍 죽었고, 딸은 이성신(李星臣)·박도상(朴道翔)에게 시집갔고, 나머지는 모두 어리다. 유(愈)는 양자가 있는데 아직 어리다. 숙(憓)은 선비 남질(南耋)의 따님에게 장가들었다. 이시희는 아들과 딸이 있는데, 아들은 요관(堯觀)이고, 딸은 정옥(鄭玉)에게 시집갔다. 이용화는 양자가 있다. 이서의와 이권이 각각 아들과 딸이 있는데 어리다.

갑인년(1734, 영조10)에 수의는 피눈물을 흘리며 삼가 쓴다.-자손록은 추후에 기록한 것이다. ○ 유고(遺稿) 1권이 있다.-

백부 통훈대부 행 공조 좌랑부군 행장
伯父通訓大夫行工曹佐郎府君行狀

우리 조씨는 한양(漢陽)을 본관으로 삼는다. 첨의중서사(僉議中書事) 휘 지수(之壽) 이래로 대대로 벼슬하였다. 4세를 내려와 용원부원군(龍源府院君) 휘 인벽(仁璧)에 이르러 고려에 벼슬하여 등주(登州) 12성(城)을 수복하였다. 부인은 곧 우리 태조의 모제(母弟)이다. 공양왕 때에 우리 조선의 왕업(王業)이 날로 융성해지는 것을 보고 용진(龍津)으로 돌아가서 다시는 벼슬하지 않았다. 본조(本朝)에서 특별히 한산백(漢山伯)에 증직하고 양렬공(襄烈公)이라는 시호를 내렸다. 용진은 지금의 양양군(襄陽郡)인데, 옛날에 서원(書院)이 있었다고 한다.

공의 휘는 구로(九輅)이고 자는 백여(伯輿)이다. 효종대왕 갑오년(1654, 효종5) 정월 15일에 포천(抱川) 가채리(加采里)에서 태어났다. 고조의 휘는 현(玹)인데, 부모의 상(喪)에 모두 시묘살이를 하였고, 시(詩)와 글씨로 유명하였으며, 벼슬은 공조 좌랑에 이르렀고 이조판서에 추증되었다. 증조의 휘는 익남(翼男)인데, 효행(孝行)으로 천거되어 사섬시 봉사(司贍寺奉事)를 지냈고 좌찬성에 추증되었다. 조부의 휘는 경(絅)인데, 문장(文章)과 절행(節行)으로 저명하였다. 인조, 효종, 현종 세 임금을 섬겨서 판중추부사, 이조 판서를 지내고, 문형(文衡)을 맡았으며, 영의정에 추증되고 시호는 문간(文簡)이다. 부친의 휘는 위봉(威鳳)이고 호는 녹문(鹿門)이다. 태어나면서부터 지극한 행실이 있었고, 벼슬은 홍문관 응교(弘文館應敎)까지 지냈다.

이웃에 사는 시인 양만고(楊萬古)가 공이 모부인(母夫人)의 병에 단지(斷指)했다는 소식을 듣고 시로써 기록하기를, "이런 효자는 옛 책에서 찾아봐도 짝할 이 드물 것이니, 이런 일 인간 세상에서 일찍이 보지 못했네.〔孝求往牒應稀比 此事人間見未曾〕"라고 하였다. 허미수(許眉叟) 선생이 공의 애사(哀辭)를 지었는데, "효제(孝悌)가 신명(神明)에 통하였다.〔孝悌通神明〕"라고 하였다. 부인은 초계 정씨(草溪鄭氏)인데, 교관(教官) 정석규(鄭錫圭)의 따님이자 팔계군(八溪君) 정종영(鄭宗榮)의 현손(玄孫)이다. 정 숙인(鄭淑人)이 아들 셋을 낳았는데 공이 그 중에 장자이다. 공이 태어날 때에 문간공이 꿈을 꾸었는데 공의 이마에 지금의 휘자(諱字)가 분명히 있었기 때문에 그것으로 휘를 삼았다. 또 용과 호랑이의 징조가 있었는데, 문간공의 시에 "용과 범이 현몽한 기이한 꿈에 감응하여, 돌기린 같은 아이가 총명하게 태어났네〔感應夢呈龍虎異 聰明生降石獜奇〕"라는 글귀가 있다. 스승에게 나아가 배우기 전에 문간공이 직접 《소학(小學)》을 가르쳤고, 관례(冠禮)를 할 때에 미수 선생이 빈(賓)이 되어 자(字)를 지어주었는데, "주옹(洲翁)에게 손자가 있다."라고 하며 크게 탄복하였다.

을묘년(1675, 숙종1)에 녹문공이 능성(綾城)에서 옥당(玉堂)에 임명한 소명(召命)을 받고 올라가던 도중에 병이 났다. 공이 모시고 가면서 약과 음식을 반드시 직접 달이고 맛본 뒤에 올리니, 따라가던 관청의 하례(下隷)와 연로의 수령들 중에 감탄하지 않은 사람이 없었다. 대고(大故)에 이르러서는 장례를 지낸 뒤에도 무시(無時)로 곡을 하여 거의 몸을 보전하기 어려웠는데, 목숨을 잃지 않은 것은 대부인이 계셨기 때문이다. 기미년(1679, 숙종5)에 중제(仲弟) 정언(正言) 부군과 함께 생원시에 급제하였는데, 고관(考官)이 공을 고등(高等)으로 올리려고 하였으나 격식을 어긴 점이 있어서 그만 두었다. 경신년(1680, 숙조6)에 당인(黨人)들이 용사(用事)하여 태묘(太廟)에 배향된 문간공을 출향(黜享)하려고 하여 삼사(三司)가 시끄럽게 떠들어대자 공이 서울에 머무는 것이 싫어서 대부인을 모시고 선영 아래로 내려가 살았다. 정언 부군과 함께 병사(丙舍)를 짓고 쉬지 않고 글을 읽었으며, 때때로 사냥하고 낚시하여 대부인을 기쁘게 해드렸다.

기사년(1689, 숙종15)에 태학(太學)에 들어갔는데, 학생들이 공을 성균관 학생들의 의견을 주도하는 사람으로 추대하였다. 얼마 후에 사산감역(四山監役)에 제수되었다. 경오년(1690, 숙종16)에 동궁책례도감 낭청(東宮冊禮都監郎廳)을 겸직하였는데 일에 연좌되어 파직되었다. 가을에 서용(敍用)되어 빙고 별검(氷庫別檢)이 되었다. 신미년(1691, 숙종17)에 전설사(典設司)로 자리를 옮겼고, 여름에 금오랑(金吾郎)으로 승진하였다가 곧이어 공조(工曹)로 옮겼다. 이때 숙묘(肅廟)가 장릉(章陵)에 전배(展拜)하려고 하였는데, 공조가 의례적으로 배들을 정비하여 어가(御駕)가 강을 건너는 일을 담당하였다. 그러나 임금이 행행(行幸)한 지가 오래되었고 일이 갑자기 발생하여 사람들이 모두 어찌할 바를 몰랐다. 상서(尙書) 이공(李公) 지익(之翼)이 공에게 그 일을 주관하게 하니 공이 사양했으나 받아들여지지 않았다. 이에 강가로 달려가서 상황에 알맞게 조치하고 안배하였다. 얼마 뒤에 승여(乘輿)가 무사히 강을 건너자 이공이 배종(陪從)한 여러 재상들에게 말하기를, "내가 사람을 얻었다고 할만하다."라고 하였다. 가을에 아산 현감(牙山縣監)에 제수되었는데, 고을이 바닷가에 위치해 있어서 어물과 소금이 풍족하였기 때문에 토호(土豪)들이 터를 잡고 세력을 떨쳐서 백성들이 그 피해를 보고 있었다. 공이 먼저 자신을 단속하여 솔선수범을 보이고, 교화되지 않는 자를 다시 법으로 제재하여 조금도 관대하게 하지 않으니 4년 만에 백성들이 편리하게 여겼다. 갑술년(1694, 숙종20)에 벼슬을 버리고 집으로 돌아왔다. 을해년(1695, 숙종21)에 별시(別試)에 급제하였다.

기묘년(1699, 숙종25)에 대부인의 상[281]을 당하였다. 이때 공의 연세가 중년이 넘었는데도 슬퍼하기를 을묘년(1675, 숙종1)[282]과 차이가 없게 하였다. 공이 평소에 벼슬에 나아가는 것을 좋아하지 않았는데, 복(服)을 마친 뒤에는 더욱 세상사에 뜻이 없어 탄식하기를, "내가 학문에 종사하고 녹봉을 구했던 것은 단지 노모가 계셨기 때문이다. 이제는 불행히도 부모가 모두 돌아가셨고, 또 내 머리가 허옇게 세었으니, 내가 어찌 이미 말라버린 붓과 벼루를 꺼내들고 후생(後生)들 사이에서 득실을 다투겠는가."라고 하여 마침내 과거에 응시하지 않았다. 어떤 사람이 "공은 어찌면 그리도 단호하게 하는가? 공의 문장이면 한 번은 급제하지 않겠는가? 다만 시기가 이르고 느린 차이만 있을 뿐이다."라고 하였으나 공은 흔들리지 않고 초야에서 소요(逍遙)하였다.

을유년(1705, 숙종31)에 조정에서 벼슬하는 사람이 공이 담박하게 지조를 지키며 사는 것을 알고는 공을 세자익위사 익찬(世子翊衛司翊贊)에 제수되게 하였기 때문에 공이 부득이 조정에 들어가 사은하였

281 대부인의 상 : 모친인 초계 정씨(草溪鄭氏)의 상을 가리킨다. 원문에는 '外艱'으로 되어 있는데, 〈언행록〉에 의거하면 '內艱'이 되어야 한다. 옮겨 쓰는 과정에서 오류가 발생한 것으로 보인다.

282 을묘년(1675, 숙종1) : 부친인 녹문공의 상을 가리킨다.

다. 병술년(1706, 숙종32) 여름에 고창 현감(高敞縣監)에 제수되었고, 수세차사원(收稅差使員)으로 차출되어 법성창(法聖倉)에서 세곡을 받아들이는 일을 감독하였다. 이전에 이 일을 담당했던 자들이 대부분 공무(公務)를 빙자하여 과도하게 거두었기 때문에 백성들에게 세금을 더 부과할 수밖에 없었다. 공이 가서는 곡식을 되는 말〔㪷〕과 곡(斛)의 크기를 일정하게 하고 교활한 아전들을 단속하여 농간을 부리지 못하게 하고, 남는 것은 도로 나누어 주니 본읍 사람 중에 공의 행위를 칭송하지 않는 자가 없었다. 공이 평소에 남쪽 지방 사람들이 교활하게 사람을 속이는 것을 미워하여 법을 범한 자가 있으면 반드시 엄하게 다스렸다. 어떤 완악한 종이 그 주인을 능멸하여 거의 상하의 구분이 없었는데, 공이 법으로 단죄하였다. 토호인 유씨(柳氏) 성을 가진 사람이 전에 일 때문에 공에게 처벌을 받았는데, 이것을 빌미로 공을 제거하려고 유언비어를 날조하여 순상(巡相)의 귀에 들어가게 하였다. 그런데 순상인 이광좌(李光佐)가 조사해보지도 않고 공의 고과(考課)를 하고(下考)로 매겼다. 그 뒤에 자기를 과오를 깨닫고는 공과 일가인 사람을 만나면 반드시 후회한다는 말을 하였다.

기축년(1709, 숙종35)에 진주 목사(晉州牧使) 조식(趙湜)과 송화 현감(松禾縣監) 이식(李栻)이 정호관(丁好寬)이 광해군 때에 한 일을 가지고 정호관의 손자 정사신(丁思愼)과 함께 책자 하나를 간행하여 우리 문간공이 한음(漢陰)의 비문을 지은 일을 비방하였다. 공이 종인(宗人)들과 한음・백사(白沙) 두 집안의 자손들을 이끌고 함께 상소하여 변론하니, 임금이 우악한 비답(批答)을 내리고, 이어 훼판(毁板)하라는 명을 내렸다. 갑진년(1724, 경종4)에 광흥창 주부(廣興倉主簿)에 제수되었고, 을사년(1725, 영조1)에 사옹원 주부(司饔院主簿)로 옮졌는데, 공이 나이가 많은 뒤에 서울에서 벼슬하는 것이 옳지 않다고 하여 마침내 병을 이유로 사양하고 고향으로 돌아갔다.

정미년(1727, 영조3) 가을에 숙환이 심해져서 청성(靑城)에 있는 우거(寓居)하던 집에서 돌아가셨으니, 향년 74세이다. 그 해 10월에 영평(永平)의 퇴유곡(退裕谷) 병향(丙向)의 언덕에 임시로 장사지내고, 전배(前配)인 숙인(淑人) 사천 목씨(泗川睦氏)를 합부(合祔)하였다.

오호라. 애통하도다. 공은 천성이 자애롭고 선량하고, 기국(器局)이 넓게 트였으며, 부모를 섬기는 데에 독실하고, 문학(文學)을 하는 데에 부지런하였으며, 마음가짐과 처신에 있어 수양을 필요로 하지 않았다. 어려서부터 가정의 가르침에 무젖어 참으로 이미 사우(師友)들과의 절차탁마를 기다리지 않아도 남들이 미치지 못하는 점이 있었다. 경술년(1670, 현종11)에 대부인이 병에 걸려 위독하였는데, 공이 대변을 맛보기까지 하였다. 대부인이 마침 보고서 눈물을 쏟아서 중단하였다. 병이 낫고 나서 대부인이 집안사람들에게 말하기를, "내가 그 때 정신이 없었는데도 아이가 이런 일을 하는 것을 보고 나도 모르게 몹시 슬펐다."라고 하였다. 제례(祭禮)는 문간공이 정한 의식(儀式)을 그대로 준수하여 반드시 정성스럽고 공경하게 하였다. 녹문부군이 돌아가신 뒤에 막내 여동생과 막내 동생이 아직 어린 것을 항상 가슴 아프게 생각하여 엄하게 가르치기는 하였으나 큰소리로 꾸짖거나 화난 얼굴로 대한 적이 없었다. 부족한 것이 있으면 반드시 힘을 다해 도와주고 전혀 아까워하는 기색이 없었다. 계부 노주공(鷺洲公)이 일찍이 자제들에게 형의 도리에 대해 말할 때면 반드시 눈물을 흘리며 말하기를, "은혜가 의리보다 앞서는 것은 우리 백씨(伯氏)처럼 하면 극진하다."라고 하였다. 큰누이 이 부인(李夫人)이 일찍 과부가 되어 곤궁하게 살았는데, 공이 섬기기를 어버이처럼 하여 모든 의심스러운 일이 있으면 반드시 여쭌 뒤에 행하였다. 경인년(1710, 숙종36) 정언(正言) 부군의 상에 염을 하고 돌아와 문을 닫고 통곡하며 오래도록 그치지 않았다. 곁에서 모시는 자들이 조금 진정하시라고 말씀드리자 공이 눈물을 거두며 말하기를, "모(某)는 나의 어진 아우이자 또한 익우(益友)이다. 하루아침에 잃었으니 내가 다시 누구를 의지하겠느냐?"라고 하였으니, 그 우애의 돈독함이 이와 같았다.

학문을 좋아하는 것은 천성이었다. 어려서부터 경서(經書)와 사서(史書)를 꿰뚫었고, 《중용(中庸)》을 가장 깊이 공부하여 종신토록 외웠다. 글을 지을 때에는 전아하고 담박하여 억지로 꾸미지 않았다. 약관(弱冠)이 되기 전에 이미 학자들 사이에 명성이 자자하여, 선배인 시랑(侍郞) 박세견(朴世堅)과 매산(梅山) 이공(李公)이 작자(作者)의 풍도가 있다고 칭찬하였다. 특히 병려문(騈儷文)을 잘 지어서 과거에 거의 급제할 뻔한 적이 여러 차례였으나 끝내 급제하지 못했으니, 어찌 시운(時運)과 명운(命運) 때문이 아니겠는가. 평생토록 세속 사람들이 교묘하게 말을 잘하는 것을 미워하였고, 가슴을 열고서 사람을 대하고 정성으로 사람을 대하여 사나운 말을 남에게 하지 않았으므로 남들 또한 감히 사나운 말을 공에게 하지 못하였다. 고을에서는 귀천(貴賤)과 노소(老少)를 가릴 것 없이 모두 공의 두터운 덕에 감복하여 공경하고 사랑하였다. 그러나 어떤 사람이 아첨하고 비루한 행실을 한다는 말을 들으면 반드시 발끈 화를 내면서 "사대부가 어찌 이런 짓을 하는가?"라고 하였다. 이 때문에 세상사람들과 화합하지 못하여 권귀(權貴)들 중에 공을 좋아하지 않는 자가 많았고, 공의 벼슬이 낮은 것도 실은 이 때문이었다. 모든 세속적인 기욕(嗜欲)에 담박하였고, 특히 살림을 늘리는 것은 더욱 좋아하지 않아서, 집이 몹시 곤궁하였으나 태연히 마음을 쓰지 않고서 항상 말하기를, "사람이 재물의 이익에서 스스로 벗어나지 못하면 그 나머지는 볼 것도 없다."라고 하였다. 만년에 안촉(顔斶)이 "느지막히 밥을 먹는 것으로 고기 먹는 것을 대신하고, 여유롭게 거니는 것으로 수레를 타는 것을 대신한다."라고 한 말의 뜻을 취하여 사는 집에 이당암(二當庵)이라는 편액을 걸었으니, 확고하게 자신의 지조를 지키는 뜻을 여기에서 볼 수 있다.

불초가 부친을 여읜 뒤로 항상 공의 곁에서 시봉하였다. 공이 헤진 옷에 헤진 관(冠)을 쓰고 방 하나에 기거하였는데, 곁에는 도서를 쌓아두고 앉으나 누우나 항상 책 하나를 들고서 종일토록 집안일을 묻지 않았다. 지루하면 자제들과 가정의 옛 일을 얘기하고 혹은 선현들의 아름다운 행실을 얘기하였는데, 천리와 인륜의 큰 절목에 이르러서는 반드시 격앙하고 분개하여 소리 내어 울면서 눈물을 흘렸다. 매년 봄가을로 좋은 절기를 만나면 가마를 타고 자제들과 친구들과 함께 경치 좋은 곳에 가서 종일토록 술 마시고 시를 지으며 초탈하여 돌아가는 것을 잊어서 한 점도 세속적인 티끌이 그 마음을 얽매지 못하는 점이 있었다. 사람을 잘 보는 자가 여기에서 보면 또한 공의 마음속에 보존하고 있는 것이 무엇인지 알 수 있을 것이다.

오호라. 공은 타고난 자품이 이미 후중하였고 선인의 가르침에서 얻은 것 또한 깊어서 행실은 준엄하고 뜻은 개결하였으며, 학문은 넓고 문장은 호방하였다. 과거(科擧)의 득실을 따지지 않고 조정의 군자들이 어찌 대뜸 자신들이 공만 못하다고 하였겠는가. 그런데도 취향이 세상과 맞지 않아 끝내 불우하여 지위가 덕에 걸맞지 않았으니,

애통하고 애통하다.

공의 전배(前配)는 좌의정을 지낸 양의당(兩宜當) 목공(睦公) 내선(來善)의 따님이다. 곧고 바르며 지조가 있었고 남편을 섬기면서 부덕(婦德)에 어긋난 일이 없었다. 공보다 41년 먼저 세상을 떠났다. 후배(後配)는 전주 이씨로 도사(都事) 이민좌(李敏佐)의 따님이다. 평소 조행(操行)이 있는 사대부 여인의 행실이 있었고, 시부모를 봉양하고 제사를 받드는 데에서 부덕(婦德)이 드러났다. 가도(家道)가 매우 엄정하여 공이 돌아가신 뒤에는 전보다 더 엄격하게 가문을 유지하고 자제를 훈육한 것이 모두 법도가 있어 종족이 본보기로 삼았다. 공은 3남1녀를 낳았다. 이름은 수원(守元)과 수인(守仁)이고, 딸은 생원 이만흠(李萬欽)에게 시집갔는데, 전배 소생들이다. 두 형은 모두 어질고 조행이 있었는데 불행히 일찍 세상을 떠났다. 수의(守誼)는 후배(後配) 소생이다. 수원이 감사 이윤수(李允修)의 따님에게 장가들어 4녀1남을 낳았는데, 아들이 이름이 당(戇)이고, 딸은 도사 이시희(李時熙), 선비 이용화(李用和)·이서의(李瑞宜)·이권(李權)에게 시집갔다. 수인이 참봉 이택(李澤)의 따님에게 장가들어 2남을 낳았는데, 장자는 일찍 죽었다. 차남 유(愈)는 선비 권완(權浣)의 따님에게 장가들었는데 자식이 없이 요절하였다. 이만흠이 4남1녀를 낳았는데, 아들 둘은 일찍 죽었다. 수의가 진사 홍중경(洪重經)의 따님에게 장가들었는데, 아들이 없어 수홍(守弘)을 아들을 후사로 삼았다. 오호라. 불초가 어려서 부친을 잃고 어버이를 섬기는 도로 백부를 섬기려 하였는데 하늘이 또 백부를 빼앗아갔다. 슬피 울부짖으며 망극한 가운데 종제(從弟)가 수집해 놓은 관력과 행실과 치적을 정리하여 나의 거칠고 고루함을 돌아보지 않고 이처럼 거칠게 글을 꾸며 감히 당세(當

世)의 입언(立言)하는 군자에게 은혜를 베풀어 주기를 청하노니, 집사(執事)께서 은혜를 베풀어 살펴 채택해 주신다면 매우 다행이겠다.

-주부공(主簿公)[283]이 지은 것이다.-

283 주부공(主簿公) : 아산공의 아우 구원(九畹)의 셋째 아들 수홍(守弘)을 가리킨다.

묘갈문 墓碣文

부군의 휘는 구로(九輅)이고 자는 백여(伯輿)이며, 성은 조씨(趙氏)이고, 본관은 한양(漢陽)이며, 우의정 한평부원군(漢平府院君) 휘 연(涓)의 후손이다. 증조의 휘는 익남(翼男)인데, 봉사(奉事)를 지내고 찬성(贊成)에 추증되었다. 조부의 휘는 경(絅)인데, 이조 판서와 대제학을 지내고 영의정에 추증되었으며, 시호는 문간공(文簡公)이다. 부친의 휘는 위봉(威鳳)인데 홍문관 응교를 지냈다. 비(妣)는 초계 정씨(草溪鄭氏)로 찬성(贊成)을 지낸 팔계군(八溪君) 휘 종영(宗榮)의 후손이고, 교관 휘 석규(錫圭)의 따님이다. 부군은 효묘(孝廟) 갑오년(1654, 효종5)에 태어나 기미년(1679, 숙종5)에 생원시에 급제하였다. 사산감역(四山監役), 전설사(典設司), 빙고 별검(氷庫別檢), 의금부 도사(義禁府都事), 공조 좌랑(工曹佐郎), 세작익위사 익찬(世子翊衛司翊贊), 광흥창 주부(廣興倉主簿), 사옹원 주부(司饔院主簿), 아산 현감(牙山縣監), 고창 현감(高敞縣監)을 지내고, 금상 정미년(1727, 영조3) 8월 7일에 돌아가셨다. 여러 차례 이장하다가 영평현(永平縣) 서남쪽[284] 금화봉(金華峯) 아래 거사동(居士洞) 유좌(酉坐)의 언덕에 안장(安葬)하였다.

원배(元配) 사천 목씨(泗川睦氏)는 기묘명현(己卯名賢)[285] 휘 세칭(世

284 서남쪽 : 이 묘갈문 끝의 주석에 의하면 남쪽이 되어야 한다.

285 기묘명현(己卯名賢) : 1519년(중종14) 기묘사화 때 화(禍)를 입은 사림들을 가리켜 부르는 말이다. 이들 기묘사림들에 대해서는 김정국(金正國)이 편찬한 〈기묘당

秤)의 후손으로 고 상신(相臣) 휘 내선(來善)의 따님이다. 신묘년(1651, 효종2)에 태어나 정묘년(1687, 숙종13)에 돌아가셨다. 계배(繼配) 전주 이씨(全州李氏)는 임영대군(臨瀛大君) 휘 구(璆)의 후손으로 의금부 도사 민좌(敏佐)의 따님이다. 신해년(1671, 현종12)에 태어나 을축년(1745, 영조21)에 돌아가셨다. 모두 합부(合祔)하였고, 성호(星湖) 이익(李瀷)이 묘지(墓誌)를 지어 광(壙) 왼쪽에 묻었다. 원배는 2남을 낳았는데, 수원(守元)과 수인(守仁)이고, 딸은 이만흠(李萬欽)에게 시집갔다. 생원 수원의 아들 당(戇)은 현재 전의 현감(全義縣監)을 맡고 있다. 계자(繼子) 정기(鼎基)가 있었는데 요절하였다. 수인의 아들 유(愈)는 요절하였고, 계자는 덕기(德基)이다. 이만흠이 3남을 낳았는데, 지일(之一), 지강(之綱), 지붕(之鵬)이다. 계배가 아들 한 명을 낳았는데 이름이 수의(守誼)이고 현재 연산 현감(連山縣監)을 맡고 있고, 계자(繼子) 숙(㥚)은 홍문관 교리이다. 오호라. 선고비(先考妣)의 덕행은 묘지에 상세히 기록되어 있으므로 수의가 감히 덧붙이는 말을 하지 못한다. 수의가 성은을 입어 지방관으로 나가서 묘에 작은 비를 세우고 이상과 같이 간략하게 기록한다. 아들인 현감 수의가 피눈물을 흘리며 삼가 짓고 아울러 글씨를 쓴다.

적(己卯黨籍)〉에 94명이 수록되어 있고, 또 김정(金淨)의 후손 김육(金堉)이 편찬한 〈기묘제현전(己卯諸賢傳)〉에는 218명이 수록되어 있다. 대체로 중종 대의 개혁정치를 주도한 조광조·김정국·김안국(金安國) 등 주로 김굉필(金宏弼)의 문인들이 주축을 이루고 있었다. 특히 사화에서 가장 혹심한 피해를 입은 사람들은 1518년(중종13) 현량과(賢良科)를 통해 등용되었던 김식(金湜), 안처근(安處謹), 박훈(朴薰), 김정(金淨), 박상(朴祥), 김구(金絿), 기준(奇遵), 한충(韓忠) 등과 조광조 등 주로 30대의 소장파였다.

숭정(崇禎) 기원 후 세 번째 신사년(1761, 영조37) 모월 모일 비를 세웠다.

-제5행의 서(西) 자는 남(南) 자가 되어야 한다.-

묘지문[286] 墓誌文

용주(龍洲) 조(趙)선생의 훌륭한 행실은 당대에 환히 드러났고 맑은 이름은 후세에 전해져서 사대부의 모범이 되었다. 만년에 포천의 전장(田庄)으로 물러나 한가히 지냈는데, 지금 포천에 용주사(龍洲祠)가 있고 자손들이 모여 살고 있으며, 좌랑공(佐郎公) 같은 분이 있어 그 가문을 잇고 있다. 내가 젊어서 찾아가 뵈었는데, 공이 당시에 이미 연세가 높았는데도 갓을 쓰고 띠를 매고서 공손하게 예를 차리셨다. 이에 내가 속으로 "선생께서 자신을 겸손히 하여 선비에게 몸을 낮추시니 그 속에 충분한 가르침이 있다."라고 생각하였다. 그 후에 또 좌랑공의 아들과 조카들과 교유하였는데, 법도를 따르면서 전아(典雅)하고 근엄하며, 형은 형답고 아우는 아우다워 법도가 있는 가문의 풍도를 잃지 않았으니, 군자의 영향이 세월이 흘러도 끊기지 않는 것에 대해 더욱 감탄하였다.

좌랑공의 계실(繼室)인 이 숙인(李淑人)이 세상을 떠나 장사를 지내고 나서 그 아들 진사(進士) 수의(守誼)가 유택(幽宅)의 지문(誌文)을

286 작품 해설 : 이 글은 성호 이익이 지은 글로 원래 제목은 〈翊衛司翊贊趙公淑人李氏合窆墓誌銘 幷序〉이다. 《성호전집》에 실린 글과 비교하면 크게 다른 부분은 아산공의 관직 부분이다. 여기에는 아산공의 관직을 좌랑으로 표기한 반면 성호전집에서는 세자익위사 익찬(世子翊衛司翊贊)으로 표기하고 있다. 또한 중간에 상당히 많은 글자가 차이가 있다. 그 이유는 《성호전집》의 경우 성호가 지은 원문을 그대로 실은 반면, 이 글은 원문에 약간의 변형을 가한 데다 필사하는 과정에서 오탈자가 생겼기 때문이다.

갖추려고 상복을 엄숙하게 입고 찾아와 묘지명을 지어달라고 청하였다. 그 가장(家狀)을 살펴보니 공은 바로 용주의 장손이다. 공이 태어날 때에 용주가 회양 부사(淮陽府使)로 임지에 있었는데, 꿈에 아이의 이마에 '구로(九輅)'라는 글자가 있었기 때문에 그것으로 이름을 삼았으니, 길몽을 이름에 드러낸 것이다. 조금 자랐을 때에 《소학(小學)》을 가르쳤는데, 의심스럽고 어려운 대목을 분명히 이해하니 용주가 매우 총애하였다. 15세에 이르러 관례(冠禮)를 행했는데, 미수(眉叟) 허(許)선생이 숙빈(宿賓)으로 참석하였다. 허선생이 자를 백여(伯輿)라고 지어 주고, 또한 어진 조부에 훌륭한 손자라고 극구 칭찬하였다.

기미년(1679, 숙종5)에 생원시에 급제하고, 기사년(1689, 숙종15)에 사산감역(四山監役)이 되었는데, 얼마 지나지 않아 파직되었다. 이듬해에 빙고 별검(氷庫別檢)에 제수되었고, 또 그 이듬해에 전설사(典設司)로 옮기고, 여름에 의금부 도사를 거쳐 공조 좌랑으로 옮겼다. 가을에 외직으로 나가 아산 현감(牙山縣監)이 되어서는 토호(土豪)를 억누르고 교활한 아전들을 법으로 다스리니 서민들이 좋아하였다. 갑술년(1694, 숙종20)에 벼슬을 버리고 돌아왔다. 12년 뒤인 을유년(1705, 숙종31)에 세자익위사 익찬(世子翊衛司翊贊)에 제수되고, 이듬해 외직으로 나가 고창 현감(高敞縣監)이 되었는데, 일년만에 파직되었다. 우리 경종대왕 재위 4년인 갑진년(1724, 경종4) 가을에 전조(銓曹)가 공을 광흥창 주부(廣興倉主簿)에 부망(副望)으로 의망(擬望)하였는데 낙점(落點)을 받았다. 공이 말하기를 "내가 오랫동안 벼슬하는 것은 옳지 않다. 그러나 내가 일찍이 계방(桂坊)의 요속(僚屬)으로 동궁(東宮)을 가까이서 모셨기 때문에 아마도 성상께서 미천한 신하가 노쇠한 것을 기억해서 그렇게 하셨을 것이다."라고 하고, 마침내 나가서 숙배하였다. 이듬해 봄에 사옹원(司饔院)으로 옮겼는데 병을 이유로 사양하여 해면되었다. 정미년(1727, 영조3)에 세상을 떠났는데, 그 때가 가을 8월 7일이었다. 묘가 포천(抱川) 한암(閑巖) 간좌(艮坐)의 산에 있다. 숙인(淑人) 사천 목씨(泗川睦氏)가 합부(合祔)되어 있다.

공은 명문(名門)의 종손으로 법도에 내력이 있고 거기에 조행(操行)까지 있었다. 자기 자신의 처신이나 남을 대할 때에 허심탄회하고 진솔하였다. 항상 말하기를, "선비가 만약 배불리 먹고 따뜻하게 입는 데에 뜻을 둔다면 나머지는 볼 것도 없다."라고 하였다. 입으로는 저속한 말을 하지 않고, 손에서는 경서(經書)와 사서(史書)를 놓지 않았다. 선(善)을 매우 좋아하였고, 인정과 밀접하게 관계되는 고금의 인륜과 사물의 법칙에 이르러서는 문득 오열하고 눈물을 흘렸다. 사람들이 비굴하고 아첨하는 말을 하면 반드시 발끈 화를 내면서 말하기를, "저자가 어찌 차마 이렇게 한단 말인가?"라고 하였다. 효성과 우애는 천성으로 타고났고, 부모를 봉양함에 있어서는 자식으로서 할 수 있는 모든 도리를 다하였다. 선고(先考) 녹문공(鹿門公)이 남쪽 지방에서 소명(召命)을 받고 조정으로 돌아가다가 도중에 병에 걸렸는데, 공이 부축하고 간호하며 가는데 정성을 다하고 슬퍼하는 기색이 얼굴에 드러났으므로 일대의 사람들이 모두 감격하였다. 비(妣) 정 부인(鄭夫人)이 또 병이 깊어지자 공이 대변을 맛보기까지 하였다. 정 부인이 우연히 그것을 알아채고는 눈물을 쏟으면 말하기를, "그쳐라. 내 마음이 매우 아프다."라고 하였다. 선조의 제사를 모실 때에 용주가 정한 예법을 그대로 준행하였다. 몸이 노쇠하여 직접 제사를 지내지 못하게 되어서는 침석(寢席)에서 통곡하였다. 간혹 부모를 모시는 꿈을 꾸면 아침이 될 때까지 슬피 곡을 하며 그치지 않았으니,

그가 종신토록 부모를 그리워한 것이 이와 같았다. 이씨에게 시집간 누이 섬기기를 어머니 섬기듯 하였고, 아우와 여동생을 거두어 기르면서 극진히 돌보아주었다. 성품이 관대하여 노비가 잘못을 저지르면 입으로 꾸짖기만 하고 매를 때리지는 않았고, 관직에 있을 때에 아전이 죄를 범하면 반드시 노기가 가라앉기를 기다려 형벌을 내리면서 말하기를, "중도를 지나칠까 염려되어서이다."라고 하였다. 남쪽 고을에 있을 때에 열읍(列邑) 창고의 환곡(還穀)을 받아들이는 일을 감독하는 일에 차임되었는데, 환곡 받아들이는 일을 감독하는 것은 재물을 끌어모을 수 있는 기회였다. 공은 규정 이외의 곡식을 모두 돌려주니 열읍 사람들이 칭송해 마지않았다. 만년에는 좋은 산수(山水)를 특히 좋아하여 좋은 때가 되면 친구들을 부르고 자제들을 데리고 가서 술 마시고 시를 읊으며 돌아갈 줄을 몰랐다. 비록 술에 취했더라도 더욱 단정하게 앉고 실수를 한 적이 없었다. 사는 집에 이당암(二當庵)이라는 편액을 걸었는데, 이는 안촉(顔斶)이 욕심부리지 않은 데에서 뜻을 취한 것이라고 한다.

전배(前配) 목씨(睦氏)는 좌의정 휘 내선(來善)의 따님으로 공보다 40년 먼저 세상을 떠났고, 향년은 37세였다. 공이 이미 그 행록(行錄)을 지어서 부인의 범절을 빠짐없이 기술하였다. 후배(後配) 숙인(淑人) 이씨(李氏)는 의금부 도사 휘 민좌(敏佐)의 따님으로 세종대왕의 별자 임영대군(臨瀛大君) 휘 구(璆)의 후손이다. 좌랑공의 종자(從子) 수홍(守弘: 자는 중유(仲裕))은 나의 외우(畏友)이다. 현재 경사(京司)의 관직을 맡고 있는데, 나에게 편지를 보내 숙인의 언행을 매우 상세히 말해주었다. 중유는 말을 부풀리는 사람이 아니니 그 말을 믿을 만하다. 지금 그의 말 중에 작은 일은 생략하고 크게 드러난 것만 거론한다. 숙인은 어려서부터 지극한 성품이 있었고, 행동에 법도가 있어서 도사공이 탄식하기를, "우리 가문이 쇠락하여 네가 남자가 아닌 것이 한스럽다."라고 하였다. 시집왔을 때에는 정 부인(鄭夫人)이 매우 흡족해 하였다. 좌랑공이 평소에 살림 일구는 것을 좋아하지 않았는데, 숙인이 부지런히 힘써서 빈객을 접대하고 제사를 받드는 데에 부족함이 없게 하였으므로 좌랑공이 그 때문에 가난하다는 것을 잊고 살았다. 남쪽 고을인 고창 현감(高敞縣監)으로 있을 때에 고창은 김제(金堤)와 거리가 가까웠고, 김제는 숙인의 고향으로 친족들이 살고 있었다. 그러나 끝내 감히 사적인 일로 청탁한 일이 없었으므로 남쪽 고을 사람들이 아름다운 일로 전하고 있다. 좌랑공이 세상을 떠나고 나서 상기(喪期)를 마치고 나자 집안일을 맏며느리에게 맡기며 말하기를, "시아버지가 죽으면 시어머니는 집안일을 맏며느리에게 물려주는 것이 예이다."[287]라고 하였다.

좌랑공이 3남1녀를 두었는데, 장남 수원(守元)과 차남 수인(守仁)과 생원 이만흠(李萬欽)에게 시집간 딸은 모두 전배 소생이고, 막내 수의(守誼)가 숙인 소생이다. 숙인이 자기 소생과 똑같이 양육하였으나 장남과 차남은 모두 일찍 세상을 떠났다. 오직 적손(嫡孫)인 당(戇) 한 사람만 남아 있었는데, 숙인이 그에게 의탁하려고 막내에게 분가(分家)하라고 하면서 말하기를, "종실(宗室)에 방해될까 두렵다."

287 시아버지가……예이다 : 《예기》 〈내칙〉에 "시아버지가 죽으면 시어머니는 집안일을 맏며느리에게 물려주니, 맏며느리는 제사와 빈객을 접대하는 일에 매사를 반드시 시어머니에게 여쭙고 작은 며느리는 맏며느리에게 여쭈어야 한다.〔舅沒則姑老 冢婦所祭祀賓客 每事 必請於姑 介婦請於冢婦〕"라고 한 내용을 근거로 한 말이다.

라고 하였다. 당(戇)이 아들이 없고 살림이 더욱 곤궁해지니, 그에 대해 말을 할 때면 눈물을 흘렸다. 이씨에게 시집간 딸이 또 심히 곤궁하자 도와서 살게 해주었을 뿐만 아니라 반드시 부덕(婦德)[288]으로 거듭 경계하니 이씨 집안에서 감탄하기를, "아름답도다. 조 부인(趙夫人)이 딸을 대함이여."라고 하였다. 여러 부녀들이 친정에 문안 와서 시댁의 자잘한 일들을 말하면 숙인이 정색을 하고 말하기를, "여자는 남편의 집을 자기 집으로 여기는 것이다. 잘못된 일이 아니라도 번거롭게 말해서는 안 되는데, 더구나 완전히 아름답지만은 않은 일은 말할 것이 있겠는가."라고 하였다. 조급한 사람을 보면 말하기를, "화를 많이 내는 것은 여자도 그렇게 해서는 안 되는데 하물며 장부(丈夫)는 말할 것이 있겠는가. 모든 노할만한 일을 우선 참아서 시간이 오래 지나면 마음이 절로 평온해진다. 이것은 내가 평생 득력(得力)한 일이다. 그러므로 남이 혹 나에 대해 사실과 다른 말을 하더라도 내가 남에게 믿음을 주지 못한 것만을 힘쓸 뿐이다."라고 하였다. 또 선현들의 훌륭한 언행 듣기를 좋아하였다.[289] 손자들에게 글을 읽힐 때에는 반드시 자기 앞에서 읽고 설명하게 하였다. 책 상자 안에 《소학(小學)》과 《내훈(內訓)》 책이 있어서 때때로 꺼내어 음미하였으니, 타고난 자질이 순수하였을 뿐만 아니라 스스로 노력한 것이 있었던

288 부덕(婦德) : 원문에는 '歸德'으로 되어 있는데, '婦德'을 잘못 쓴 것이다. 옮겨 쓰는 과정에서 오류가 발생한 것으로 보인다. 《성호전집》에 실린 〈翊衛司翊贊趙公淑人李氏合窆墓誌銘 幷序〉에 의거하여 바로잡아 번역하였다.

289 듣기를 좋아하였다 : 원문에는 '集聞'으로 되어 있는데, '樂聞'을 잘못 쓴 것이다. 옮겨 쓰는 과정에서 오류가 발생한 것으로 보인다. 《성호전집》에 실린 〈翊衛司翊贊趙公淑人李氏合窆墓誌銘 幷序〉에 의거하여 바로잡아 번역하였다.

것이다. 을축년(1745, 영조21) 봄 2월 6일에 세상을 떠났으니 향년 75세이다. 묘는 영평(永平)의 치소(治所) 남쪽 금화봉(金華峯) 묘향(卯向)의 산에 있다.

조씨의 본관은 한양(漢陽)이니, 고려 첨의중서(僉議中書) 지수(之壽)의 후손이다. 성조(聖朝)에 들어와서는 우의정을 지내고 한평부원군(漢平府院君)에 봉해진 휘 연(涓)이 가장 현달한 분이다. 7세(世)를 내려와 용주(龍洲)선생 휘 경(絅)이 지위는 이조 판서에 이르고, 문형(文衡)을 맡았으며, 청백리(淸白吏)에 선발되었다. 돌아가신 뒤에는 영의정에 증직되고, 문간(文簡)이라는 시호를 받았다. 녹문공(鹿門公)은 지위가 응교(應教)에 이르고, 휘는 위봉(威鳳)이다. 종제(從弟) 참판 휘 위명(威明)과 우애가 돈독하고 명성을 날렸다. 나의 선대부(先大夫)와 붕우로서 우정이 돈독하였기 때문에 나 또한 그 유풍을 들을 수 있었다. 지금까지도 조씨들과 교유하고 있으며 선조들의 의리가 쇠하지 않게 하려고 한다. 그러므로 사양하지 않고 이 글을 짓는다. 공의 자손으로는 오직 적손인 당(黨)만 있고, 선비 이용화(李用和)·이서의(李瑞宜)·이권(李權)에게 시집간 딸이 모두 장방(長房)[290] 소생이고, 중방(仲房)[291] 소생인 아들 유(愈) 또한 일찍 죽었다.

이 묘지명을 부탁한 사람은 계방(季房)[292]인데 형의 아들 숙(潚)으로 후사를 삼았다. 숙의 본생부(本生父)는 곧 내가 외우로 여기는 사람[293]이다. 이만흠은 지일(之一),[294] 지강(之綱), 지붕(之鵬) 세 아들을

290 장방(長房) : 아산공의 장남 수원(守元)을 가리킨다.

291 중방(仲房) : 아산공의 차남 수인(守仁)을 가리킨다.

292 계방(季房) : 아산공의 삼남 수의(守誼)를 가리킨다.

두었고, 정박(鄭璞)이 사위이다. 당(戇)이 명망과 덕행이 있는 선조의 후손이라서 침랑(寢郎)에 제수되었는데, 숙배하기 전에 승중복(承重服)을 입었다. 이성신(李星臣), 박도익(朴道翊)이 사위이다. 유(愈)가 양자를 들였는데 아직 관례를 행하지 않았다. 명(銘)은 다음과 같다.

개결(介潔)하고 지조가 있으며	介而守
법도가 있고 공경하였네	維則欽欽
편안하고 즐거워하였으니	恬而熙
지금 뿐만 아니라 예로부터 그러했네	伊古匪今
부부의 의리를 맺어 집안을 화목하게 하였으니	牉合宜家
부인으로서 본보기가 되었네	正位之刑
어찌 아름다운 몸가짐이 아니겠는가	胡不令儀
이 명(銘)이 근거가 되리라	請質斯銘

여주(驪州) 이익(李瀷)이 짓다

293 내가 외우로 여기는 사람 : 아산공의 아우 구원(九畹)의 셋째 아들 수홍(守弘)을 가리킨다.

294 지일(之一) : 원문에는 지강(之綱)과 지붕(之鵬) 두 사람만 기록되어 있으나 옮겨 쓰는 과정에서 누락된 것으로 보인다. 〈翊衛司翊贊趙公淑人李氏合窆墓誌銘 幷序〉에 의거하여 바로잡아 번역하였다.

망실(亡室) 숙인 목씨 행장[295]

亡室淑人睦氏行狀

-초고(草稿) 안에 있었는데, 중간에 지우고 나서 글자를 써넣지 않은 곳이 있기 때문에 그곳에 결(缺) 이라고 썼다.-

숙인(淑人)이 세상을 떠난 지 30년이 되었고, 나의 나이도 이미 70세를 바라보고 있다. 일이 멀어지면 말이 인멸(湮滅)될까 두렵고, 내가 혹 잊는다면 연소한 자손들 중에 누가 알 수 있겠는가. 이에 그 중 한두 가지를 대략 기록해서 후세의 어린 아이들에게 보인다. 숙인은 효종 신묘년(1651, 효종2)에 태어나 현종 무신년(1668, 현종9)에 나에게 시집왔다. 금상(今上) 정묘년(1687, 숙종13)에 37세로 세상을 떠나 포천 북쪽 녹문산(鹿門山) 사향(巳向)의 언덕에 장사지냈으니, 선영에 장사지낸 것이다.

오호라. 숙인은 성품이 본디 -원문 빠짐- 아울러 온화하고 선량하였다. 처음에 시집와서 대부(大父) 문간공을 뵈었는데, 문간공이 어진 손부(孫婦)라고 인정하셨고, 선부군(先父君)은 사리를 안다고 칭찬하셨으니, 그 사람됨을 알 수 있다. 지난 을묘년(1675, 숙종1)에 불초가 하늘에 죄를 얻어[296] 삼년 동안 피눈물을 흘렸는데, 제사 받드는 것을

295 작품 해설 : 이 글은 아산공이 노년에 자신의 첫 번째 부인인 사천 목씨(泗川睦氏)의 내력과 행실에 대해서 기록한 행장이다. 처음부터 완성된 글이 아니었고, 옮겨 쓴 사람이 붙인 주석에 중간에 지워진 글자를 채워 넣지 않았다는 말이 있는 것으로 보아 아산공이 추후에 수정하려고 했다가 수정하지 못한 것으로 보인다. 후반부에 미완성된 부분이 있기는 하지만 아산공의 다른 자료에서 충분히 보충할 수 있을 것이므로 행장으로서 가치가 충분히 있다.

함께 하였다. -원문 빠짐- 우리 집안은 청빈하여 살림이 곤궁하였는데, 집안 사람들의 철마다 입는 의복이 제때를 잃지 않았다. 또 생각건대 우리 집안은 빈한하여 검약함을 힘썼기 때문에 사치스럽다고 말하는 사람이 없었고, -원문 빠짐-에 이르러서도 그 정성을 다하였으며, 부엌에서 음식을 장만하는 일에 더욱 삼갔으므로 친구들과 고을 사람들이 어질고 효성스럽다고 칭송하였다. 숙인은 비록 -원문 빠짐- 일이라도 노복의 손에 맡기지 않고 직접 바느질하였고, 잠시도 한가히 놀거나 쉬지 않았다. 말을 하거나 일을 할 때에는 치밀하고 신중히 하여 집안 사람이나 외부 사람이나 숙인의 평가에 대해 이의를 다는 사람이 없었다. 장인 목 상국(睦相國)이 여러 해 동안 호조 판서와 전형(銓衡)을 맡았지만 사리에 어긋난 일은 일찍이 부탁한 적이 없었으니, 목 상국이 매번 여사(女士)라고 하였다.

경신년(1680, 숙조6)에 상국이 삭직(削職)되고 무함과 모욕이 문간공에까지 미쳐서 효종대왕의 묘정(廟庭)에서 출향(黜享)되기에 이르렀다. 내가 감히 서울에 머물 수 없어 마침내 과거를 포기하고 가족을 이끌고 선영 아래로 돌아왔다. 내 성품이 본래 살림을 꾸리는 데에 게을러 변변치 못한 음식도 잇기 어려웠다. 숙인은 서울의 부유한 집에서 자랐는데 갑자기 가난한 평민의 생활을 하게 되어 온갖 일을 꾸리게 되었으므로 고생이 심하여 몸이 상하는 것은 형세가 당연한 것이었다. 병이 깊어져서 치료하기가 어려워 친정으로 돌아갔다가 마을에 있는 집으로 옮겨졌는데 그대로 세상을 떠났다. 그리하여 네 명의 어린아이가 어미 없는 자식이 되고, 내가 위로는 늙은 어버이를

296 하늘에 죄를 얻어 : 부친인 녹문공이 세상을 떠난 일을 가리킨다.

받들고 아래로는 여러 아이들을 길러야 하는 상황이 되었다. 이 일을 생각하니 내 마음이 어떠하겠는가. 나와 숙인은 20년을 부부로 지내면서 온갖 고생을 다하였다. 숙인이 세상을 떠난 뒤에 비로소 사적(仕籍)에 올라 내직으로 낭서(郎署)를 지내고 외직으로 현읍(縣邑)의 수령을 지내서 녹봉을 받아먹었지만 숙인과 함께하지 못하였으니 슬프지 않겠는가.

상국(相國)의 휘는 내선(來善)이고, 본관은 사천(泗川)이다. 기묘명현(己卯名賢)인 현헌(玄軒)선생 휘 세칭(世秤)의 증손자이고, 두일당(逗日堂) 이조 참판 휘 첨(詹)의 손자이며, 증 영의정 시호 충정공(忠貞公) 휘 서흠(敍欽)의 아들이다. 상국은 통덕랑(通德郎) 윤공(尹公) 창언(昌言)의 따님에게 장가들어 숙인을 낳았다.

우리 한양 조씨는 세계가 오래되었다. 우의정을 지낸 양경공(良敬公) 휘 연(涓)의 후손이고, 증 영의정 문간공 휘 경(絅)의 손자이다. 문간공의 문장과 조행(操行)이 세상 사람들의 모범이 되었다. 황고(皇考) 홍문관 응교 휘 위봉(威鳳)은 선대의 유업(遺業)을 독실히 갈고닦아 사림(士林)의 추앙을 받았다. -이하 원문 빠짐-

이당암유고 영인본

二當菴遺稿

遺稿

遺稿目錄

挹庄次東岳韻

漫吟

來挹次退陶先生韻

訪獨谷鄭生 二首 乙亥

訪金子心 金水号次猪山翁韻 二首

贈別閔信中 名謨 往居公山

送舍仲蘭成赴湖西幕 丁丑

蓮契鄭周胤 晩未得子冠礼識賀 二首

題立春

呈康津睦台謫所 戊寅

早春聽流

元朝

旅舍偶吟 二首 丙申

霜秋

晩秋

挽趙同知 二首

挽睦參判 林一 二首

漫成

次東岳韻

記華爲我製六味元有吟

次簡易韻贈權信之 孚

贈沈晦叔之任 三絕 三首

贈別宗姪 漫興

謝丁秀才 義順饋酒 仍示蘭成

又示蘭成

新歲 己卯

晝寢 辛巳

謝士範惠酒

漫興

蒿苣

喜雨 庚今

挽申僉知 山源

山居 丁酉

寒食夜雨示叔姪

川上

挽呂僉知 達周

金水亭次思菴韻 壬辰

次鄭晦甫韻

把盃對梅吟示接中諸人 壬寅

題玉洞及諸侄遊白雲詩後

次李李霖韻 壬午

又次絶句韻 三首

次士範示韻

抱庄奉別李鵬君 癸未

別李鵬君後書懷

雨後喜晴

次南冥韻 甲申

次李相國苦熱韻

正月初五 夜夢侍考妣如平日感而書懷

閑居八絶

送誼兒讀書奉先寺 丁酉

容歲 余之之年陽也寺友士範以絶句贐行今者士範南遊茲步前韻以爲木瓜之報

次曾姪韻示尹仲安

梅花

寄賞花諸人

六味元有效

偶題 三首

戲次匄姪韻 乙酉

送別天叙悵然有吟

高敞縣衙 夢侍宋宮惺 感有題 丙戌

謝隣友打魚見邀 戊子

新春偶吟

挽延陵君李台 萬元

挽霞溪權判書 愈 二首

題鹿門玄珠菴 辛卯

寄閔參議昌道謫中

卞誣疏 己丑 [illegible]

先考鹿門府君 [illegible]

祭李姊兄 兄迪 [illegible]

祭姜參判 世龜 文 [illegible]

祭李參奉 正觀 文 甲戌

祭仲弟正言文 庚寅

仲弟祥日祭文 辛卯

祭睦聘君文 甲申

祭李參奉 澤 文 癸巳

祭伯姊文

孟秋偶題

偶吟

挽睦文義 林寂

挽申順興 必淸 四首

偶吟

哭許太休

春帖

秋高

挽李叅奉 澤 二首 癸巳

至月大雪

挽李掌令 相周 二首

贈李察訪 商雨 甲午

祭李甥 復仁 文

祭洪進士 重遠 文

鹿門山記

天叙韓石峯滕王閣序記

題柚板冊床後

送韓太叟赴高城序

書眉翁手筆帖後

鄭哲先傳

遺稿

讀於于文

瑰傑男兒笑語中繁華態色自玲瓏如逢禮法方嚴客忽縮還應在下風

貢湖秋景 壬申

南州爲客未言歸商律寥寥酒力微浦裏白魚秋後在雨餘紅葉眼中稀潮隨風伯波濤立鷗逐漁舡上下飛浪迹江湖三載足不妨投紱卧山扉

挽李聘祖 弘璧

前春贄鴈拜翁門座上叨陪笑語温盖自丙丁甘晦迹更

携親戚別爲村張公共説同居樂謝樹纔沾一命 悤悵
望南天達孰紼可堪題挽倍消魂

牙縣次板上韵贈韓太叟 宗老

客子江南匹馬迴花随春暮樹抄催通来積襞無人討今
日清樽與子開湖海雲烟輸別眼爾吾肝膽照深杯腰間
解綬知期在莫恨孤登遠望臺

挽金康津太初 沆 甲戌

不言吾友至於斯挽語將題淚自垂千里清風傳故意首
年交契斷今時江頭尚記分岐日峴首那看墮淚碑董子
春秋誰復繼也知餘慶屬佳兒

挽李姪 萬宜

稟性醇眞且孝親瑩然秋水是精神荊花蹉何〻何理霜髮今存便獨身儒術早年能自富格言當日未全貧元賓事迹無人識徒使西河涕滿巾 亾人抄先賢格言示余故及之

次芝川韵

遠抛樽酒負芳辰老眼空望綠水濱門掩蒼苔眞自送案堆黃卷未全貧非才敢頌明時錄多病淹留故里春遙憶高陽舊酒伴也應回首倦遊人

識得雨

甘霖自夜到崇朝喜氣欣〻遍四郊雲色下垂籠樹濕滴

聲嘈雜滿山敲流侵崖上明沙磧珠結庭中綠葉梢老子
平生偏樂水新舟理渇可揺、

聞有客遊駱洞　王子舊宅

嬾綠年、草　王孫去後新雨洗當時恨烟籠此日春特
地成虛地何人是主人依然留物色遊客往来頻

抱庄次東岳韵

幽扉獨掩正寥、夜雨纔過草木蕭故宅經年山下在繁
霜侵鬢鏡中揺村名偶爾同莘野物色依然似午橋山窓
小夢初醒處落葉随風眼底飄

漫吟

盡日坐空齋炎天保病骸溪山曾有約漁釣可生涯

来抱次退陶先生韻

天餉吾儂景物偏歸来散地病能痊醒香尾甕看挑興月入虛窓自不眠黍稷田中方爛熳茱萸霜後正嬋娟人間至樂無過此莫向京華浪費傳

訪獨谷鄭生 乙亥

紅葉清流谷口深偷閑一夕訪山陰千年遺客尋遺迹取次西峯日欲沉

又

地似仙居谷亦深山翁去後只清陰千年遊客尋遺迹取

次空吟日夕沉

訪金子心金水亭次權生翕韻

沙白水明木葉丹風光日日漫中漫景喜詩人能淂地肯慳琛繙此翁看

又

山能葉赤辦能丹還惱斜陽道路漫須説此時狂客事蘢中紙上笑應看

贈別閔信仲彥謀往居公山

年来病啞自無言此别如何但淚痕吾知公字山中事處處腴田處處村

送舍仲蘭成赴湖西幕 丁丑

外臺行色趂霜秋湖海風光眼底収先子緇衣曾領略慵愚竹符亦遨遊居人尚説當年事過客應多感舊愁怊悵江干飛怒馹鶺鴒原上倍離憂

蓮契鄭周侀晩来得子而至知非之年能成冠禮邇邀諸友樂之以賓禮肅豊山洪侍郎、、乃名大夫也記言以勉之賦詩以嘉之噫斯禮之不行久矣觀者莫不感歎焉周侀識其事勸来客各次其詩而不佞亦在座中酒未果歸而思之有不可忘者存焉謹步其韵以賀為言而拙訥則可愧

君家何物最爲珎認是趍庭有可人佩服三加辭意重定
應他日所成醇

又

滎陽舊宅有奇珎頭角嶄然玉汝人豈但盃觴爭送賀也
看性行弱冠醇

又

忠孝高門出席珎爭言世、有其人玄翁堂搆于今在可
識君家福自醇

題立春

萊衣新着北堂前寶樹庭邉總桂蓮千日酒與蟠桃熟一

家專得太平春

呈康津睦台謫所 戊寅

人間飜覆事諦視若狂瀾慶来旋有弔憂後卽成歡洛水
龍閑久汴波鰌舞安吁嗟東峡客何日別懷寛

次簡易韵贈權信之 孚

西庠徵逐尚依、把酒樽前幾塵揮最幸吾儕今卜築花
朝月夕醉相歸

贈沈晦叔之任三嘉

岐山太守叩荆關說盡風塵萬事艱二十四橋君又過即
今何處不愁顔

又

與君三世篤交情今古追遊似弟兄梟鳥南州飛忽遠莅

莅春樹别懷縈

又

有老在堂憂菽水羨君能渇養専城嶺雲千里行塵暗數

句聊酬故舊情

贈别宗姪 蔓興

萬事人間不自謀偶来京洛倍生愁寄語西湖無事客一

壺能憶此中不

謝丁秀才 義愼 饋酒仍示蘭成

秋雨經時苦莫停披蓑唯望遠洲汀鄰家 酒今來餉不
嫌垂白兩三傾
盃行到手不曾停爲愛秋光杜若汀携酒故人應笑我
鬢毛霜雪只知傾 蘭成
又示蘭成
如梭日月不曾停倐見秋光已遠汀多謝秀才最風度也
将鷄酒慰衰傾
雨打風鳴兩不停秋光欲老小溪汀爐烟濕盡蟬聲乱
睡罷山齋日已傾 蘭成
新歲 己卯

杖家年迫已堪羞一夜如何歲忽遒蒲局尚憐兒子戲椒觧丈夫憂紛、世態看燈燼衮、天機閱漏籌計較明朝趁彩服春寒能折薄綿裘

晝寢 辛巳

可笑華峰子無心獨卧樓天寒知過雨月白認深秋老去寧三感閒来有四愁徒如僧入定不語閉雙眸

謝士範惠酒

腹大鴟夷及此翁裏顏借得倍酡紅山陰雪棹行當駕況值溪庄月上東

漫興

青葉生黃色霜風掣白頭秫醪能熱耳秋政此時偹

萵苣

掇取新畦裡青、露下濃菜盤還有色食先自然空醫者
云何毒山翁嗜不窮須防鷄犬踏也使此腸充

次李季霖韵 壬午

誰借朱門滴雨龍四郊幻作碧波中三旬夜、難着月永
日〻 謾受風無酒流涎逢麯轍有吟寫紙揷詩筒西隣
病客耽何事自愛丹田一氣通
斫取青、兩籜龍繩床矮足互容中閒從樹裡看林月
獨倚溪邊洒水風瘦處絶勝扶鐵杖渴時偏合嗅郫筒

松窓自此堪舒膝睡後休敎俗輩通 季霖

又次絶句韵

懶老閑爲癖荊蔓也不鋤新秋看已過撫劍欲歸歟

又

學荒如買櫝道否欲浮杯清詩攻吾短便覺夜珠来

又

紅友三句別輕塵自滿盃東陵古侯菜能使紫霞来

次士範示韵

短小病残一介人致君堯舜自期身晩来霜雪侵鬚鬢空憶姜翁釣渭濱

抱庄奉別李聘君 癸未
碧骨堅城幾千里暮年青眼忽相逢男兒行止無南北莫
謂衰殘老峽中

別李聘君後書懷
忽見湖南七十人團圓三日益親 年来世亂身甘老事
與心違面不春清夜挑燈看寶劍此心如鏡矢氷輪一盃
餞罷飄殘雪筆下清詩若有神

雨後喜晴
三旬霖雨沒丘陵處々田中石萬層堯水當年曾有是盤
庚昔日可為憑農人之事空嘆息山鳥難翔謾躍騰今夕

世千愁未敢生

又

欲逐世間做許事風塵着處汚身名不如教養兒孫輩田
野優遊送此生

又

囊空未遂求田計才乏今休世上名只賴依身經學地閑
中日月保殘生

又

芳草殘花催我興幽禽軟語喚誰名寄言供奉青蓮士無
謂緣詩太瘦生

又

年来獨卧茅齋下願學堯夫太極名山上春蔬緣雨長不

（一字當更考）

妨新酒也　生

又

東山高卧謝安石歷世空傳捉鼻名萬事如今不須説江
湖誰念晉蒼生

偶題

檀杖扶持代健僕綠陰芳草勝佳人行慵暫憩思前事四
五年前快步身

又

長松落、百花蔟茅屋中間白髮蕭無絃琴在龍泉吼畫
工雖好必難描

戲次弘姪韵 乙酉

兩敎容葉栗留微仰視歸雲疾如飛遠峀蒼茫天外暮幽
禽 眼中稀稻田水在何憂食行客愁深欲典衣不識
何來 秪今數子滯難歸 本藁多塗抹斁處不可詳

送别天叙悵然有吟

三鳥分飛各一方暮春南郭共萋被今朝遷尒看歸鞭數、
句聊成也言志

高敞縣衙夢侍 東宮惶感有題 丙戌

夢侍 儲君聖祥雲五色瀜謳歌夏啓類宣室漢文同和
氣薰臣庶爐香襲殘躬覺来猶在此何日陪 青宮

謝隣友打魚見邀 戊子

黙撥溪翁我為首觀魚濠上豈容狐故人一札千金重勇
赴幽期醉玉壺

新春偶吟

東君欲老閉山窓風雨時丶也自懷少年折得黃梅餘春
淺芳華莫與雙

挽延陵君李台 萬元

夫公出隴西鵰鶚刷勁翮軒豁有大度秋水舟萬斛飛騰

上青冥昵侍明光宮時當吾道屈栖息坡山東忽看 天
色改湘潭起卧龍周旋雨露邊魑魅自走藏 聖朝急才
賢佐衛考功郎 恩擢六仙班籌邊暫掉鞅出鎭浿水藩
一方尤所仰居然風雨作離庭道路長難書忽報喜暫謫
顧何妨 聖情尚眷眷陰雲或蔽日昔我在南郊弱冠相
馳逐雲泥雖不隔肝膽不相隔自卧潁水濱常嗟魚鴈絶
忽聞去棟音寢門涕難抑東峽與西湖遙遙阻歸楫白首
老賓客難展柩前哭聊書數寸紙一瀉此胷臆

挽霞溪權判書 愈

永嘉之後歸多賢默數陽村幾百年獨紹當鑒將鑒業早

為盛世　雍容氣像人難齒簡古文章孰比肩知色
平生松老在泣言逢閣之雄拳

又

一客湘潭二載歸暫辭南郭訪漁磯雲遊湖海佳城近旋
帶官銜此世稀　經幄誰能研灝噩木天無復吐珠璣遥
看門巷今寥寂何地書生更抠衣

題鹿門玄珠庵 辛卯

鹿門有僧舍經營近十年奇岩為佛殿石澗是靈泉白雲
宿簷上瑤草生階前宗愛孤枀老繁霜帶樹巔

寄閔叅議 昌道 謫中

年、日、苦菫菜六十殘生契活踈從古至人多意思不居山與海濵居

吾知百事採根做莫歎臨淵結網踈肉食至今猶有恨丈夫元是不華居 士會

孟秋偶題

强榮登高去山光尚有青歸来卧破屋稲色黄滿庭

偶吟

世間從富不從貧誰記山村冷瘦人唯有乾坤無厚薄寂寥茅屋亦青春

挽申順興 必清

宇宙無情甚斯人忽九京詞翰江河壯精神魍魎驚甚非
行恠迄家畏知人清仰看蒼、色奎華遽晦明

又

大闡金門四唱名文章獨窮海隅聲平生素抱今無試可
惜靈川舊業傾

又

少日追遊會賢洞盃觴估畢四年同即今生者無多在相
對孤雲淚不窮

又

纔哭卯君餘病骸白眉今丈亦同懷裏年彼此空留在蹋

蹋人間痛未涯

偶吟

金華多病客齒髮已婆娑柳巷青春去楓林白雨過誰能
尊酒逐我獨溪山峨海內無佳友閑情伴落霞

挽睦文義 林家

百忍堂前初識面提携何異吹葱年槐黃夙昔同奔走緩
墨當時各後先萬事土門吟雨雪十年南郭賦歸田燕山
方寸窮荒地獨使旅魂載一舡

哭許太休

深衣大帶一閑人危坐清談是席珍山川有力扶豪傑獨

使残生滂滿巾

春帖

白雪青山裡青陽逼歲除晴窓無一事長對聖賢書

秋高

秋高饒物色山果滿懷中獨喜兒孫輩遊戲户庭東

挽李參奉 澤 癸巳

伊昔芹宮共連袂瓊琚 睽氷壺買生豈識權要貴梅

福空輸草野愚漣上樞衣 陶山尋緒得玄珠回看

老屋槐陰滿謾致徐君一束芻

又

白門園裡獨春風朝暮逍遙任一節冠冕到頭心落、詩書有味語颯、從衰昏眼同雲谷得壽高年等邵翁嗟我山中殘疾甚薤歌唱罷滯龍鍾

至月大雪

天地之中皆種玉人間樹、盡梅花吾知積雪驗豊歉佇待明年見嘉禾

挽李掌令 相周

晩歲黃金榜挂名膺蓮先業未言傾少來聲譽詞華擅老去官銜諫議榮累世托交情似戚十年先我事同兄白頭今哭童烏慽孤負靈輀護遠征

又

吾衰情家弱難寫悼亡詩忍過同遊地唯懷會做時舊唯

唯我今世幾人遺對酒不能飮出門無所之

贈李察訪 商雨 甲午

短髮隨年謝交情到老深無端一樽酒挑我少時心

將歸

天地無情雙白髮田園有約一青山自從湖海辭歸後於

洛於、京淂、安

挽韓高城 宗老

翰墨交游年少日悲歡閱歷鬢成絲向来潦倒離家數老

去南西見面稀尚憶孤村聯客枕寧期窮道失肩隨黃花
白酒今誰共悵望秋天淚滿衣
何來一秀才忽訪我草堂而其姓則密陽之朴而其
居則臨湍之日谷而其事則乞詩也見其所持則京
鄉老少諸詩而其語則言孝言詩孝則質詩則文、、
質并行誠難、、索詩甚勤久廢之餘強書無益之
語以備一粲
身世老萊子生涯有髮僧筆下存梅竹心內淚如氷
挽李綾州 龜齡 乙未
我欲唱薤歌何以披情素感念兩家誼未言先含雨不肖

冢宰孫夫子按廉後按廉與冢宰政爲膠漆友刎唯我尊
妣郞公季姑母玆事世誰知心肝惟後屬雲泥雖不齊情
義眞莫逆浮世悲與歡實無異與親戚公昔佐湖幕我時尸
牙逑逢迎客舘中强疾共含色各罷歸東峽源、不相離
惟彼栢府衙豈足展公持晩歲學種瓜契活何間關逕我
歸東峽白首空盤桓眷粮地非通笒尺憑亦難一夕幽音
至寢門涕洟瀾俯仰人間世倍覺隻影單羊曇無限痛不
忍過西州老病違執紼此恨空悠、

挽李持平 命世

鉤弋當年事疇能有諫爭湘潭四載謫磊落百年名人物

宋元祐文章漢兩京勁節承家業士林聳直聲爲仁終從
壽於理竟難明 瑤墀失佩豹峴首泣人泯寂寞東城隅
凄凉老屋傾双珠誰復護隻鳥獨悲鳴數闋薤歌曲題封
涕滿纓

秋夜

三更新鴈過四壁虫聲咽白首山齋卧無眠感歲月

挽李持平 夢皐

昔在童日兮頭角嶄然氣能食牛兮語或驚天石火電光
倏忽不住兮薤露未朝晞先

又

縱横禮樂乎青天桂丹何物奸宵乎孽芽其間玉石之分
未久乎奉栢府之新銜而圭堂 恩頒

又

瞻彼關東兮良士駐車於焉成舊兮慟結西河嗚呼遊魂
歸 淂兮吾何慰乎南鄰之白髮皤、

又

雙、鸞鷟兮箇、明珠騏驥為龍兮蹌、庭隅俱不見立
身揚名以顯父母兮鬢髮尚綠而奄閑泉途

新樓

裸體新樓上三庚不淂侵清風時過我如見古人心

楊世漢佩酒来餉可識能繼世好次鑑湖韵以贈

山村孤寂無人伴何意釣翁佩酒来是日東風吹細、乘
和酒約共登臺

栽花

此耳今過順到老任田功閑居無所事栽花春雨中

早春聽流

靜掃南楹坐移日雪殘林外已聽流無端六十二年過到
此何嫵白鬢脩

元朝

元朝祀眞後歸卧墓前庵白足荊扉到閑聽釋氏談

旅舍偶吟 丙申

旅窓竟夜祖孫同意到謀家計亦窮節過小春寒尚酷老
夫政在蔪薪中

又

荒年艱食公私同拮据米塩美亦窮戾止堅城、下宿曉
眠時覺角聲中

霜秋

霜飛葉上顔如醉風入梨中兒若狂老人無事觀時序不
久雪花掩萬光

晩秋

蒲英看、大青林葉、丹玉樓何處在美人隔雲端

挽趙同知

吾聞仁者必能壽前聖斯言豈我欺此翁腔裡元無慝獨荷天公降百期

又

崇班二品是天爵何幸吾門有此翁夫婦百年齊老再禮老星南極忽焉窮

挽睦叅判 林一

赫世冠冕早辈英秋霜未鬢帶金橫中間海上思親淚朝暮江南望子情暗室歸來重彩服元豊用事但恩榮稀年

沓躅誰能尼人衆勝天詎可爭

又

少日處蜴館盖知夫子深劉方由素性收斂本於心盃酒
澆胸次偉言闢俗談七旬吾不遠只在泉塗尋

漫成

家貧僮僕慢身老酒盃踈聽鄉醉鄉近二者劇難除

次東岳韵

閒人無一事亭午掩松門雨濕山前面烟籠谷口村芳華
空自謝鳥雀厭聞喧　豈識有桃源
兒單為我製六味元有吟

計較吾年近七十豈容殫竭鍊還丹壽夭若如人力得半
武秦皇不盖棺

欲雨

欲雨非晴雪已消清明佳節即今朝溪柳浮黃芳草綠扶
藜行色劇逍遙

挽申僉知 必源

伊昔交遊伯仲間洛中觴詠露心肝悲歡閱歷餘羸老故
舊凋零半土饅晚歲西湖分漢竹 聖朝優典賴庭蘭重
泉倘作鴒原會為報殘生隻影單

山居 丁酉

酒既三秋盡花猶十月黃登盤雖死草蓐食亦無傷

寒食夜雨示弘姪

前宵一雨萬物向春于山花方露色浦柳欲藏烏農者治
田罷漁翁約釣徒村居無所事空索濁醪壺
溪鳥誰儔侶山花我友于數三騎駿馬百五過金烏啇
嶺思碁伴高陽憶酒徒悠然乘興處隨意倒春壺

川上 守弘

川上

老去杖常存閑来心在水少年時或從志意不相似

挽吳僉知 達周

呼鷹逐獸也非難雄辯談詼仗井干頂王八旬無疾逝臨
行老將滂沇瀾

金水亭次思庵韵 壬辰

曾識主人治舊楹今来台覺重經營森森喬木依前植家
衮長江一揲平老眼依俙新面目仙詩清切若分明會待
高秋佳景在心期聊付一壺清

次鄭梅甫韵

心事幽期雪後松北南常保兔園農六旬日月終非少顏
淂四十冬

把盃對梅吟示接中諸人 壬寅

把酒對梅兩顏新踈、氣色尚精神相看衰態雖堪恨猶
笑這間自有仁

題玉洞及諸姪遊白雲詩後 壬辰

酒後無餘事披閱白雲詩琳琅映老眼誰貢玉皇墀

、

送誼兒讀書奉先寺 丁酉

騎牛上寺去其角挂漢書須從勤苦得爲尔惜居諸

客歲余之、年陽也完山李友士範以絶句贐行今
者士範南遊亦有所索茲步前韵以爲木瓜之報

士範南遊索贈言、吾宿債至今存文成楚語君能事蘆
嶺須嘲翰苑䰟

北来塊蟄無頤言唯是梅兄托契存庾嶺春風應似舊君

歸示我咏氷魂

次曾侄韵示尹仲安

隣友来居姑射東依然山水午橋同斜陽醉後回鞭過飄

拂青帘在眼中

梅花

老夫七十常參寂默弄分陰一線長梅蕚欲香新雪後遠

問心事托玆兄

寄賞花諸人

病後籃輿入此中山色如燃草色濃寄語吾黨諸君子賞

花胡不此箚同

[illegible]

卞誣跡 己丑

伏以臣等喬木殘葉豪於冗散固不敢陳奏章牘於公車之門而誣及先世關係 國是則不得不冒萬死疾聲呼籲於 黈纊之下惟 聖明特垂澄省焉臣等祖父贈領議政文簡公臣 絅 當光海時目見彝倫斁而 宗社危廢擧業而屛遯鄉韜晦自靖與先正臣鄭 經世 鄭 蘊 文貞公金 堉 講磨道義爲士林所宗仰者十餘年遭昌遇聖祖龍興之初擢以遺逸旋登魁第歷敭清顯久典文衡園陵之誌尊名之策彖 命撰進其他代草應製俱蒙褒嘉歷事 三朝恩遇不替矣歲在庚寅枉被彼國之辭

毓篤賴我 孝宗大王拯濟之德遊逐丘園謝事懸車惟
其紀異經傳著述不倦故一世名公卿賢大夫墓道文字
来請甚多盖不喜諛墓褒貶峻整而然也當 顯宗大王
甲辰歲撰故相臣文翼公李[德馨]神道碑銘而序文中至
昏朝凶論之始特書之曰𥡴狗舐糠必欲及米臺官鄭造
尹認丁好寬等詆共發廢 母后論廿五字文翼公之孫
故都事臣象鼎與好寬子孫有姻婭之義請去丁好寬三
字則祖父徐言曰丁有賢子弟能蒙復官之恩難頓其事
實則不然矣象鼎不敢更請今壬申年間丁好寬之孫時
翰抵書於臣等請刪去其祖姓名而臣不敢刪改者盖着

述上文字以貽不肖之罪而彼旣欲爲其先盖愆[illegible]難
於爲辭不能酬答矣今者臣等得見晉州刋本一册子則
目之以辨誣錄而其書則爲好寬伸辨之語也諦觀其說
則時翰勸其徒弟爲此說也臣等伏聞誣者無其實而陷
人之謂也辨者有其冤而伸其實之謂也今此好寬有何
可辨之誣乎臣等心甚恠訝遍考事實則當時凶徒相與
謀議誣害延興府院君臣金 悌男 或請按法永昌大君或
發兩宮各處之論嗚呼延興非 大妃之父乎永昌非
大妃之子乎旣死赦 大妃之父又請按法 大妃之子
則其意向精神注於何處而況其說以擁立大君爲凶論

嚆矢夫擁立云者其指何地位而言歟臣等又伏見其時立異臺官手筆日記則鄭造避啓曰頃日丁好寬於席上發一藏頭之言曰不宜同處一宮永昌君三字按律定罪之言全不出口云盖廢論權輿專由此事 反正後造詞獨以各處之啓伏法受誅則不宜同處一宮之說與各處之言抑有所異乎又其日記曰是時逆獄之起也辭連大妃大君喜事要功之輩争先發論好寬裁論之明日待闕門卽入避嫌其意恐人之不知渠先發此論汲汲來避其自作先鋒人皆唾罵而鄭造亦與之交争乃謂之取美於自己此單以此等事為功為義指以為美事可醜也已

云以此見之則與造訶争功争先之狀不啻若目見是以
癸亥後逞奪好寃官爵之啓曰首發戕殺大君之論以為
希賞取寵之地　反正初國是亦可徵矣惟其事實如是
故舐糠者延興永昌之謂也及米者各處兩宮不宜同處
一宮等之謂也訟共發者相與衆議之謂也廢之一字實
法春秋誅心討罪之筆法也明矣凡其讀此碑者誰不曉
然知之蓋好寃之子彥璜能於蓋慭陳疏乞恩得蒙復爵
之恩公議雖不洽然於渠則幸矣其子時翰不思濟美之
道反欲非斥公議掩遮實迹使李玄逸趙湜李栻李惟樟
等作為不韙之辭説眩亂是非倒置邪正若使此説得行

則癸亥後大是非自此乖亂無章極矣噫此何事哉此何事哉尤可切痛者湜方爲晉州牧使任自刋出作爲其書之跋文而凌轢詆毁無所不至、謂曰創出前人所不道之言公肆誣衊噫如是悖妄之輩亦安知古事此不過習聞丁家之說自甘於醜正黨邪之歸其心所在誠不可測也且湜以古名臣趙正立之從孫自附於造誣好寬之黨渠所謂渠家先代之請斬三賊云者何其相戾之至此歟先正臣鄭(蘊)甲寅疏實千古直筆與日月爭光湜曰不可徵信栻曰故相臣李(德馨)李(恒福)亦參匡律永昌之論隱然以好寬比肩於兩賢相以臣等祖父謂之與奪不均噫

逆太過且以好寬撓法之啓變謂之出置兩大臣出置之啓變謂之正律此輩之幻變辭說無嚴至此則當時眞贋何可卞也噫鄭蘊之疏有曰鄭造尹認丁好寬等首發廢母殺弟之論末乃曰殿下欲全 母子之恩亟取此三人者投諸四裔不與同中國然後議說者不得作而三綱五常昭揭於宇宙間矣三者衆惡宜無異同湜獨為好寬有此無倫之言非議鄭蘊兩賢相之卓立大節婦孺皆知而弑敢以好寬肆意比同而謂之好寬亦為立節此輩之為一好寬凌蔑先賢縱恣無忌之狀有不忍正視噫此書不滅則國是不嚴此書不滅則邪惡莫懲而造訕輩子孫亦

將接踵而起則臣等祖父之被誣泉壤固爲臣等之私痛
而其於誅討之不明國是之靡定有不可盡言伏願 聖
明俯諒當時之事實亟 命有司毁袪辨誣錄板本以遏
邪說之根本特下 明旨以定莫重之國是使百代之下
洞然知邪正之分不勝幸甚

答曰省疏具悉丁好寬罪惡與造訕無異而趙湜輩肆爲
無倫之言眩亂是非誠可痛惋也不可不嚴明處分辨誣
錄板本爲先毁破湜等令該府亟正黨邪之罪焉

先考通訓大夫行弘文館應教知製 教兼 經筵
侍講官春秋館編修官鹿門府君世系言行錄

府君諱威鳳字子羽號鹿門我趙氏系出楊廣道楊州漢
陽縣有諱之壽事高麗朝順大夫僉議中書事是為我家
鼻祖也中書事生諱暉元朝授雙城管軍摠管、生諱
良琪年十三襲爵為摠管至元辛巳日本之役從金方慶
往征全軍而還又討哈丹獻俘于元時年二十一元世朝
曰壯士賜錦袍玉帶摠管生諱暾年未弱冠事忠肅王恭
愍朝收復雙城擊走紅巾錄功一等禮儀判書檢校密直
副使封龍城君乞骸歸老龍津麗史有傳龍城君生諱仁
璧仕高麗有將才累典重兵輔理功臣龍源府院君恭讓
朝卒本朝贈佐命功臣左政丞漢山伯謚襄烈公、

公生諱涓年十三中進士入 本朝以 太祖親甥家見

親信 太宗朝佐命功臣右議政漢平府院君諡良敬公

良敬公生諱憐同知敦寧、、、生諱云明官至判官

判官生諱英傑官至監察、、生諱壽崑松羅察訪善草

隸以孝德錫爵衣緋 贈吏曹參判於府君爲高祖也曾

祖諱玹以孝行由泮儒所薦官至工曹佐郎 贈吏曹判

書祖諱翼男以孝行著聞除職官止司贍寺奉事 贈議

政府左贊成用文簡公貴推 恩三世眉叟許先生題其

墓碣曰孝友出於至誠云考判中樞府事兼大提學 贈

議政府領議政諡文簡公諱絅以道德節義爲 仁孝顯

三朝藎臣晩年告老懸車享期頤之壽考終于抱川丘壠
之下訃 聞停市遣官致祭士林無所矜式嶺南之曲江
壽春之文巖堅城之龍淵皆設書院而俎豆之今 上嘉
之并 賜額丙辰配食 顯宗大王廟庭尋爲庚申黨王
所排平生持廉甚高乙亥選入清白吏配貞敬夫人安東
金氏上洛伯金公方慶之後 宣廟朝吏曹判書璜之女
也貞靜柔順言不出閨門及其歿也文簡公有祭文曰夫
人之於婦德可謂純備矣亦足以見壼法之正也文簡公
府君當光海政亂避世于嶺南之居昌長蕟村里茅歲皇
明天啓元年辛酉九月十九日卯時府君生焉生而質醇

自在孩幼端愨自將無所嬉娛甫四五歲已如成人文簡公雖不勸課終日危坐講習不怠年未舞象淹貫經史文詞日進及長志不專在於傳士業也至於洒掃應對之節動容周旋之際皆合於子弟之職南相國以雄與文簡公有過從之樂嘗見府君侍文簡公側有子弟儀範退言于人曰趙某有道之士不可以年少忽之　贈參判公檝文簡公之弟也從文簡公客居洪陽歲在崇禎庚辰　贈公有疾就醫府君扶侍上京行到果川而不幸卒逝當其疾革之時醫藥調護靡不用極及乎捐館之後斂襲襄葬具盡情禮　贈公之猶子參判公及長聞之泫然曰不肖平生

至慟賴吾兄無憾云壬午中生員己丑以大學掌議薦章
陵叅奉不就庚寅妣金夫人得風痺之症涉月危篤府君
焦煎罔涯食不以時夜不交睫者數朔儒醫李喈善素驕
倨府君府君誠孝異夫人不任惻怛而爲之盡其技焉人
皆謂誠孝所感云當時淸人以奏文表文等事責我國文
簡公以文衡與大臣李相公景奭共當其事同謫義州之
白馬山城府君晝夜竭誠保護病親時或騎撥往來謫所
憂遑痛迫之狀人之見之者無不慘然泣下　孝廟命一
大臣陳奏淸國救解兩臣所謂大臣者曾以樹黨要見駁
駁於文簡公者也憑藉此事欲逞宿憾陳奏書中全沒文

簡公非罪之狀禍將不測府君痛迫叫閽畢陳伊時實狀
孝宗大王下其疏於備局命改撰奏文 教于廟堂曰兩
臣事無偏輕偏重云蓋 孝廟洞燭之也大臣竟不得售
其計十一月妣貞敬夫人金氏疾革府君嘗糞血指竟無
其效及遭巨創則水漿不入口者七八日弔者之來見莫
不危之隣居文人楊公萬古聞府君斷指有詩曰眞宰無
知天亦老善家存沒可相矜揮刀斷指神空泣扶杖泉歸
世但稱病乎久猶啜凍粥昔賢何獨叩寒氷孝求往牒應
稀此世事人間見未曾人謂記實云旣經襄奉猶食饘粥
文簡公貽書戒以滅性非孝之訓府君掩泣曰不能盡焉

子之道以至於此傍人聞之亦皆隕淚猶朝夕炊粱肉以進
而菜果亦不嘗焉文簡公旣賜環退老壟下府君又辭畢
服闋專以養志爲終身計自甲午連有筮仕之除齋郎者
二別坐者一皆不就蓋以久闕定省爲難及至丁酉又有
桂坊侍直之除文簡公敎曰汝非高蹈之士而每辭除命
分義未安府君承文簡公訓卽肅謝從仕纔一朔呈遞趨
庭己亥又拜侍直未謝　恩命　孝宗大王賓天府君陪
文簡公蒼黃奔哭　嗣聖踐祚以　東宮僚屬例陞六品
拜宗簿主簿謝　恩未閱月辭遞歸養又拜工曹佐郎未
久遞庚子設　卽位增廣試府君初會試俱中第二額遂

釋褐焉蓋文簡公謝事之前凡有科舉則文簡公每承考

官之　命故會試殿試納卷者甚鮮而自壬辰後解額則

無不高中而至於正試未能大闡及乎庚子始登工第春

秋已至不惑豈非有數存歟是後連拜春曹騎省郎而皆

謝　恩後遽還親庭辛丑復拜騎省郎仍通清望尋拜圻

輔亞使入謝之日文簡公上論禮䟽時單欺天蔽日誣辱

文簡公無所不至、請竄黜府君即日投歸自是與世絶

矣家本清貧且無捧廩兩世老親甘旨奉養之外至於文

簡公內家內外子孫之處於家仰而哺者無慮百口之多

雖賣家賣田皆使溫飽至於府君之自奉則食無魚肉冬

不裘夏不葛亦不之領先是時宋時烈當己亥大喪辨誤邪禮引黨類布列要津禁錮前後論禮諸賢府君杜門危懍者四年甲辰始敍除銀溪察訪府君以便養赴任乙巳以病歸十二月文簡公丁繼妣宋夫人憂時文簡公春秋八十府君實主其喪凡殮葬祭祀盡禮無憾冬補金化縣府君不挈眷身獨赴任蓋慮朝夕奉養之無人也至則臨民之外惟以養親爲急他無營爲一縣效而化之道臣曾不相識而感其誠孝許令不請由而隨便覲省爲其爲政務袪宿弊每於朔望親受講讀峽邑人士之不卞魯魚者自府君莅任頗有所變至有赴擧叅榜者丁未以司諫院

正言彔　召邑人爲立鉄碑以頌儒化之德府君入京謝
恩自劾曰臣雖爲覲老父實擅離任所遞歸親側已百拜
侍講院司書以親病不赴二月文簡公捐世府君春秋四
十九執喪盡禮如前喪時數月之內鬚髮盡白氣力危綴
府君從弟參判公及不肖等泣請從權則府君曰吾年今
五十而已永感矣抑情苟活非我本心終不許之自是之
後或慮羹饌之間雜以肉汁必於目前使蒼頭具食以至
終喪無疾恙豈非天所祐者存歟然精力日減視聽頓衰
無異六七十老人、謂年壽之不永實傷於草土云庚戌
錄弘文館辛亥制終拜司憲府持平論駁一廳堂上一不能濟

活飢民之策及統制使柳汝亮龍仁縣監李騫貪婪不法
之事一啓皆 允且疏論時政盖恤飢民立紀綱禁奢侈
柳黨論而以正君心爲四弊之本其末曰今日廷臣以黨
論爲第一件事國事爲第二件事 顯廟優批答之而柄
臣則嗛之尋移玉堂拜修撰抄知製 教陞校理八月以
繡衣廉問湖西十月復 命論監司李翊淵多有疵政醜
詆且陳沿路所求仍言山林門徒怙勢閭里狀時烈之徒
嗾臺官抵以討粮親舊家莊身不容請罷累啓始 允未
幾 命叙而臺官捏誣之迹乃著故也壬子正月復拜修
撰仍下 召命府君以奉無状得罪臣室辭不報不得已

出謝先時府君免喪甦仕則華闡大暢銓書迫於公議、
通銓郎及見封事所論瞎行修啓以爲若置通塞之地必
有碍於東窓擠陂之計誘以衰老塞之俄拜校理連在玉
堂六月陞侍講院弼善其政復拜獻納以推緘在身避遞
旋移司諫監別試武試已呈病遞拜太僕正不旬日移輔
德是後雖有玉堂首擬 恩點久斷筵臣或禀其故則
上以胄筵勸講之責不輕而重不移他職爲教二月叅考
殿試癸丑以考官入司馬會試、院又移修撰時持平趙
昌期進萬言疏盛論黨議之弊語侵巨室爲世所擠而
顯廟優批答之秉銓之臣怒其不阿於世遂遏清望府君

登對時建白趙昌期言甚鯁直頗有憲臣之風在廷之臣
惡而禁錮非 聖上所以優待直言之道也 上頷之翌
日已政不擬臺望 上命加望特除昌期爲正言罷銓官
李翊相職府君退還直廬則用事單怒色勃、尋拜輔德
復移修撰時 寧陵有石物罅隙之變而當路三司者處
或有罪有司之敎前後奉審者掩隱不奏不意宗室靈林
令翼秀上疏盡言不諱 顯宗大王大驚動方訊治監董
諸臣于時府君上疏略曰臣伏聞奉審 寧陵公卿侍
還奏翼秀疏不叙 上有陵上四面八方無完全之敎奉
安 寧陵今十五歲而乃致如此則萬世喬山之處窮天

極乎昔宋仁宗永昭之葬皇堂棟損諸使欲掩韓琦正色
曰損當易之若違葬期侈所費責猶可當苟且掩之後有
壞致人主疑心臣下何以當責惜乎其時監董諸臣不顧
後壞之患惟以竣事爲務其視韓琦之言何如也董役之
官固有罪也自有復土排石報畢之後前後奉審之臣只
事塗灰鋪隙而不以四方八面可虞啓于 上審知而不
知猶或可也若知而不啓則罪實浮於監董之官也奉審
陵寢是何等重事而瞻前顧後不以實聞長此不已則雖
有取長陵一抔土者臣恐 殿下不得聞也不體恩孝敢
肆欺誣復有大於此者乎 陵事無完之實著見已矣而

兩司嘿、不擧前後奉審之非是何意也誠可訝也愚臣
不勝憂慨敢晉聲說狂妄之誅亦何敢辭且臣前有猥陳
方致大閙蟄縮俟罪而又唱狂言臣之顚癡可謂甚矣
上賜批曰省覽爾疏槪然之志忠愛之誠溢於辭表深用
嘉嘆今者 先王萬世後陵寢儀物未有完全之面將有
不得已之擧其於予心當作如何自不覺心膓之摧裂前
後奉審之臣若以有爲無以大爲小則其罪誠難逭矣予
當覈得實狀而處之近日臺閣之臣瞻前顧後者多矣誰
肯爲國發憤此等說予誠可慨然也爾其勿辭從速察職
原疏入 啓而 批斷數日兩司以含默之斥引避者多

萲侵攻之語而及覸 批旨則 聖意嚴明故更不敢容
其毒喙 顯廟旣納府君䟽而大覺悟查得奉審時欺蔽
者大臣金壽恒等數人拿問置諸罪壽恒卵育之徒必欲
深嚌而李選者挺身投䟽歷擧文簡公論禮䟽及府君請
罪奉審諸臣之事極口醜詆略無顧忌專事搆揑語不成
說府君復欲伸卞䟽未及上而壽恒之爪牙者因登對啓
達趙其情勢難安不能行公姑請遞職 上許之盖府君
伸卞䟽上徹則渠輩欺誣狀必露無餘故急急請遞其後
首擬北評事者再 天鑑孔昭察其中毒終不下點府
君之免禍於癸丑者實賴我 顯廟之明聖也府君退歸

壟下絶意世間者有年矣甲寅夏除司僕正而府君亦欲
出肅朝廷既定 遷陵日期已迫百僚駿奔府君不得已
入謝而大禮纔過 仁宣王后遷甫昇遐不敢言病俛勉
從仕八月 顯宗大王禮陟府君感深知遇悲切如喪食
素處外至於卒哭十月知綾州牧時今 上新服而府君
有胃疾寢息柄臣單或慮 上之嚮用出補遠州府君赴
任治民之餘寫出文簡公大集今 上繼 顯廟纂懿邦
禮之志罪黜權奸收召 先朝名類乙卯正月府君首以
弘文館應教被徵入京略陳凶逆所誣狀 批以陰邪之
言何足以爲嫌爲 教大抵府君受傷於前後草土轉成痰

火之癥而及至衰暮日漸沉痼二月猝值僚不齊强疾持
被忽有膈塞之候政院啓請醫直則 特命遣內醫看病
實曠世異數也府君疾少間陳章稱謝三告遞職三月
上命銓曹差出典翰直提學政官啓曰今此玉堂兩任清
朝極選非人、可擬而負望之人不但病重解由未出姑
俟後政 上允之其負望病重云者指府君而言于時疾
已危篤府君自諒不能起遺戒不肖等曰家本寒素官不
衣緋勿用文段於喪斂擇先山中一岡窆葬至于臨終睦
相國來善柳判樞命天來訣則曰迷兒輩年少不學頼諸
公勸誨不怠以副亡友之意竟於五月十七日乙亥啓手

足實由不肖等罪惡深重獲戾于天也痛哭〻〻訃聞
上爲之痛悼搢紳士林相與咨嗟曰旣富才學而不能展
布於清明之世云甫從治命襲用深衣幅巾卜抱川治北
鹿門山文簡公墓左壬崗之原用其年七月永窆焉痛哭
痛哭府君天品甚高絶出流俗年十免乳處心行事一本
孝悌志意澹泊不喜紛華及至讀書專精篤實無所不
透經傳奧旨的然於方寸上其爲著述不但文藻詞翰之
業而居家立朝皆自經學中出來其事親也以養志爲上
父母之所愛者愛之所惡者惡之一以文簡公之心爲心
故文簡公久處銓衡之地而終不以一家知舊間私事稟

之於前故文簡公有父子爲知己之教至於甘旨之供若
近於非義則未嘗助之於飣餖而雖衣冠服御之具必欽
奉文簡公淡素之心不敢華美惟適溫凉文簡公亦嘉其
不拂也府君果失子女而不以戚容過庭文簡公少有不
安節憂形於色藥必親嘗衣不解帶處於外廳而達夜不
寐李參知后定之嘗曰人孰不事親而若表叔之至誠無間
者古未嘗聞也叅判公祭府君文有曰家兄事親之誠古
人有所不及處吾所目覩非敢有一毫阿好也許眉叟先
生亦曰趙某齒爵尊顯尚有年少子弟貞操至行如某今
世不得見文簡公告老退處二十年而產業凉薄一介不

愛而當家崇養備盡無憾一家化之鄉里化之搢紳大夫亦皆艶稱此非不肖等私談乃一世之所共公言也其事君也前後立朝纔五六年其所論列務引大體常以君德之闕失黨論之交橫生民之困悴用舍之顚倒爲國之膏肓救以時勢濟以經學勤懇章奏主於激切而全無世俗委靡之習故　顯宗大王察其無隱之忱每以優批答之常置玉堂備位顧問　恩遇眷注之隆無異列卿及乎當宁至被遣醫問疾之寵此則歷世所罕者也至於前席奏達則引經據義裨益弘多而未嘗以登對言語泄於外人論議平坦文字簡迪彼壽恒萬基遜輩雖林立矛午而

終不敢以鄙悖謟辱之言加之也其居家也和順樂易不設畦畛聞之有嚴即之益然人樂與交而不敢以詼諧之說發於席上寡妹二人多有子女孀居窮乏率置同家保養教育嫁娶以時而府君則身不免弊褐脫粟而衣食諸姪不失其宜諸姪之視府君如視自家之親從弟叅判公亦同室而居視如同氣叅判公亦視府君如視親兄孝親之誠天所賦也每逢終身之憂自本月朔朝行素而悲慕之色雖掩自露人亦為之感動焉逮乎將事之時涕淚盈襟終日不止人以為難其文學也自兒時至于易簀而無發日釋卷者經傳子書森羅心目而人請受業則口誦誨

之凡為文字操筆立就辭達意到曲盡其情自成章句然
不以文章自任人或請屬墓道之文則每以權辭、之蓋
自 寧陵以後標榜大行傳信文字擬以為難故也筆法
亦遒勁深得魯公體故叅判公嘗曰吾雖用功於書法而
筆畫奇古不敢望家兄云其等閑小技亦如是也府君未
釋褐時罕御杯觴而自辛丑以後世道變亂無意斯世頗
以酒聊遣而當官莅事頓却不飮時逢故舊盡量後已然
若見不是之人雖不露其辭色必斷杯不酬平生志業未
嘗在於溫飽上衣冠獘破蔬糲不繼處之裕如、儕友僚
寀服食華美者見府君則羞愧不能久坐府君歎曰士大

夫留心於衣食則餘無足觀嗚呼府君之言行操守立朝
處事皆得於家庭者也前配全州李氏系出璿源淑德美
行載在誌文丶丶府君所撰也其文曰父 命雄 慶尙道觀
察使祖 幼澄 完興君曾祖 誠中 戶曹判書母柳氏淸道郡
守 稠 女以辛酉生十七歸于我以崇禎乙酉逝得年二十
五葬于抱川縣北加次里趙氏先塋側巽向之原淑人孝
敬敦愼持身必以禮云繼配草溪鄭氏高麗侍從諱 倍傑
之後高祖 宣廟朝名臣致仕八溪君諱 宗傑 曾祖錫州
牧使諱 楡 祖兵曹叅判八川君諱 基廣 考童蒙教官諱 鎬
圭 娶刑曹叅判卞 三近 之女生淑人于天啓己巳十九歸

于府君終于己卯享年七十一前山丶運不利權安于傍
麓午向乙酉十二月七日丙申陽葬于前山丙向之原嗚
呼淑人天性柔順言行有式文簡公府君初見淑人以賢
婦稱之逮乎庚寅西味之變左右酬應之間無不順於理
仍遭貞敬金夫人之喪易慽俱至人皆感歎文簡公自辛
卯懸車之後處于壠下忤於當路廉靜以居祭祀服食之
節待人接物之際人不能間焉前配只有伯姒一人而撫
之育之無異己出伯姒之依恃亦無異於親母自乙卯大
慽之後戒誨不肖等存樹家法務以儉約至於辨事理之
際每遵小學內訓之辭及至受養專城之時亦使不肖毋

墮乃家節操爲戒不肖等或着華美之服必呵禁祛之俾留先代舊習也膝下子孫頗多而不以愛憎而咸教以義方故一家諸人取以爲法焉不肖等於府君晩出也略序仕宦言行而至於孝悌之根性學文之篤實未免踈漏伏願立言君子幸恕不肖之罪而以賜不朽之々字焉不肖子九輅等泣血書

祭李姊兄 允迪 墓文

嗚呼公之病也吾未嘗一往而見之公之亡也未嘗一往而哭之公之窆之也未嘗往而偕執紼之禮能不負々於幽明也耶公血泣居廬廣陵也吾陪家君作宰南川[illegible]々行分

手終南惜別之情彼此同然公念我遠行之或傷我發出
哀毁之骨立且言且悲而去及到綾城累見素書每以推
疾爲慮不以身病爲憂意有神明所扶豈意轉頭之頃遽
聞慘恻之凶音耶即欲鞭馬來京憑棺叙懷且見寡婦孤
兒而歸適會其時親癠方劇不能遠離含哀度日意外家
君膺 召上京千里飮氷霜露爲祟罪逆深重奄遭終天
之痛天之禍我兩家可謂酷矣吾則以頑鈍之資至今不
死想惟公之執禮毁戚不勝愧恧之萬萬也嗚呼公以名
相之後才學出天竟未試於 聖上求士之日天其使然
哉人其使然哉嗚呼痛哉痛哉 古人曰宿草不哭吾於

公之墓不能忍淚而呑聲也單盃瓣香文以哭之公其知否嗚呼尚饗

祭姜叅判世龜文 癸未

惟靈晋山大家復泉一胄無忝乃祖素業寔富早肆餘力晩入羅収棲身詞掖囊儲暫叩外典府臬猷爲頗茂酌貪覺爽國人咸服老牛一出周庭草緑白蛇封章輸盡忠赤賴安 貳極何憚一謫矢口忤世繼乃家蠋助瀾之計中公最毒 晃環雖下寢議竟遂委命塞北無人斂視未歸精靈雲相爲頽況余不敏三世重誼戀德之怳豈後於人自歸壟下便作峽民闕然竿尺迨幾十霜豈料[illegible][illegible]今過

丶鄕空膳靈輀三呼失聲公若有知必噯滂橫前公平生上氷若淸軒冕外物千駟芥視人世悲歡不作心累俗子俚語寧容挂耳所嗟道喪嗚呼痛矣隻鷄漬酒敢致古意

祭李叅奉正觀文 甲戌

吁嗟貞孺胡至此極余與貞孺年差一甲弱冠相得卄年徵逐余踈而狂子劉而直較其志意若不相合胡膠胡漆莫之相隔余不見子缺然如失子不見余怒焉思射余自湖還子歸漢南晉面竿尺不啻千里人言子来盖以病深趣駕牖手二竪沈丶余自心語是友冨仁天必祐之病不敎人竟至於斯若夢非眞道已非歟胡喪斯人天已老歟

報施不均余懷于子而孝於親余懷于子與人誠信余懷
于子介潔不吝余懷于子樹敦而文今也則亡萬事誰論
鶴髮在堂孝心已違親知來哭樑月猶疑皎潔之性此世
復誰文行之篤人莫有知抱才不試寔緣數奇嗟哉命矣
呼痛曷追嗚呼痛哉器潔則缺或類於斯屢哭西河或祟
於斯四十光陰隙駒之北遼來遼去亦由彼蒼嗚呼痛哉
碩余不佞獨立天壤哭盡良友泣涕彷徨出門何適忽忽
如狂滿盃黃花誰與共嘗柩前三呼永訣一觴歲暮窮廬
絃斷峩洋

祭仲夢正言文 庚寅

自爾之逝吾若失半身而喪心情口無語手不事有餘日而欲草告訣文字則臆先塞淚便下把筆還止者屢矣嗚呼痛哉爾先君之仲嗣也先君嘗曰是兒質太潔心太仁恐不能遐壽今爾之化纔過中身先人之見至此驗矣寧不悲哉爾與我俱登己未司馬雖有莫逮之痛奉侍慈闈庶不墮先訓而遭時艱屯棲止壟下雖不免負米之歎亦粗有湛樂之休而仕在爲貧偶入世路者且有年矣居然爾登龍榜時望大蔚爾不自多必辭翰苑則春坊兩司與騎省等職襆然兼身自以世祿之後不憚燥濕榮仕賤職皆不辭避而先人嘗以不得刋布文簡公大集爲無窮之

恨故苟得通邑大都可以剞劂先集則雖有嫵碍之端遠惡之地有所不辭乃其心也誰知順天一府終為伉儺之地歟其初之淂是府也遭終天之痛其後之得是府也中瘴海風魚之八年沉淹竟至於斯歟萬事已矣痛笑、、嗚呼昇平之地環海而處蒸鬱其氣豈不知病鄉而誰肯樂赴哉惟其剞劂先集以伸先志則謂可以有辭於九泉之趍庭故不避世人之嘲笑莫念一身之利害勇赴千里以成厥事而實不料今日之如斯痛笑、、至若忠孝於君親友愛於兄弟敦睦於宗黨求之今世實罕比甯而先人之所諭質太潔心太仁尤可見其終始而惟天之所付

與爾者富而薄其用嗇其壽終不展布其所有者抑何理
哉噫自爾之得是病也連在都下躬自救護而稍能起居
而飲食亦不太減雖不如常時無病之人亦可保延年益
壽庶食為善之報而子姓凋零產業冷落有才而不能馳
名於當世調道空踈不能自給於療病雖以顔淵黔婁之
屢空短命何異也哉嗚呼初三悪報初四對面則心不知
口不言掩泣出門呼天叩胷嗚呼已矣、、、三兒一女
求死不得一弟在南未克來別悠、此世復何言哉嗚呼
若使孤兒更為成立則此身將歸報於九原此復地下之
遊亦將無窮期矣但未知地下之遊與今世之遊同歟異

歟嗚呼痛矣、、

仲弟祥日祭文 辛卯

嗚呼君之云亡念之如昨三年之制忽焉已過此身之揮涕臆塞已不暇言嗟乎吾與爾間在二歲而生嬉遊同居未或相離今焉永隔嗚呼慟哉逮在戊午余病幾危爾能晝夜處冷經過二朔而使余復起爲人而爾之病也余不能終始救護竟至於斯莫非余不友無識之致今雖痛矣尚何益哉所幸三兒雖羸弱得至順變好學繼業後死之責庶乎不外而此生之於世奄届六十春秋此後冥府之會合思不久矣已矣、、復何言哉嗚呼一盃茲奠千萬

永訣

祭聘君睦相國文 甲申

泗上望族永嘉外派資稟英發詩禮傳家赤鼠有冠青衿扈 王、酬以爵羔不受賞孝事之暇餘篤詞章而來闈科華聞大揚秉筆西掖陽秋有法窺者深嚌正論許直徑文旁午陸韓退斥時當固窮屢栖枳棘或被簡拔無疵能覓君子道長進塗大闢試手爽鳩展學宗伯家穿懸鏡度支盍下壯门風雨避荒于野荏苒十年天道周星彙汎有吉舊庭盈庭散地大拜委任以聽盡瘁 王事不憚危身邦無怨言相涕淂人黙數前輩庄梧其倫凞豐內顯父子

去國握手相別行路亦泣文饒見斥太傅就獄石曰憾下
主由聖擇匡州萬里罔兩與遊慶霈覃恩并歸松楸城門
火及侍郎南流黃耇老眼思兮淚懸環及湘潭斑衣西旋
南極星精無恙映輝歌咏德澤慈孝相依木稼報災大寢
遽、忝相雖撤漢恩莫舒賢者慽焉不賢者喜國之龜蓍
世號孤狸追懷往昔我心悲矣惟公執友寔我先子坡谷
名門伯仲委禽筆硯同業杯觴傳心先後登朝命爲相倚
惟管與鮑兩腔卽矢不肖惡積少泣枯魚愛余撫余教余
警余非謂半子念先人餘死生交情古人蔑如小子不敏
一無所成中歲喪耦白首躬畊在家墜業事長之誠病不

來侍含不助擎環顧此身竟負幽明單盃辦香千秋永訣
不昧者存能不一格

祭李叅奉 澤文 癸巳

惟靈稟得慈良兼之以詩書六藝之文奉祭祀事朋友一
皆以此爲準祭祀以敬朋友以信宗黨推之故舊式之士
林尊仰不啻若東京之通德今焉已矣考德問疑何處憑
依嗚呼痛哉早結蓬麻之義晩托朱陳之好而白首残年
爲世所棄踽、無偶出門無適已矣、、嘉言至論耳有
聞而心有得誰能演繹賛成沒世不泯哉嗚呼痛哉

祭伯姊文

惟靈姿稟貞嘉漢相曾婦先考所嬌古訓是受早失所恃
棠閑自有蘭玉相遇琴瑟友之三箇鶺鴒儔峙離披遽躔
崩城孰不嗟咨惟伯仲季趾美允奇或郎或縣能以色養
予姓頗鮮念切扶床于天不吊病在膏肓余自先壠不夜
入城無樂久視不動死生曰余七十得壽康强今歸泉臺
何異延津語言自若含笑歸真臨訣數語宜垂彤傳嗚呼
吾娣女中君子惟予小弟事若慈氏有事必問有疑必議
余甚愚騃必受砭醫今拜几筵萬事已矣嗷、塋室艱營
大事人生此世孰不如是顧今皓髮恐不長矣言及于斯
罔非由天單杯瓣香有淚徹泉嗚呼痛哉

祭李甥復仁文

吾與爾舅甥之間爾少日資禀慈良眞吾先君子最鍾愛爾朝夕不離膝下吾兄弟與爾同宿同學同生長同遊戲無異同氣而天不弔我俱遭酷禍血淚三年竟至不死晩受蔭祿於公朝者特以先人之故耳向矣卯君方寸如割尚賴姊氏與爾共保餘年五馬才返春暉奄盡一疾沉綿以至於斯老天蔑應爲善無報此何理歟人孰不死持服秉化兩世皆然爾又斬後主宂靡托雖使行路聞之亦必潸然掩涕況余老物塊然獨在骨肉人間零落殆盡後死之心當復如何痛矣痛矣單杯辦香千秋永訣

祭洪進士重遠文

嗚呼皇家之不能結網久矣豪傑之士偃伏牖下已不暇論而豈致仲而止於斯歟白首如致仲行如致仲多氣槩如致仲好言論如致仲終不能展布所蘊徒為劉伯倫荷鍤身世坎坷以終所不可料人間事云者詎不信耶致仲我家坦郎半生同舍情如天倫而伯道無兒原憲長貧獨使一箇頎然兒護其家而歸九原倘所謂所不可料人間事者一耶每聞季妹崩城之聲則我背著類我心如焚悠、蒼天此何象歟世間蠢、無恥之輩或乘軒道路或五馬出宰大飽太倉之廩則赤憎命物者、忌矣操縱者若是

其甚耶甚病蟄鄉井㞘空枕實皆使兒息敬奠一杯萬事已矣嗚呼痛哉

鹿門山記

夫士君子生於斯世得君佐治則紆朱綰青流名垂光而逮夫世道陵替年齡衰邁謝事而倘徉於山水間者理固然矣昔我祖父文簡公歷事 三朝位列上卿而自白帥西啄之後告老乞骸而歸栖息於堅城丘壠之下石田茅屋淡如也于斯時也皇考府君為營祖妣改葬之計始卜山明水麗之所乃鹿門山也我皇考既卜浄界文簡公或籃輿或款段或杖屨蹣跚而遊之魚鳥忘形日哦其間而

終成萬歲幽宅今爲子孫之所居後之慕者比之於宋之
獨樂武夷云夫山在堅城縣北由北而稍斂于西十許里
有石隅渾緣渾而下五里許不及鷺洲七里奇岩斗起松
栢落、大川橫流溪澗溶、者此鹿門梗槩也盖石山特
立於西北殘巉環抱於左右而其中寬濶其地平夷松檜
樗櫟、羅絡天於是伐其樹辟其土誅茅卜居以存生理
契活雖踈凿事可悅考其所有石泉甘洌旱天不渴稻田
泱、可播一斛雪梨卄餘株翠栢五十株栗十餘株棗百許
八、樹桃一樹楸名爲来翁者二名爲胡柢者一山葡萄五
味子處、結藤碧蘿兼丹葉楓在、成林而庵屋八楹當

中精搆其制夏宜凉冬宜温室中雖小庶免曲肱而卧名
之曰奉先齋盖四時粢盛之供必於其家設也是或士之
所有而乎多人力之致之也若夫眺望周視則山上之層
巒絶壁萬象俱備卧者坐者伏者立者白者黑者蒼者赤
者飛走者蹲踞者扶輿者磅礴者人形者獸形者各盡其
態心目俱駭而益歎造化之不一也至於東君定位西疇
有事則興復不淺而百花競發清香觸鼻而禽語輕滑遊
魚從容是知一元流行乾坤交泰者山居之春也南風薰
薰甘雨特降則心氣自定而綠陰繁茂芳草雜、而刈年
炊飯和以田蔬是知兩儀毓濃百物長養者山居之夏也

一氣騰空商飈乍動而雲黃於野葉紅於山依然有蕭洒出塵之思而時與村翁溪老嘗新酌酒共樂農功之成則秋之山居也天地閉塞六出時飄而収玉於田斫桂於山聊以爲温飽之具而以至事慾俱靜擁爐覓句以寫岑寂之懷則冬之山居也至於園中之収盈槖而歸局詩薦庙之外又上北堂以看孫曾之爭占山居興味無甚寐莫何必拘、軒冕蝇営朱門然後快於心歟噫天作地莊閲歷萬禩而幽人逸士適来適去者凡幾何哉神慳鬼秘以屬吾家者初爲晩景遊咏之所後爲後昆衣襟之地庶羞之供由於斯俎豆之奉設於斯恭山岩、之色合於寒踦之

節義清流綠樹之景宜於乃老之懸車韓愈所謂以遺其
人者詎不信耶茲山之名世稱多岩而楊蓬萊先生獨稱
鹿门作詩以嘉之夫蓬萊楊氏神仙中人必稽古逸翁言
之故今謂之鹿門嗟呼若不肖者青雲失路白首畊野自
不罷皮之隱寧不猥哉謹以識之以示吾家主先時辛巳
秋

天叙韓石峯滕王閣序記

此吾季天叙所玩也天叙婦翁壺隱公所授於天叙者觀
其書乃韓石峯之筆也石峰之筆妙鳴一國聞天下也金
公之授吾季愛其壻也不倭之書以識哉亦愛吾季也嗟
余季乎勉之以成以及乎季之家習則石峰之書可傳神

也金公之賜可不孤矣吾家之筆勢亦可以颯也余乃天
叙伯氏也伯氏者名某號華峰也

題柚板舟床後

不佞守　牙述之二年請由西笑妹夫洪致仲遷借我龍肅搆而鉅出一常木板不佞戲而窃載南歸格物者過眼而謂曰是乃耽羅山柚板裁之作案無讀而愽不思而得不佞本懶者聞而喜之卽使匠石金貴一卜日成案排於座下但積太守之簿牒不知愽得也深

送韓太叟赴高城序

日海山亭無主關東物色空虛疇能别有[illegible]鳥

佩龜東歸聞上黨韓友太叟得之有河魚之疾[illegible]辭
陛不佞以為太叟非病仙分或未及期而繼[illegible]至
則必有　之慶夫明沙百里萬二千峯[illegible]太叟而
誰能主張乎俄而厥疾若醒皀盖東來候問不佞、[illegible]馳
到旅舘則相將倒屣一笑而言曰我得關東茅一風景雖
老興復不淺余莞尔曰子以海山景物為一時把玩之具
山河雖美豈非外物乎若余之衰老者雖不離跬步之外
方寸間自有無限景光不欲假外物而為喜也真所謂青
雲白雲之有別太叟能不一笑噫太叟寔我四十年故舊
一朝相别半千里地詎無黯、之懷聊書戲劇之語於伴

燈之下雛駒一曲

書眉翁手筆帖後

茲帖余冠禮時眉翁榮臨禮也王考文簡公在堂無恙不肖從遊眉翁門下眉翁記當時肅賓事曰及耋老之言蓋訓誨後生也不肖奉受曰滑先生佔畢文字莊于橐中歲辛未猥尸牙述仲兒守仁年尚幼穉而奉玩異於人作帖寶莊〃年天降大禍守仁父子俱夭肝腸寸斷以度歲月今者閔家中舊書見此帖在眼不覺遻淚噎[illegible]於親甚於文性也今焉已矣老我心事將[illegible]孝歲又有遺腹兒勿汚善護以守乃祖之意[illegible]

鄭哲先傳

吾鄉有鄭哲先者萬戶昌國之子同姓人甚[illegible]
於丙子秋其母俞氏蹈節丙亂其兄被擄草[illegible]幸[illegible]處[illegible]先
生於癸酉年未齔俱失怙恃未成人時來於我家學[illegible]不
成去以武藝初鮮者累亦不成遊於同里漁樵爲事俞侍
郎瑒以屬戚知其人庸人任之以押牙之後劉址日東皆
隨爲能稱其職而無失人多稱之常居家節產雖不饒足之
粗具朝夕之資以及年老不丐於他人也性寬柔量大平
生與人無爭詰之事無睚眦之言今年八十五歲鄉黨舉
云好父老尚不落齒、決乾肉行步無異年少吾家地遠

五里不杖而往来時引大白雖善飲者不及焉亦或有
婦人之時此白傅之所不能有乎三人皆好人長曾為萬
户者也
五里不杖而

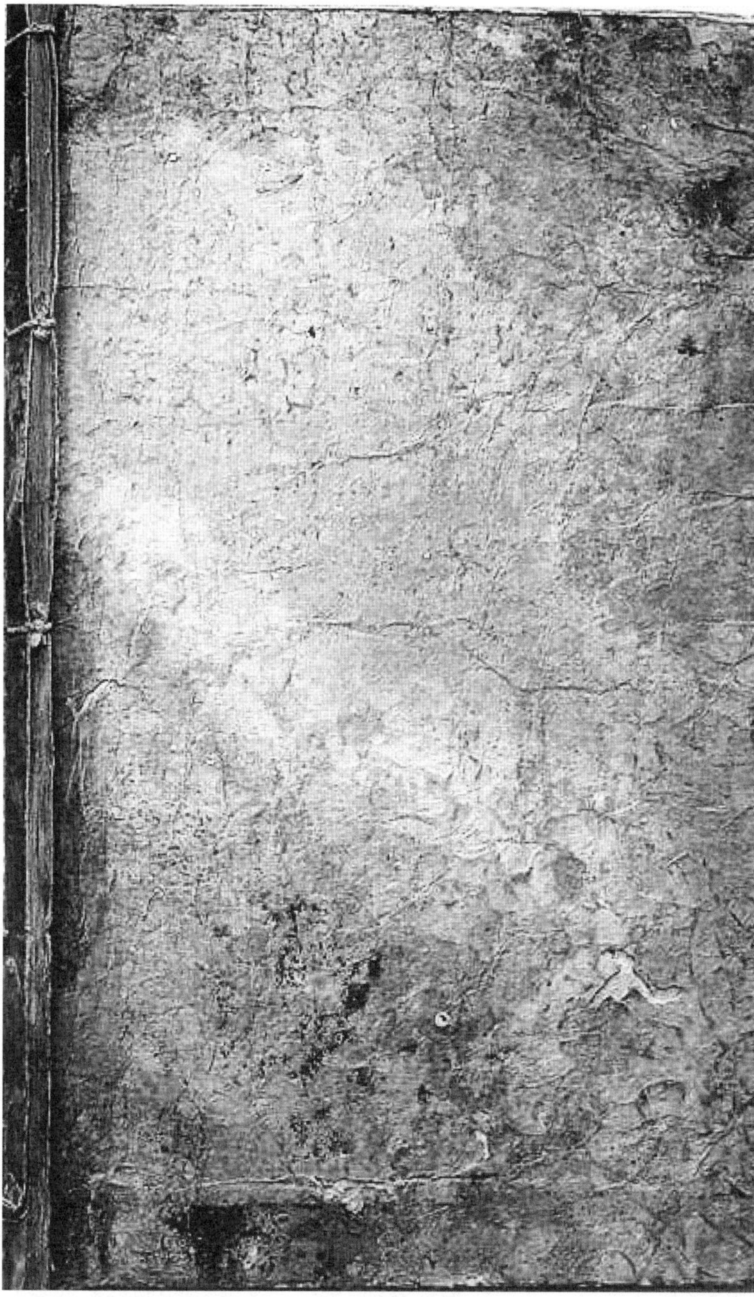